安藤由香里・小坂田裕子・北村泰三・中坂恵美子

開かれた入管・難民法をめざして

入管法「改正」の問題点

Towards a More Inclusive

Refugee Law in Japan

:A Critical Analysis of the 2023 Immigration Act Revision

日本評論社

はしがき

　この本を手に取った方は、おそらく2023年6月9日に「出入国管理および難民認定法」（入管法）の改正（令和5年法律第56号）が国会で可決されたことについて聞いたことがおありだろう。もしかしたら、今回の入管法の改正議論のなかで、日本の難民認定者数は、非常に少ないのはなぜなのだろうかとか、また在留資格のない人が入れられる「入管収容所」では人権侵害が繰り返し起こっているのはどうしてなのだろうか、と疑問に思っている方も少なくないかもしれない。さらには、マスコミ、人権NGO、国連などから、今回の入管法改正についてはさまざまな批判的意見が公にされていたにもかかわらず、十分な審議が尽くされることなく、強行採決された法改正が、そのまま施行されてよいものだろうかと思っている方もおられるだろう。

　そこで今回の入管法の改正問題を考える出発点として、入管法改正の経緯を簡単に振り返ってみることにしよう。まず政府・出入国在留管理庁（入管庁）は、改正の必要性について、次のように説明していた。つまり、①命の危険から逃れるためにやってきた真の難民は、日本にはほとんどいなくて、②多くは就労目的のために難民申請を偽っている者（偽装難民）によって占められていて、しかも③難民申請が認められずに、退去を求める決定が下されても送還逃れのために難民申請を繰り返す者が多いことから入管収容が長期化しているので、④これらの「不法滞在」外国人は迅速に送還することが必要、ということだった。また、したがって、⑤改正入管法は、原則として3回目以降の難民申請を認めず、不認定の結果、退去強制令が下された後も、送還に応じない者には、罰則を導入することを含めて対応することとしている。くわえて、⑥新たに「補完的保護」を取り入れることで保護対象を広げ、⑦人権侵害だという悪評の高い入管収容に代えて「監理措置」をもうけるなどとしていた。これらによって法務省・入管庁は、「保護すべき者を確実に保護すること」を法改正のうたい文句としていた。

しかし、国会の論戦においては、送還を優先しがちな政府案に対して、国際人権基準に基づいて保護を軸とした入管法の再構成が必要だとの指摘もあった。たとえば、日本では、難民の保護と外国人の取り締まりというあい反する役割を入管庁が兼ねているのは、そもそも道理に反するので、難民保護の機関は取り締まりの機関から独立した機関とすべだとの主張はもっともな点がある。また、日本の難民審査のための基準は、厳し過ぎるので、諸外国で採用されている柔軟な基準を採用するべきであるとの指摘も以前からあった。多くの悲劇の元凶となった難民申請中の人たちの長期収容は止めて、より人間としての尊厳に配慮することも当然必要のように思われた。しかし、これらの問題提起は、十分に考慮されず、また補完的保護や監理措置という耳慣れない制度が、どのような制度なのか「説明は尽くされた」とはいえない。さらに、国会では、難民申請を再審査する立場の難民審査参与員の一部が、出身国情報もほとんど参照することなく、年に1,000件以上もの難民申請を機械的に処理していたことも明らかにされた。このような名ばかりの審査によって、難民認定が簡単に否定されて、送還されてしまったならば、上記①②の前提（立法事実）が崩れ、真の難民が命の危険に立たされるおそれがありはしないかとの声もあった。そもそも、日本は、難民の保護を目的とする難民条約に加入しているはずなのに、諸外国とくらべて、難民認定者数が少ないまま、送還を押し進めてよいものか、という疑問もある。

　この本の執筆者である私たちは、普段から研究会等を通じて難民法を含む国際人権法に関するテーマについて議論する中で、今回の入管法改正に関しても、疑問ないし批判的な意見を抱いてきた。改正入管法は、2024年6月に施行される予定になっているが、この機会に一般の読者にも分かり易いかたちで、改正入管法に関する疑問点を整理して今後の課題を指摘しておく必要があるのではないかと思い立った。そこで生まれたのが本書である。

　本書の表題を『開かれた入管・難民法をめざして』とした趣旨についても、ひとこと述べておこう。やや回りくどくなってしまうが、「入管・難民法」という言葉は、「入管法」そのものを意味する言葉ではなく、入管法と難民条約とをセットで捉えようとした言葉として使われている。さらに、「開かれた入管・難民法」とは、国際基準に則して入管法と難民法の双方をとらえ

る必要があるとの意味を込めたものである。したがって、この本の意図は、日本特有の「閉ざされた」入管法の固定概念にとらわれることなく、国際社会に対して「開かれた」視点から入管・難民法を理解しようとするところにある。なお、本書は、「改正」入管法または入管法「改正」という言葉を使っている。ここでの「改正」とは、入管法が「正しく改められた」という意味ではない。「改正」とは、単に「法を改めて変える」という意味であって、価値判断を含んでいないこともお断りしておきたい。

つぎに、本書にいう「開かれた入管・難民法」をなぜめざす必要があるのかについて、日本の国際社会おける地位と内外からの要請という2つの視点から手短に触れておこう。

まずは、日本も国際社会の一員であり、また難民条約の締約国として、国外にいる難民支援のための資金援助だけでなく、国際基準に基づく国内での受け入れにも積極的に貢献していくべきではないかというのが私たちのスタートラインである。国際社会からは、たとえば自由権規約の監視機関である自由権規約委員会は、日本政府に対して独立した不服申立て機関の設置や国際基準に沿った難民認定のしくみを作るように求めている。また国連総会が2018年に採択した難民グローバルコンパクトでも、行き場のない難民に対して、各国ができる限り門戸を開いて支援することは国際的な総意となっている。こうした国際社会からの要請に誠実に耳を傾けることは、難民条約をはじめ、各種の人権条約に加入している日本の責務ではないだろうか。

また国内では、改正入管法は、難民申請者や非正規滞在外国人に対するマイナス・イメージを植え付け、社会的な差別と偏見を助長し、恣意的な排除につながりかねない点でも懸念がある。あまりにも制限的な入管法は、さまざまな出自の異なる人々の間で、共生が求められる時代にふさわしくないだろう。日本は、一方では食料やエネルギー資源にしても、外国に大きく依存しているのであり、外国人との多文化共生関係を抜きに私たちの生活は成り立たなくなっている。同様に、少子高齢化により、ますます外国人の労働力を必要としているのであるから、正規の外国人労働者は歓迎するが、難民はお断りという手前勝手なご都合主義では、理解が得られないだろう。

本書は、2023年の改正入管法に関する問題を中心として、次の11章にわた

って検討している。

第1章　入管法はなぜ改正されたか？──問題の背景

従来の閉ざされた入管・難民法を改めて、開かれた入管・難民法をめざすためには、国際人権法および憲法上の人権の視点を取り入れる必要があることを説く。

第2章　難民とはどのような人？──広がる難民概念

当初の難民条約上の難民の概念は、政治的な迫害からの保護を中心として狭く限定されてきたが、戦争（紛争）避難民などにも拡大して適用されるようになってきた背景を論じる。

第3章　送り返してはいけない？──ノン・ルフールマン原則

難民条約第33条のノン・ルフールマン原則の意義を捉えるとともに、自由権規約や拷問等禁止条約が定めるノン・ルフールマン原則の意義についても触れる。

第4章　だれがどのようにして認める？──難民認定手続

難民の地位の認定について、国際的なスダンダードを踏まえて、迫害のおそれの評価の基準、証拠の基準、灰色の利益、供述の信憑性評価などについて検討を行う。

第5章　公正な審査は保障されているのか？──難民認定機関の独立性

難民審査の不服申立て（審査請求）にあたる難民審査参与員制度の問題点、独立の難民認定機関の設置について検討を行う。

第6章　難民以外は保護されないのか？──補完的保護

改正入管法が新たに取り入れた「補完的保護」制度に関して、EUおよび他の諸国の同様の制度との比較、考察を通じて、補完的保護制度の限界と問題点を考察する。

第7章　帰国したくない人を罰する？
――退去を拒む人への刑事罰の導入

難民として認定されない場合、退去強制令書の発付を受けることになり、それでも送還を拒めば刑事罰が導入された。難民申請書への罰則とその根拠について検討する。

第8章　滞在する資格のない外国人はどうなる？――入管収容

入管収容所における長期収容とその解消への対応について国際人権法の視点から考察する。被収容者に対する暴行、虐待および医療の提供拒否等の問題も検討する。

第9章　収容されない場合もある？――仮放免・監理措置

従来の仮放免に加えて、改正法では、長期収容を回避するための措置として、監理措置が導入された。仮放免と監理措置を国際人権法の観点から検討し、その問題点を明らかにする。

第10章　難民申請中の暮らしはどうなる？――難民申請者の待遇

難民申請中の人の生活支援、就労条件はどうなっているか。日本の現状をEUの受入れ指令の内容との比較および国際人権法の解釈を通じて検討する。

第11章　家族との「きずな」などのため帰国できない人は？
――在留特別許可

難民申請が認められず在留資格を失った外国人でも在留特別許可（在特）が認められれば在留が可能となる。在特制度の内容、問題点および課題を検討する。

　本書は、2つの注の表記法をとる。本文中の括弧書で示した箇所は、巻末文献表の（著者名、発行年、該当頁）に対応している。巻末文献中にない参考文献は、脚注で示した。ただし、本書では読みやすい内容とするために、極

力脚注を少なくして、巻末文献一覧で補う方針を採用したので、本来は触れるべき先行業績に触れていないことが多々ある。そのため、お叱りをうけるだろうが、本書の趣旨をご理解の上ご寛恕を乞いたい。

　なお改正入管法は、2023年6月16日に公布され、当日から起算して1年を超えない範囲内において数回に分けて施行されるため、その都度、条文が小刻みに変更される。そのため、本書で「改正入管法」として条文を示している場合は、e-Gov法令検索（https://www.e-gov.go.jp/）で示される最終版に基づいている。特に年号を示さずに「旧入管法」として条文を示している場合は、改正入管法が成立した2023（令和5）年6月9日時点での条文に基づく。

　以上の内容で、改正入管法のすべての問題をカバーできるわけではないが、本書は、執筆者間の創意によってコンパクトな形で入管・難民法の改正に関連する重要な論点を一般の読者にも分かり易く説くことを狙いとしている。本書が、入管問題、難民問題に関する読者の関心を誘い、より深く難民について知るためのきっかけとなれば幸いである。各章の内容については執筆者間で意見交換をした後に、各執筆者の責任において、まとめたものである。検討不足の点については読者の皆さま方からのご批判をいただき、改めて検討する機会に向けて活かしていきたい。

　最後にはなったが、日本評論社の小野邦明さんには、今日の厳しい出版事情のなかで、本書の意義について理解していただき、快く出版を引き受けていただいた。特に記して感謝申し上げたい。なお北村は、入管庁より難民審査参与員の職責を拝命しているが、本書はグループ研究の成果であり、同職務とは無関係であることをお断りしておく。

2023年10月21日

執筆者を代表して
北村泰三

本書は、日本学術振興会科学研究補助金・基盤研究(C)の研究課題「グローバル化した難民問題における多様性確保に向けた法的課題の研究（2019年～2024年）」（課題番号19K01318）研究代表者：北村泰三）による研究成果の一部である。

目　次

第6章　難民以外は保護されないのか？

第7章　帰国したくない人を罰する？

略語表

難民条約	難民の地位に関する条約
自由権規約	市民的および政治的権利に関する国際規約
社会権規約	経済的、社会的および文化的権利に関する国際規約
人種差別撤廃条約	あらゆる形態の人種差別の撤廃に関する条約
拷問等禁止条約	拷問及び他の残虐な、非人道的な又は品位を傷つける取扱い又は刑罰に関する条約
子どもの権利条約	児童の権利に関する条約
女性差別撤廃条約	女子に対するあらゆる形態の差別の撤廃に関する条約
欧州人権条約	人権および基本的自由の保護のための条約
アフリカ難民条約	アフリカにおける難民問題の特定の側面を規律する条約
ハンドブック	難民認定基準ハンドブック（UNHCR）
EU	ヨーロッパ連合（European Union）
CAT	拷問禁止委員会（Committee against Torture）
HRC	自由権規約委員会（Human Rights Committee）
UNHCR	国連難民高等弁務官事務所（United Nations High Commissioner for Refugees）
WGAD	恣意的拘禁作業部会（Working Group on Arbitrary Detention）

第 1 章
入管法はなぜ改正されたか？
——問題の背景

北村泰三

はじめに

　今日の地球社会は、ヒト、モノ、カネ、サービスそれに情報などが自由に国境を越えて移動することによって、成り立っている。国境の壁のないモノの自由移動は、経済を活性化し、また人々も観光だけでなく、留学の機会や就職のため、あるいは家族との再会のために国境を越えて移動し、移り住むことも日常的に頻繁になっている。しかし、人は国境を越えて安住の地を簡単に見つけられるとは限らない。特に、自分が住んでいる国が内戦や国際戦争に巻き込まれたり、または横暴で独裁的な政治指導者の下で多数の人々が正当な理由もなく投獄されたり、拷問を受けたりする恐怖から、避難を余技なくされた場合には困難が予想される。

　国際連合が1948年に採択した世界人権宣言の第14条 1 項は、「すべての者は、迫害からの庇護を求め、かつ、これを他国で享受する権利を有する。」と定めており、この権利は、庇護権（right of asylum）と呼ばれている。実際に、国連難民高等弁務官事務所（UNHCR）によれば、世界中でこのような庇護を求めている強制的な移住の対象者は、 1 億人以上に達しているのである（2022年）。しかし、地上に彼（女）らの「約束の地」がある訳ではない。世界人権宣言では庇護権が規定されているにもかかわらず、伝統的な国際法の下で、国家は、人の出入国を規制し、管理する権限を有しているので、他国から逃れてきた庇護を求める人々を無条件で受け入れる義務はない、とさ

れているからである。通説では、世界人権宣言がうたう庇護権は、国際法上は実定的な個人の権利としては確立しておらず、庇護を求めて自国の領域に入って来た者に対して国家が庇護を与える権利を意味しているのだとも言われる。これを領域的庇護（権）という。

　1951年の「難民の地位に関する条約」（以下、難民条約）は、迫害を受けるおそれのある状況から逃れてきた人を難民（refugee）として認めた場合には、受け入れを約束した国際条約である[1]。この条約に参加した国々は、「難民に対して基本的な権利及び自由のできる限り広範な行使を保証する」（前文）ために、庇護申請者を審査して、難民としての条件をクリアした場合には、在留を認めて、自国民に準じた権利を保障することにより、命をつなぐチャンスを認めたのだ。

　日本は、1981年に難民条約に加入し、それに伴い旧出入国管理令を改正して「出入国管理および難民認定法」（以下、入管法）を整備して、難民を受け入れる体制を「一応」整えた（川島、1981）[2]。ただし、これは当時のインドシナ難民の急増に対する応急措置としての色彩が強かったので[3]、日本が国の基本方針として難民を長期的展望に立って受け入れていく自覚があったかどうかは疑問がある。したがって、インドシナ難民の受け入れが一段落して、特に技能実習制度を1993年に法務大臣告示により創設して外国人の就労を限定的に認めた後は、入管当局は、もっぱら非正規（不法）就労対策にいそし

1）　難民条約は、正式名「難民の地位に関する条約」（Convention on the Status of Refugees）は、1951年7月28日に国連会議で採択された。もともとこの条約は、1951年1月1日以前にヨーロッパで発生した難民に関してのみ適用されるという時間的、地理的に限定された条約だったが、1967年の難民条約議定書は、この2つの条件を取り払った。一般に難民条約という場合、1951年条約と1967年の議定書の双方をいう。締約国数は、146か国。米国、ベネズエラは、議定書のみに加わっている。日本は1981年6月5日に国会承認、10月15日公布、1982年1月1日に効力発生。

2）　難民が一時的に避難している国から、恒久的な定住が可能な第3国へ移動して生活を再建する方法もある。これを「第3国定住」というが、本書では扱わない。

3）　1975年のベトナム戦争の終結に伴い、社会主義化したベトナム、カンボジア、ラオスの3か国の新体制に馴染まない多くの人々が国外に脱出するために小舟で海に乗り出し、海上で大型船に救助されたり、遙か日本近海にたどり着いたりする人たちが増えた。日本は、これらの「ボート・ピープル」を人道上の観点から1万1千人ほど受け入れた。阿部浩己『人権の国際化──国際人権法の挑戦』（現代人文社、1998年）149頁。

むことになった。つまり、仕事をする資格がないにもかかわらず来日して就労の方便として難民申請を誤用、悪用する者を「偽装難民」（経済難民）と呼んで、収容し、送還することに力を注いできたのである[4]。

しかし、そうした「偽装難民」は、難民条約上の難民ではないから十把一絡げに収容して、送還してよいのだという主張には落とし穴がある。というのは、実際にはそれらの人々のなかにも条約上の難民としての要件を満たしているにもかかわらず、入管の審査では不認定となっている場合があるからだ（たとえば、林桂珍事件、東京地判1992〔平成4〕年4月14日）。また、日本の難民審査の高い壁にはばまれて、難民として認められなくとも帰国すれば危険があると主張する人もいる。他方で国連の自由権規約委員会（以下、HRC）からは、日本の難民認定のあり方や、入管収容の長期化問題、被収容者の処遇等について懸念が表明されており[5]、さらには今回の入管法改正議論が緒についた2020年9月、国連の恣意的拘禁に関する作業部会（WGAD）からも長期の入管収容が国際人権法違反であるとの意見書が公表されていた。このような日本の入管制度についての国際的な批判を聞き流したまま、政府は入管法改正を押し進め、2021年の通常国会に入管法改正案を提出したのである（第8章参照）。

ところが、国会に入管法改正案が提出された直後の2021年3月には、名古屋の入管施設に収容中のスリランカ人女性が死亡するという悲劇が起こった。そのため、改正案を強行するには余りにもタイミングが悪く、政府は各方面からの批判を考慮して法案を取り下げ、廃案となった。しかし、政府の入管法改正にかける意気込みは、消沈した訳ではなかった。1年寝かせた後で、改正案は不死鳥のようによみがえり、2023年3月7日には通常国会に再提出された。結局、さまざまな問題点について指摘があったにもかかわらず、同年6月9日、改正案は、国会で強行的に可決、成立し同月16日には公布され

4） 「偽装難民」という言葉は、1989年8月頃よりインドシナ難民を装って中国大陸から日本に渡航してくる人に対して用いられるようなったのが始まりである。

5） 2014年8月20日に採択された第6回報告書審査の際の総括所見（CCPR/C/JPN/CO/6）のパラグラフ19および2022年10月に採択された第7回報告書審査の際の総括所見（CCPR/C/JPN/CO/7）のパラグラフ32を参照。

た。こうして、改正入管法は、多くの懸念事項を抱えたまま、2024年6月には施行される予定である。(宮本征、2023)

　そこで本章では、まず「開かれた入管・難民法をめざして」という本書の表題の意味を明らかにする。1では、日本の入管法制度の「閉ざされた側面」をまず明らかにした上で、なぜ政府、入管当局は、今回の改正を押し進めたのかを見ていく。2では、「開かれた入管・難民法」に向けた条件および課題として、難民法と人権条約との一体的な解釈の必要性と庇護権の憲法上の実質化についても触れる。

1　閉ざされた入管・難民法——日本の出入国管理体制の特徴

(1)　入管制度の原点——治安対策優先の思想

①出入国に関する国家の裁量——国際慣習法

　今回の入管法改正のきっかけは、2015年頃より、難民認定申請者数の増加の傾向が著しくなるとともに、不認定事案が増え、入管収容者数もそれに伴い累積し、かつ長期収容が問題となったことが背景にある。改正案をめぐる議論については、本章2(1)で述べることとして、今回の入管法改正では、難民申請者の中には、重大な犯罪によって実刑判決を受けた者や繰り返し同じ理由で申請を行うことによって退去強制を免れる者がいるので、こうした申請を規制するためには3回目以降の難民申請は、「相当な理由」がある場合に限って認めることにより、迅速な退去強制を可能とするとしたこと（第61条の2の9‐4項1）、退去強制令の対象となった者が退去に従わない場合には、退去命令を発することができるようにし、それに従わない者は強制送還拒否罪により処罰することができるようにした（第72条8号・第55条の2第1項、第72条6号・第52条12項）。

　難民条約を批准しているにもかかわらず、こうした制限的な規定を定める根拠には、国家の出入国に関する規制権限には大幅な裁量があるという考えがある。かつては、入管庁の幹部が書いた本のなかで国際法上「外国人は煮て食おうが焼いて食おうが自由」などという、およそ考えられない露骨な言い方がされたこともあった[6]。今では、さすがにこのような差別的表現は例

4

え話でも許されないが、「根」の部分は今でも変わっていないように思われる。つまり、国家は、外国人の出入国を規制する絶対的な権限を持っているので、外国人をどのように処遇するかは国の自由裁量により決めることができるという考えは入管庁中枢とその立場を支持する人々のなかには残っているように思われる。入管法の改正の具体的な議論に入る前に、このような主張の根拠を考えてみる必要があるだろう。

　そこでまず、こうした偏狭ともいえる思考の源流はどこに由来するのだろうか。国際社会は、大小さまざまな国家によって構成されていて、それぞれの国家は、領土、政府、それに国民が存在する。これらの国家は、主権国家とか、国民国家とも言われている。国家の領域内に住んでいるのは、国民だけに限らず、外国人も同じように住んでいるが、国民ではない外国人の入国や滞在をどのような条件で認めるかは、それぞれの国家が決めることができる、という伝統的な主権国家の理論がある。国家の構成員は、基本的にその国の国民であり、国民が主体であるから、外国人の入国にどのような条件を課し、かつ在留中に携わる活動の範囲も、国家が決めることができるというのである。また国家は、法律を守らない外国人に対しては、国外に退去を強制する権利があるとされてきた。それは洋の東西を問わず国際社会で認められた「国際慣習上の規則」であるとも言われてきた。国際慣習法とは、要するに、憲法や一般の法律または国際条約のような文字に書かれた「成文法」ではないが、大多数の国家間の慣習や国内法で広く認められた原則であり、「不文法」である。いわば、国際社会の「暗黙の掟」と言ってもよいだろう。

　しかし、そのような伝統的な国際慣習法の残滓があったとしても、人権の普遍性が認められている21世紀の現在では、国家は出入国や在留外国人の権利を好き勝手に制限できる訳ではない。国家の出入国管理権限も、難民条約の解釈実践においては、決して国家の専権的な主権事項ではなく、またノン・ルフーマン原則をはじめとして個人の権利に関する国際人権法との調和

---

6)　池上努『法的地位200の質問』1965年。外国人の処遇に関する伝統的国際法では、人権基準をめぐる国内標準主義と国際標準主義の対立があった。しかし、絶対的な国内標準主義が確立していた訳ではないという意味では、同著の記述は誤りである。

が求められている。それにもかかわらず、日本が諸外国に比べて厳格な出入国管理制度を維持している理由は、日本独自の入管制度の歴史的、構造的な特質により国際人権的な考慮を働かせる余地が閉ざされているからである。

②日本の入管法の原点——戦後入管体制

近代日本が諸外国に対して門戸を開いて以来、第二次世界大戦が終了するまでの間、日本では難民問題が正面から取り上げられたことはなかった。たとえば、ロシア革命後に日本にやってきたロシア難民に対しては、所持金の額次第で入国を認めるというまさに地獄の沙汰も金次第の対応をとった。また杉原千畝氏が発給した「命のビザ」を頼りに、日本を経由して第三国に脱出して命をつないだ多数のユダヤ難民もいた。しかし、それは政府の方針ではなかったのである。要は、戦前の日本では難民に関する法政策は存在していなかった（本間、1990、130-138頁）。

第二次世界大戦前の日本で入管事項を取り仕切るのは、警察や地方行政を所管する内務省の管轄とされ、内務省令によって、地方長官（道府県知事）と外事警察（外事課）によって、外国人に対する取締り活動が警察活動の一環として実施されていた。戦後は、1947年に内務省が解体され、占領軍総司令部（GHQ）が外国人の出入国に関する事項を所轄していた。1949年に、外務省管理局に「入国管理部」が設置され、1950年には、戦前から続いた警察主導の管理方式から、外務省から法務を所管する官庁である法務省に移管された。連合国側の示唆により1951年2月には「不法入国者等退去強制手続令」が制定された。本手続令は、アメリカ法の影響を受けて退去強制等に関する公正な手続を定め、「もつて人権の保障を確保すること」を謳っていた。

1951年9月のサンフランシスコ講和条約の締結に伴い、日本が主権を回復すると、出入国管理について日本の管理下に置かれることとなった。それに伴い、上記退去強制手続令は廃止され「出入国管理令」が制定された。これは、いわゆる「ポツダム命令」（ポツダム宣言の受諾に伴う連合国軍最高司令官の要求事項に基づき、特に必要ある場合は命令をもって所要を定め、必要な罰則を設けている）であり、「法律としての効力を有するもの」とされた。同令は、出入国管理に関する国家の裁量を大幅に認める内容であった（大沼保昭、

1993、86-92頁）。

　他方で、敗戦によって朝鮮半島は、日本の管理から除外されたが、戦後の占領時代においては、朝鮮半島出身者などの「旧外地」出身者は、日本人なのか外国人なのかは明確な扱いがされず、不安定な地位に置かれた。また社会主義と自由主義との間でのイデオロギー対立も先鋭化していた時代であったため、朝鮮半島出身者を不穏分子として警戒し、取り締まることが入管当局による治安対策として重視されていた[7]。1952年4月には、講和条約の発効により、朝鮮の独立を認めたことにより、日本国内に居住している朝鮮半島出身者は、（日本の植民地統治時代には認められていた）日本国籍を正式に剥奪され、「在日韓国・朝鮮人」として外国人として扱われるようになった[8]。

　1952年8月からは出入国管理に関する所管庁を法務省に移し、組織名も「入国管理局」（入管局）に改められた。それ以後も、入管局の主たる役割は、一貫して、朝鮮半島出身者（在日韓国・朝鮮人）の在留監理であった。1965年に日韓条約が締結されて、在日韓国人に「協定永住」という在留資格が認められ、韓国籍を取得しない朝鮮半島出身者には法126号－2－6という在留資格が与えられた。その後も、「在日」の人々に対する警戒感は、外国人登録法上の指紋押捺義務や登録証の常時携帯義務によって制度化されていたのである[9]。1991年には、韓国籍の人だけでなく、朝鮮籍および台湾籍の人も併せて「特別永住」という在留資格に変更された。以上のような背景においては、今日のような形で難民問題が議論されることはなかったと言えよう。

③「政治亡命」事件の政治的処理

　日本では、1970年代末まで庇護および難民問題が法的に議論される機会はとぼしく、入管庁は在日韓国・朝鮮人を対象とした治安対策を主たる任務としていたと言ってよい。数件の亡命事件に見られる裁判所の傾向は、下級審

7）　1969年当時の在留外国人の総数は、約70万人であり、そのうち朝鮮半島出身者が60万人、中国・台湾出身者が5万人であった。

8）　高橋済「我が国の出入国管理及び難民認定法の沿革に関する一考察」中央ロー・ジャーナル12巻4号（2016年）63-117頁。

9）　指紋押捺制度は、2000年に廃止された。外国人登録証の常時携帯義務は2012年に廃止された。

では入管当局の裁量権を制限する判決例も見られたが、上級審では入管当局の裁量を幅広く認める傾向が強かった。

　入管法の制定当時から1981年に難民条約を批准するまでの間、日本は外国人に対して庇護を認める制度がなく、難民を保護する明確な法的義務を負っていなかった。しかし、それでも、外国人を退去強制した場合に、国際法上の「政治犯不引渡しの原則」によって送還してはならない義務を負うかどうかが争われた事件がある[10]。言い換えれば、「政治亡命」を求める権利は、国際慣習法として確立しているかどうかというかなりテクニカルな問題として議論された。

　1960年代末の柳文卿事件は、台湾出身で日本の大学に在留中に台湾独立運動に携わった柳氏が入管局に出頭したところ、オーバーステイを理由に直ちに「中華民国」（台湾）に強制送還が決定されたことに対して違法を主張して争った事件である。柳氏は、1967年に大学院修士課程を修了した後、在留期限の更新許可が不許可となったため、1か月ごとの滞在許可を得ていたが、3月末に入管に出頭したところ、直ちに不法滞在者として収容され、裁判所による救済手続をとる余裕を与えずに翌朝9時半羽田発の中華航空機に乗せて台湾に強制送還されてしてしまったという事件である。裁判は、柳氏が送還されてしまった後に提起されたものであるが、当時日本では難民条約にも未加入だったので、強制送還に対して異議を主張する根拠として、逃亡犯罪人引渡法に定める「政治犯不引渡しの原則」により、強制送還が違法であると主張した。第1審は、同原則は確立した国際法規であるから台湾への退去強制は認められないと判示した（東京地判1969〔昭和44〕年11月8日）が、控訴審では、逆転して、在留期限を越えてオーバーステイしていた柳氏を台湾へ退去強制処分することは入管当局の裁量権に属し、違法ではないとした（東京高判1971〔昭和46〕年3月30日）。本事件の背景には、日台間の政治家の間で政治犯の送還に関する密約があり、それに従って入管当局が入念に送還

---

10)　政治犯罪不引渡の原則は、日本の逃亡犯罪人引渡法にも定められている。ただし、「政治犯」の定義は同法にはない。暴力を行使または唱道したことがない「純粋な政治犯」は引き渡してはならないという考え方は、「政治亡命」と類似の概念である。

を仕組んだ結果なのであった（宮崎、1970、48頁）。残念ながら、裁判所もそうした入管の手法を追従しただけであった。

　また、ユン・スウギル（尹秀吉）事件は、韓国への強制送還が問題となった事件である。ユン氏は、1951年に朝鮮戦争が勃発した後、韓国の釜山から日本に密入国してその後東大で研究生として勉強する傍ら朝鮮半島の統一運動に従事していた。しかし、当時韓国では、そうした活動は、「北」を利する行為として徹底的な取り締まりの対象としていた。日韓の政治的関係を重視する日本政府としても、都合の悪い存在ではあるが、表向き逮捕する根拠もないので、ユン氏が密入国者であることを理由に身柄拘束し、韓国に退去強制処分とする決定がなされた（宮崎、1970、93頁）。ユン氏は、韓国に送還された場合に、「反共法」違反の容疑により処罰されるおそれがあるとして、退去強制令書の無効取消を求めて提訴した。

　本件でも、国際法上の政治犯罪不引渡しの原則が確立した国際法規であるか否かが争点となった。第1審の東京地裁判決によれば、原告は政治犯罪人であって、本件処分は、送還先を韓国と指定した退去強制であり、退去強制の執行は、その実質は本国（韓国）への引渡しとなんら異なるところはないから、韓国への送還は、国際慣習法に違反するとし、本件処分は違法と判示した（東京地判1969〔昭和44〕年1月25日）。しかし、控訴審（東京高判1972〔昭和52〕年4月19日）および上告審（最判1976〔昭和51〕年1月26日）は、政治犯不引渡しの原則は、いまだ確立した国際法上の一般慣行ではなく、密入国したユン氏を入管令違反により退去強制処分とした措置に違法はないとして訴えを棄却した。こうした最高裁判決は、日本が政治亡命を認める国ではないことを国際社会に向けて宣明したのである。

　これらの例が示すように、日本では、戦後の入管体制を構築して以後、入管当局は、主として朝鮮半島および台湾出身者に対する治安対策的役割を果たしてきた。退去強制、亡命事件においても人権への配慮よりも、治安的、政治的な考慮を優先してきた。このような思想は、今日では「外国人と安心・安全に暮せる共生社会の実現」というようなソフトな表現に改めてはいるが、治安優先の姿勢は今なお入管当局には根強く残っていると思われる。むしろ、それが一貫した入管庁の基本姿勢であり、司法（特に、最高裁）も

それを認めてきたといえよう。

④マクリーン事件判決の障壁

　マクリーン事件の最高裁大法廷判決（1978〔昭和53〕年10月4日）は、日本の治安優先的な入管法の基本原則を憲法解釈に依拠して肯定したという意味がある。

　この事件の端緒は、米国人英語教師のマクリーン氏が在留期間の更新許可を求めたところ、入管当局が不許可としたために、同処分の取消を求めて争ったことにある。その背景には、ベトナム戦争反対のデモへの参加という形で行った政治的意見の表明が、ベトナム戦争に協力していた日本の立場からみて好ましくないと判断されたという事情があった。本件訴訟で、第1審の東京地裁（東京地判1970〔昭和45〕年3月27日）は、入管の判断を違法と認めたが、最終的に最高裁大法廷は、「国際慣習法上、国家は外国人を受け入れる義務を負うものではなく、特別の条約がない限り、外国人を自国内に受け入れるかどうか、また、これを受け入れる場合にいかなる条件を付すかは、国家が自由に決定することができる」と述べていたのである。また、「憲法上、外国人は、わが国に入国する自由を保障されているものでないことはもちろん、（中略）在留の権利ないし引き続き在留することを要求しうる権利を保障されているものでもない」というのである。

　この判決には、さまざまな批判があるが、外国人は日本に在留する権利がある訳ではないので、外国人の在留を許可するかどうかの判断は国家の裁量的権利であり、その結果、国家は外国人に対して退去強制権を有するという考えかたに対して最高裁がお墨付きを与えたものである。この判決から45年も経った今なお、難民不認定や退去強制の決定に異議を主張して国を相手に裁判で争っても、裁判所は、本判決の上記の一節を金科玉条のように踏襲して、訴えをしりぞける判断を示すことが多い。実際に、入管事項に関する裁判では、95％が国側の勝訴となっているのが実情なのだ。最高裁のマクリーン事件判決は、外国人の出入国管理に関する国家の裁量を支持してきたが、実際には、本判決以後、国際人権法の解釈によって国家の裁量は制限されていると解せるので、既に過去の虚構にすぎないように思われる。

(2)　今回の入管法改正の意味

　入管法は、1981年の難民条約の批准に伴い、旧入管令を改正する形で施行された。それ以降、約40年以上の間に何回か改正されてきたが、2023年の改正では、国民的な批判と議論が沸き起こったという点で、従来の改正とはかなり性質の異なるものであった。

　では、今回の入管法の改正は、どのような目的で国会に提出されたのか簡単に振り返ってみると、その端緒は、2010年3月の難民認定申請者に対する就労条件の緩和にさかのぼることができるだろう。当時、難民認定申請中の者は、就労が許可されず、また公的な生活支援も不十分なため、衣食住に困難を生じさせているという問題があった。そこで、難民認定申請後6か月を経過した後には、原則として就労を認めることとしたのである。こうした措置は、難民申請中の生活を維持するためには必要な措置とも思われた。

　ところが、2015年ころより、日本において難民認定を求める外国人の数が急増すると[11]、政府・入管当局は、これらの難民認定申請者の多くは、就労を目的とした「偽装難民」であり、ほとんどが難民認定を申請しさえすれば、結果が出るまでの数年の間、就労を目当てに難民認定制度を悪用している者であるとの見方をとっていた。さらに、「偽装難民」の中には、本国への送還が決定された後にも、さまざまな理由により、送還を忌避する者がいて、またそうした外国人の中には入管収容が数年にも及ぶ者がいるので、迅速に送還を進める必要があるとしていた。そこで、こうした送還忌避者の増加や収容の長期化問題および犯罪対策に適正に対応するための対策を講じることが入管当局としての課題と捉えた。もっとも、こうした入管側の説明は、一面的なきらいがあり、難民認定申請者数の急増の背景には、日本の労働市場における人手不足を解消するために、外国人労働者に対する需要が高まったことも指摘できるだろう。実際、2019年の入管法改正により、人手不足問題に応えるために外国人の労働力を活用する方策として、従来、就労期間を3

---

11)　実際、難民認定申請者数は、2010年には年間1200人程度に過ぎなかったが、2017年には2万人弱へと大幅に増えた。グラフ「日本における難民申請者数等の推移（2013年〜2022年）」（入管庁のデータに基づき筆者作成）参照。

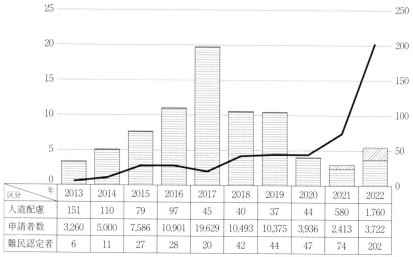

グラフ　日本における難民申請者数等の推移（2013年〜2022年）

区分　　年	2013	2014	2015	2016	2017	2018	2019	2020	2021	2022
人道配慮	151	110	79	97	45	40	37	44	580	1,760
申請者数	3,260	5,000	7,586	10,901	19,629	10,493	10,375	3,936	2,413	3,722
難民認定者	6	11	27	28	20	42	44	47	74	202

▭▭申請者数　▨▨人道配慮　━━難民認定者

年に限っていた「技能実習」に加えて、特定の12分野に関しては長期の就労を認める特定技能1号（5年）、同2号（10年）を設けることになった。

　このような準備段階を経て入管庁は、送還を拒否している「偽装難民」を迅速に本国に送還することにより長期収容を解消するためと称して、次の段階の法改正に着手することになった。そのため2019年10月には、法務大臣の私的諮問機関である「出入国管理政策に関する有識者懇談会」の下に「収容と送還に関する専門部会」を設置して、「偽装難民」問題への対応のあり方を検討し、同部会は2020年の6月には提言をまとめた[12]。同年12月に有識者懇談会の報告書は、専門部会の提言に沿って、難民申請中においても、3回目以降の申請の案件については、送還停止効の例外を設けることを認めるなどの内容を含んでおり、ノン・ルフールマン原則に抵触する疑いがあった。

　こうしたお膳立ての後、2021年2月21日には、入管法改正案が国会に提出

---

[12]　　第7次出入国管理政策懇談会・収容・送還に関する専門部会「送還忌避・長期収容問題の解決に向けた提言」令和2年6月19日。

された。同改正は、基本的に上記の専門部会案を叩き台としたものであるが、難民認定手続中の外国人は、申請の回数や理由等を問わず、殺人等の重大犯罪を実行した者やテロリスト等であっても現行法では退去させることができないから、日本でも諸外国と並んで「送還停止効の例外」を設ける必要があることも改正の目的とされた。このテロリスト等の送還の部分については、上記「専門部会」の提案には明確に含まれていなかったにもかかわらず、与党案が採用されたものと思われる（詳しくは、第3章を参照）。しかし、21年3月には名古屋入管収容所に収容中のスリランカ人女性の死亡事件が起こったことにより、入管法改正案に対する批判が高まり、同年5月18日、結局政府は法案を取り下げることとし、後に廃案となった。その後、2022年は様子見で推移したが、政府は、2023年3月7日に国会に再提案して、最終的には6月9日に数の力で改正入管法を可決させた。今回の入管法改正の目的は、①保護すべき者を確実に保護すること、②その上で、3回目以降の難民申請者、3年以上の拘禁刑に処せられた者およびテロリストの疑いがある者などは、送還停止効の例外として速やかに退去させる、③不必要な収容はせず、収容する場合には適正な処遇を実施する、などであるとしていた。

　しかし、国会審議中には、難民審査手続上、二次審査機関として重要な役割を果たす難民審査参与員による審査の実態が杜撰であることが暴露されたにもかかわらず、難民認定機関の独立性や公正な認定手続に向けた改革については何らの見直しも行われなかった（第5章参照）。これでは保護すべき者を確実に保護するという触れ込みとはほど遠いのではないかと思われる。3回目以降の難民認定申請を制限した点では、在留が認められるべき庇護申請中の者も退去させられる危険があるほか、テロリストという疑いがあれば難民審査中であろうと送還が可能となったので、濫用が懸念される（第3章参照）。また補完的保護の導入にしても「迫害」の存在を前提としているなど、EUの補完的保護とは異なり制限的な内容である（第6章2参照）。

2　開かれた入管・難民法をめざすには

　以上、日本の入管体制がいかに「閉ざされた」制度であるかを示してきた。

次に、国家は、外国人の出入国管理および退去強制権は、国際法上の確立した原則であるとの既存の論理を越えて、「開かれた入管・難民法」をめざすにはどのような取組が必要とされるかが問題となる。そのためには、難民の認定手続の公正化から難民認定申請中の人々の支援および保護に関するさまざまな論点があるが、個別の問題に関する検討は第2章以下に委ねることとして、ここでは基本的な視点だけを指摘しておくこととする。すなわち第1に、入管難民法の解釈において人権条約の視点を取り入れること、第2に、庇護権を日本国憲法の下で位置付けること、という2つの方法がある。

(1) 入管・難民法と人権条約との整合的解釈の追求
①「特別の条約」による入管裁量の制限

　前述のように、外国人の在留の許否に関する国家の裁量的権限を大幅に認めるマクリーン事件判決の論理が、今日なお入管当局および大多数の裁判判決によって無批判に踏襲されてきたことが日本における難民認定を著しく制約する理由になっていると思われる。

　しかし、マクリーン事件最高裁判決も認めていたように、国家の出入国に関する国際慣習法上の裁量的な権限は、「特別な条約」があれば、国家はそれに従う義務があるのである（泉、2011）。「特別法は一般法を破る。」という原則は、一般に承認されているにもかかわらず、「特別の条約」が実際の難民認定実務において、無視されていることが問題である。マクリーン事件判決の当時、日本は、国連の人権条約には加わっていなかったのだが、その後に批准した人権条約の規定には、「特別の条約」に当たる部分があるだろう。まず、難民条約では、難民または庇護希望者を迫害のおそれのある場所に追放してはならない義務（ノン・ルフールマンの原則）を締約国に課しており、これによって国家の出入国に関する裁量権は制限されたのである（安藤、2022）。同様の義務は、拷問等禁止条約第3条の規定および自由権規約第7条の解釈からも導かれる（第4章参照）。ジェームズ・C・ハサウェイによって提唱された、人権条約と難民条約とを整合的に解釈、適用するモデル（ハサウェイ、2008、119-158頁）は、難民法の実践における人権パラダイムとして多くの国で支持されてきた[13]。

②人権条約との関連性

　また難民条約と人権条約（たとえば、自由権規約）は、そもそも別の条約であるから、相互の関係はないといえるだろうか。やや専門的になるので詳しく述べることは避けるが、実際に、難民条約と人権条約とは、その来歴、成立の過程、規定の内容などにおいて相当に異なるものである。具体的には、難民条約では、国家の義務として難民として認定された者に限って難民条約に基づいて認められる待遇も人権条約で認められた「内外人平等の待遇」とは異なり、「一般に外国人に対して与える待遇と同一の」（第7条）またはそれよりも「不利でない待遇」（第13条、第18条、第19条）もしくは「自国民と同一の待遇」（第22条、第23条、第24条）を認めると定めている。このように、難民条約では、人権条約のように、すべての人に対して普遍的な人権を保障する趣旨とは異なる。さらに、難民条約の締約国は、各種人権条約の締約国になっている訳ではないという点も指摘できる。しかし、だからといって、難民条約と人権条約とは相互に無関係とは言えない。

　それにはいくつかの理由を指摘することができる。第1に、難民条約の前文では、世界人権宣言に言及し、「人間は基本的な権利及び自由を差別を受けることなく享有するとの原則」を確認している。したがって、難民条約も人権の普遍的な尊重を確保するという人権理念を基礎としていると考えられる。第2に、迫害からの保護を求める人々は、難民条約だけでなく、人権条約によっても同時に保護の対象となるからである（自国に送還されれば、不当に逮捕され拷問を受けると主張している者は、難民条約だけなく、拷問等禁止条約第3条、自由権規約第7条によっても保護される）。すなわち条約による保護を認めている点で難民条約とこれらの人権条約は、同一の目的を有しており、密接不可分の関係にあるのである。また、在留が認められた難民に付与される権利は、人権条約上では、すべての個人に対して人種、性、言語、宗教、政治的意見、国民的若しくは社会的出身等による差別なく保障される権利に

---

13)　デービッド・J・カンターは、人権パラダイムを支持しつつ、ハサウェイの「代理保護」という観点ではなく、非差別原則を基礎とすべきと指摘する。Bruce Burson and David James Cantor, Human Rights and the Refugee Definition: Comparative Legal Practice and Theory, 2016, especially see, pp. 349-395. Storey, 2023, pp. 170-181.

置き換えられている（ハサウェイ、2014、アラン・マッキー、2021）。こうして
みると、入管・難民法は、国際人権法の視点から解釈、適用することによっ
て庇護を求める人々に対してより開かれた難民法へとアップグレードされる
ともいえるだろう。第3に、条約法に関するウィーン条約（条約法条約）に
基づく条約の解釈原則との関係からみると、同条約31条3項では、(a)当事
国間の後の合意、(b)条約の適用につき後に生じた慣行、および(c)当事国の
間の関係において適用される国際法の関連規則などを考慮することができる
と定めている。したがって、たとえばHRCや拷問禁止委員会（CAT）が公
表している「一般的意見」および個人通報制度に基づく「見解」によるなら
ば、送還により拷問や非人道的な取扱いを受けるおそれのある場合には、送
還はできないという解釈が確立しており、こうした解釈は難民条約第33条の
ノン・ルフールマン原則との不可分の関係が認められる。さらに自由権規約
第13条は、外国人の追放の際に適用すべき手続を定め、また同第14条も裁判
を受ける権利をすべての者に保障している。これらの規定は、条約法条約第
31条3項にいう条約の適用について後に生じた慣行を形成する要素または当
事国間の関係で適用される国際法の関連規則に準ずるものとして難民条約の
解釈に際して考慮することができるであろう（Storey, 2023, pp. 60-128）。

　他方で、人権条約と難民条約とを関連づけて解釈しようとする発想は、こ
れまで日本の入管実務においては、ほとんど考慮されてこなかった。個別の
論点は、以下の各章で扱うことになるが、特に指摘しておきたい点は、自由
権規約などの人権条約上の履行監視の任務にあたる機関が日本政府に対して
与えた「総括所見」（前掲注5）への対応を日本政府は軽視してきたことで
ある。HRCは、2014年の総括所見において、「庇護申請者及び不法移住者の
退去及び収容」について、移住者が退去強制手続において不当な扱いを防止
すること、ノン・ルフールマン原則の手続的保障の確保、退去強制の停止効
果を有する独立した不服申立てシステムの確立、入管収容期間を最短とし、
収容の合法性に関する司法判断の機会を保障することなどを勧告していたが、
これへの対応はなされて来なかった（2022年の総括所見も同様）。

　結局のところ、今回の入管法改正が、事実上これらの総括所見に対する日
本政府の対応となるであろうが、改正入管法では、複数回の難民認定申請に

ついては送還停止効の例外を認めるなど、総括所見とは逆の方向に向かっている部分さえある（個別の論点については、各章を参照）。こうした日本側の対応は、人権の促進に繋がっているかどうかの検証が必要とされている。

（2）　庇護権の憲法による実質化
①憲法上、庇護権を認めている国の例

　本章の冒頭では、世界人権宣言第14条の庇護権は、現実的には個人の権利としては確立しておらず、国家が庇護を認めるかどうかを判断する権利として見なされていると述べた（領域的庇護権）。しかし、諸外国の憲法では、庇護権を国家の権利ではなく個人の権利として定める例も珍しくはない[14]。憲法の規定に庇護を求める権利が含まれていれば、退去強制の権限も憲法上の庇護権と両立するように解釈し、適用されなければならないことになるので、庇護申請者の保護を実質的に保障していくためには大きな意味を有している。

　実例を挙げれば、ドイツ基本法第16a条が「政治的に迫害された者は庇護権を有する」と定めていることはよく知られている（近藤、2020、20-22頁）。ドイツが難民の受け入れに対して他の国よりも寛容なのは、そうした点も反映しているとも考えられる。ドイツだけでなく庇護権を憲法上の権利として認めている国は決して少ないとはいえない。しかし、日本国憲法には、庇護権を直接的に定める規定は存在しない。だが、庇護を求める権利は、憲法上の保護に全く含まれていないとは言いきれないだろう。

　かつて17世紀初頭に迫害から逃れるためにメイフラワー号で新大陸に渡ったピルグリム・ファザーズ（巡礼始祖）の国とされる米国憲法においてさえ庇護権の規定は存在しない。しかも、米国移民法は、19世紀末の連邦最高裁判所の判決によって、日系移民を含むアジア系の移民を排除するために出入国に関する絶対的な国家主権を承認していた。しかし、後の米国の移民法に関する判例理論の発展により、外国人の退去強制については、連邦憲法修正第5条の法の適性手続（デュー・プロセス）の保障が及ぶことを認めること

---

14)　諸国の憲法のうち35％は、庇護権を規定しているという。Stephen Meili, National Constitutions, and the Right to Asylum, in Costello, Foster and McAdam eds., 2021, pp. 867-882.

により、国家の絶対的権利の概念を制限する理論的検討も進んでいることは注目すべきである（新井信之、2008、293-311頁）。

②日本国憲法における庇護権の位置付け

　ところで、日本国憲法は、庇護権を明文上は定めていないが、庇護権を解釈により読み込むことは、近藤敦教授が詳しく述べているように、十分に可能であると思われる[15]。

　まず、日本国憲法上の諸権利は、選挙権、被選挙権および公務就労権などの本来日本国民に対してだけ認められる権利をのぞき、国民だけでなく外国人にも等しく適用されると解されている（性質説）。また、同第14条の差別禁止規定は、いうまでもなく公的機関である入管庁や警察による人種や民族的出身による差別だけでなく、外国人を差別することも禁止している。したがって、憲法第36条の「公務員による拷問及び残虐な刑罰は、絶対にこれを禁ずる。」との規定は、自由権規約第7条や拷問等禁止条約第3条と両立するよう解釈することにより、外国人を本国等に送還した場合に、拷問または残虐な刑罰を受けるおそれがある場合には、送還を禁止していると解釈することができる[16]。

　また、こうした観点は、日本の裁判所においても一部支持されている。東京高裁は、難民認定が棄却され、退去強制決定が決定された後、本人に対するその告知をチャーター機による集団送還日の前日まで意図的に延引し、告知の翌日にチャーター機で送還したことによって、事実上退去強制に異議を主張して裁判に訴える機会を奪ったことは、憲法第32条の裁判を受ける権利を侵害すると判示した（東京高判2021〔令和3〕年9月22日、近藤敦「強制送還と裁判を受ける権利」ジュリスト令和3年度重要判例解説12頁）。こうしてみれば、憲法第32条の裁判を受ける権利および第31条の適正手続の保障は、外国人に

---

15)　近藤敦「自国に入国する権利と在留権：比例原則に反して退去強制されない権利」名城法学64巻4号（2015年）17-18頁。

16)　入管法第53条3項2も拷問等禁止条約第3条1項に規定する国への送還を禁止する。大阪高裁は、イランへの強制送還によって公開処刑されるおそれがある場合に、イランへの退去強制処分の実施は違法とした（大阪高判2015〔平成27〕年11月27日、安藤、2021）。

対して等しく保障されているので、恣意的な送還を禁止していると解釈することができる。このような意味での庇護権は、日本国憲法の規定に読み込むこともできるだろう。憲法上の権利として庇護権を位置づけることにより、外国人の退去強制の際における入管法上の法務大臣の裁量権は限定され、より開かれた入管・難民法への一歩となるであろう。

おわりに

　「開かれた入管・難民法をめざして」という本書の意図は、端的にいえば、日本国憲法および（特に）国際的人権条約によって取り入れられた難民保護の基準を日本の難民認定の実務と政策に調和、反映させることを意味している。具体的な論点は、各章の検討に譲ることになるが、本章で強調してきた入管・難民法に対する人権アプローチとは以下のような趣旨である。

　戦後日本の入管令の下では、在留外国人の大多数を占めていた在日韓国・朝鮮人に対する治安対策が中心であり、難民を受け入れる制度は存在せず、時折生じた亡命事件における入管の対応は、人権への考慮よりも、治安対策を優先させてきた。1981年にインドシナ難民問題を契機として難民条約を批准したことは、日本の入管法の転機ではあった。しかし、実際は、難民条約の批准は、長期的展望に立ったものではなく、依然として、従来の治安対策中心の入管庁の方針は変わらず、インドシナ難民問題が一段落した1980年代末よりは、非正規在留外国人および「偽装難民」の取り締まりをもっぱらの役割としてきた。そうした入管の方針を支える論理として、外国人の在留の許否または出入国事項に関する判断は、確立された国際慣習法上の国家の裁量に属するというマクリーン事件判決の論理があった。

　しかし、同判決でも、「特別の条約」の定めがある場合には、その限りで国家に委ねられた裁量権も制限されることを認めていたはずである。「特別の条約」が何を指しているのかは、明確ではないが、出入国に関する事項に影響のある規定を含む条約がそれに該当するものと思われる。したがって、難民条約は、難民の入国および在留を認め、ノン・ルフールマンの原則により退去強制権を制限しているのであるから特別の条約に該当する。また、自

由権規約、社会権規約、拷問等禁止条約、子どもの権利条約などの人権諸条約は、それぞれ難民および庇護申請中の人々に対して保護される権利を含んでいる限りでは、「特別の条約」としての性格も帯びている。日本では、難民条約と人権条約とは切り離されて解釈されてきたが、両者は、相互に有機的に関連づけた形で解釈することにより、難民および庇護申請者の地位や権利の保障をより実質化することが可能となるだろう。

　同時に、日本国憲法第31条の法定手続の保障、第32条の公正な裁判および第36条の拷問等の禁止は、恣意的な送還を禁止しているという意味では国の出入国に関する裁量を制限しており、実質的は庇護権（特に、ノン・ルフールマン原則）の重要な側面を保障している。これらの憲法の規定は、難民条約および関連する人権諸条約の規定と整合的に解釈すべきである。このように捉えるならば、開かれた入管・難民法をめざす契機と手段は既に与えられている。したがって、庇護を求める人々が直面している各場面において、これらの契機と手段をどのように活用していくかが問われているのである。

第 2 章
難民とはどのような人？
——広がる難民概念

北村泰三

はじめに

　「難民」（refugee）とはどのような人をいうのか。国語辞書を調べてみると、難民とは「戦争・天災などのため困難に陥った人民。特に、戦禍、政治的混乱や迫害を避けて故国や居住地外に出た人。亡命者と同義にも用いるが比較的にまとまった集団をいうことが多い。」とされている（広辞苑、第 7 版）。ただし、国語辞書の説明は、難民条約上の難民の定義とはかなり異なる。

　他方で、言葉は生き物であるから、世の中では、「難民」という言葉がやたらインフレ気味に使われている。「就職難民」、「介護難民」、「買い物難民」などのように、例を挙げれば切りがない。このような「難民」という言葉の使い方が間違っているから、目くじらを立てて「即刻やめよ！」などと言葉狩りを主張するつもりはないが、難民という言葉が身近な言葉として使われることにより、難民問題の本質の理解が妨げられることになれば不本意である。したがって、難民について知るには、なによりも国際的な保護の対象となる難民という言葉の正確な定義を理解することから始める必要がある。

　そこで改めて、難民条約にいう難民とはどのような人かという主題について考察する。以下、1 では、出発点として難民条約上の難民の定義を確認しておくこととする。2 では、難民条約では難民として認められるためには「迫害」を受けるおそれがあることが必要とされているので、「迫害」とは何かという点について触れる。3 では、日本が受け入れたウクライナからの戦

21

争「避難民」は、難民条約上の難民なのかというような問題を検討する。4では、性的少数者が難民条約上の難民として認められるようになってきていることを紹介する。最後に、5において、環境難民という概念が認められるのかどうかについても手短に触れておきたい。なお、本節の主題には、徴兵（兵役）拒否者が難民に当たるかという問題も含まれるが、既に他稿で詳しく検討したので、ここでは扱わない[1]。

1　難民の定義

(1)　難民条約上の難民の定義

　難民条約は、1951年7月28日、国連の主催の下で開催された起草会議において採択された。当初の会議参加国は、共産圏を除く、23か国であった。起草会議の主たる関心は、第二次世界大戦の後の主として欧州諸国が直面していた難民をどのように定義するかにあった（Zimmmermann, 2011, p. 49）。難民条約の第1条A(2)では、難民について、以下のように定めている。

　　「1951年1月1日前に生じた事件の結果として、かつ、人種、宗教、国籍もしくは特定の社会的集団の構成員であることまたは政治的意見を理由に迫害を受けるおそれがあるという十分に理由のある恐怖（well-founded fear）を有するために、国籍国の外にいる者であって、その国籍国の保護を受けることができないものまたはそのような恐怖を有するためにその国籍国の保護を受けることを望まないもの及びこれらの事件の結果として常居所を有していた国の外にいる無国籍者であって、当該常居所を有していた国に帰ることができないもの又はそのような恐怖を有するために当該常居所を有していた国に帰ることを望まないもの。」

　このように難民条約自身は、1951年1月1日以前にヨーロッパにおいて発

---

1)　　北村泰三「難民認定における良心的兵役拒否をめぐる問題」（浅田正彦他編、2021、106-127頁）。

22

生した難民問題に限定していたが、これらの制限は、1967年の難民条約議定
書によって取り払われた（髙宅、2020、298頁）。難民条約の締約国は、同時
に議定書の締約国でもあるので（米国は、例外的に議定書のみを批准している）、
難民条約上の難民の定義には、これらの制限はなくなった。

　難民条約第 1 条 A (2) の難民の定義では、人種、宗教、国籍もしくは社会
的集団の構成員であるかまたは政治的意見という 5 つの理由のいずれかによ
る迫害を受けるおそれにより恐怖を抱いていることが難民であることの中心
的な要件とされた。したがって、これらの 5 つの理由のいずれかによる迫害
のおそれがあることが求められるので、より豊かな生活を求めて、本国から
移り住もうする者（経済難民）は、一般的には、難民条約上の難民の範疇に
は入らない。現代国際社会では武力紛争、内戦、テロなどのさまざまな迫害
要因からの庇護を求める難民が急増しているのに比べて、保護の対象とする
難民概念は非常に限定的であるが、後述のように、難民条約の締結後の各種
の地域的な難民に関する法制度の発展を媒介として、難民条約上の難民の概
念にも影響を及ぼしてきた。

　また、条約難民であることを主張するためには、国籍国の外にいることが
挙げられている。これは、国籍国の保護を受けられない、ということをも意
味している。したがって、難民申請者は国境を越えていない限り条約上の保
護を受けることはないので、いわゆる国内避難民（internally displaced
persons/IDPs）は、難民条約による保護の対象には含まれない。また、無国
籍者は、迫害のおそれがあり、国籍国に代わって常住地国の保護が及ばなけ
れば難民として認められるであろう（東京高判2020〔令和 2 〕年 1 月29日）。

(2)　入管法上の難民の定義

　我が国の入管法第 2 条 3 の 2 では、難民とは、難民条約第 1 条および難民
の地位に関する議定書第 1 条の規定により難民条約の適用を受ける難民をい
うと定めている。したがって、入管法は、難民条約上の難民の定義をそのま
ま国内法に編入（incorporate）させた形をとっているのであり、国内法で独
自に難民の意味を変更してはならない。入管当局および日本の裁判所は、難
民の認定に際して、難民条約上の難民の定義をそのまま当てはめ、適用する

のである[2]。この点については、次のように解されている。

「一般に国内法上の用語の定義については、国内法で独自に定めること
ができるのが原則であるが、入管法は、『難民』については難民条約の
適用を受ける者という定め方をしている。したがって、入管法の規定に
よる難民の認定は、難民条約又は難民の地位に関する議定書の定める
『難民』であるか否か及び難民条約の適用を受けるか否かを認定しなけ
ればならない。ただし、このような難民の概念に包摂しきれない外国人
について、難民並みの待遇を与えることは可能であるが、逆に難民条約
の適用を受ける難民である外国人を難民の定義から外す形で難民概念を
狭めることはできない。(傍線筆者)」(多賀谷＝髙宅編、2015、7頁)

　また、難民条約上の難民の意義を解釈する際には、国際的に認められた標
準的な解釈に従うべきである。そのためには、UNHCRの『難民認定基準ハ
ンドブック』(以下、「ハンドブック」という)や一連の「国際的保護に関する
ガイドライン」その他のさまざまな解釈上の根拠または基準となりうるもの
がある。難民条約の締約国は、UNHCRの任務の遂行に協力し、かつ難民条
約の適用を監督する責務の遂行に際してUNHCRに便宜を与えるよう求め
られているのであるから(難民条約第35条)、これらの文書は、各国における
難民条約の解釈指針として合理的な根拠を有しているといえよう。しかし、
日本の入管実務においては、それらの文書には法的な拘束力はないとして、
軽く見られているが、それらの価値は法的拘束力の有無にあるのではなく、
難民の審査の基準として参照すべき合理的な基準であるかどうかであろう。
　今ひとつ難民の認定において念頭に置くべきことは、難民であるか否かは、
認定されて初めて難民であるといえるのか、それとも難民であることは、認
定手続きとは関係なく、その属性が難民であるが故に難民であるのかという
問題がある。この点、認定手続は、ただ単に宣言的なものであると理解され

---

2)　James C Hathaway, The Architecture of the UN Refugee Convention and Protocol, in
Costello, Foster and McAdam., 2021, pp. 171-201.

ている。すなわち、「難民の地位の認定がその者を難民にするのではなく、認定は難民である旨を宣言するものである。認定の故に難民となるのではなく、難民であるが故に難民と認定されるのである。」（ハンドブック，para. 28）。したがって、難民の要件を備えていれば、難民として認定しなければならない。

　もっとも、実際には難民として認定されることにより、具体的な権利や恩恵が認められる。難民として認定されれば、「定住」の在留資格が与えられ、就労資格をはじめ、健康保険、国民年金への加入が認められる。旅行証（難民パスポート）も付与される。

(3)　除外条項（難民条約第1条F）

　難民条約第1条Cは、「終止条項」といい、国籍国の保護を受けるようになった者は難民の条約の適用を終始する旨を定めている。第1条Dは、UNHCR以外の国連機関の支援又は援助を受けている者について、難民条約を適用しないことを定めている。

　難民条約第1条Fは、一定の犯罪歴を有する者などを難民の資格から除外する規定を置いている。すなわち、「この条約は、次のいずれかに該当すると考えられる相当な理由がある者については、適用しない。」として、以下の(a)から(c)の場合を挙げている。この規定は、難民の定義から一定の人々を除外する趣旨であるから「除外条項」と呼ばれている。

　(a)では平和に対する罪、戦争犯罪および人道に対する罪を行った者を挙げている。これらの犯罪は、国際社会の共通利益を犯すという意味で必ず処罰されるべき犯罪とされているので、これらの犯罪の実行犯が難民であると主張することにより処罰を免れることはないことを確認した規定である。(b)では、重大な犯罪（刑法上の普通犯罪、たとえば、殺人、強盗など）を行った者を挙げる。したがって、たとえば、殺人や強盗の犯人が逃亡先の国で、庇護を求めた場合、送還されれば逮捕、訴追されて、有罪の判決をうけるおそれがあると主張しても、政治犯ではない限り、難民として認められることはない。(c)では国連の目的および原則に反する行為を行った者を挙げている。国連の目的、原則に反する行為とは、たとえばイスラム国（ISIL）やア

ルカイダなどのテロ組織のメンバーの場合である。したがって、これらのテロ組織に参加もしくは協力した者が、組織から離脱した後に、難民であると主張するような場合にも、一般的には、難民の要件を満たさない。もっとも、その組織においてどのような役割を果たしていたかが問題となるだろう。反政府ゲリラ活動に従事していたような場合でも、消極的な従事であるならば政治的理由による迫害が認められる場合もあると考えられる。「補完的保護」の対象として考慮できる場合もある。

　注意を要するのは、これらの除外理由に該当することにより難民性が否定される者であっても、本国等に送還した場合に、警察による取調において拷問を受けるおそれがある場合や残虐な刑罰が言い渡されるおそれがある場合には、迫害のおそれが認められるのでノン・ルフールマンの原則（難民条約第33条）により、送還は禁止される（詳しくは、第3章参照）。拷問の禁止は、絶対的な性質を有するのでいかなる例外も認められないからである。

2　迫害（persecution）とはなにか？

　難民条約は、難民の定義上、重要な概念である「迫害」（persecution）の意義を敢えて明らかにしていない。UNHCRのハンドブックでは、生命または自由に対する脅威は常に迫害に当たる可能性があるとするが、普遍的に受け入れ可能な迫害の定義は存在しないと述べる（para. 51）。したがって、迫害をどのように解するかは、かなりの程度、各締約国の判断に委ねられてきたのである。日本の入管当局の理解では、迫害とは「生命および身体に対する攻撃」というように、かなり限定的な捉え方をしてきた。裁判所も「迫害」とは「通常人において受忍し得ない苦痛をもたらす攻撃ないし圧迫であって、生命又は身体の自由の侵害又は抑圧を意味する」（東京高判2003〔平成15〕年3月25日）というような解釈を積み重ねている。また、「迫害」の存在をどう判断するかは、難民認定申請者本人による供述の他、提出された種々の証拠に基づいて判断することになるので、難民認定の実務において、供述の信憑性評価を厳しくしたり、証明の基準を高く設定することによって、難民認定のハードルをことさら高くしてきたように思われる。

　この点、著名な難民法学者ハサウェイは、難民条約上の「迫害」とは、生命または自由に対する攻撃にとどまらず、人権条約上の「中核的な権利」（core rights）の継続的かつ組織的侵害をも含むと唱えている（ハサウェイ、2008、126-132頁）。中核的な権利とは、生命・身体の自由に対する攻撃よりもかなり広く理解されているのであり、拷問の禁止や自由権の侵害のみならず水、食料、衣服、医療、住居、教育機会の剥奪など経済的、社会権、文化的権利の重大な否定や侵害も迫害に含むとしている。このような理解は、今日の世界における人道上の危機に伴う大規模人権侵害状況を難民条約上の迫害に含ませて理解するものである。諸国の難民認定実務でも、このような迫害からの保護が現実的な課題なのである[3]。

　入管庁が2023年3月に公表した「難民該当性判断の手引」によれば、「迫害」とは、「生命、身体または自由の侵害または抑圧およびその他の人権の重大な侵害を意味し、主に通常人において受忍しえない苦痛をもたらす攻撃ないし圧迫」と定義している。このように、入管当局は、迫害とは自由権の中でも特に生命、身体の自由の侵害として捉えているのは従来通りであるが、「その他の重大な人権侵害」も含むとしているのは、UNHCR のハンドブックの記述をそのまま記載したものである。ただし、「手引」にはハンドブックとは異なり、本人ではなく「通常人」という（曖昧な）指標を設定することによって、個人のトラウマ（PTSD／心的外傷後ストレス障害）体験を見過ごすか過小評価につながるのではないかとの危惧がある。UNHCR も、「迫害の恐怖の主観的な側面として当該者の意見や感情を評価することが必要となろう」（ハンドブック，para. 52）と記していることも思い起こす必要がある。

　実際の裁判例でも、ネパールの武装グループ（マオイスト）に拉致され、ジャングルの奥に連行された上、ピストルをつき付けられて仲間に入れと脅迫された体験であっても、難民審査参与員は、「この種のことは極めて一般的ですし、さらに言えばこれまで経験したケースと比べると、被害の度合いは極めて低い」などと平然と発言した上で申請を棄却し、その後訴訟を提起して、控訴審でようやく迫害であると認められた例すらある（名古屋高判

3）　阿部浩己「難民条約における迫害の相貌」渡邊省吾他編、2010、64-85頁。

2016〔平成28〕年7月13日、小坂田、2017）。

　このように、入管当局の考える「通常人」とは、銃をつき付けられたくらいでは動じない不撓不屈のタフガイを想定しているようでもある。拷問等禁止条約第1条は、拷問の定義に「精神的な拷問」を含んでいることを考慮するならば、身体に対する直接的加害行為だけでなくトラウマ的な恐怖体験（精神的な拷問）も難民条約上の「迫害」に含ませるべきだろう。

　また、個々の事象をみただけでは迫害に当たらないとしても、難民申請者本人にとって不利益なさまざまは事情が合わさることにより、「累積的な根拠」により迫害と認定できる場合もある（ハンドブック，para. 53）。さらには、「差別」は迫害に当たるかという問題もある。経済的格差の存在だけでは、一般的には難民条約にいう「迫害」には当たらないが、差別が常態化し、当該社会において「特定の社会的集団の構成員」として認識できるほどに、「差別的措置が当該者にとって本質的に有害な結果をもたらす場合は」迫害にあたるとも考えられる（ハンドブック，para. 54）。

3　国際的、非国際的な武力紛争からの避難民

　2022年2月のロシアによるウクライナ侵攻に伴う「避難民」のような戦争または武力紛争下からの避難民が難民条約上の難民に該当するかという問題は、古くて新しい問題である。20世紀初頭のヨーロッパにおいてロシアおよびアルメニア難民の保護が課題となったとき、難民とは、自国による保護に預からなくなった人の集団を想定していた。1933年の難民条約では、国籍国の保護を享有しなくなった人および無国籍者を意味していた。

　第二次世界大戦後には、植民地解放闘争や内戦、部族紛争などのタイプの武力紛争が多くを占めているが、依然として国家間の武力衝突である戦争も繰り返されてきた。古典的な国家間の戦争は少なくなったとはいえ、戦争または内戦状況からの多数の「避難民」の受け入れを巡って、条約難民に該当するのかどうかが議論されてきた。実際に、今日の大量難民の流出の原因の多くは、武力紛争がらみの状況と関連しているのである。この問題については、難民条約の難民の定義に、紛争難民が含まれているのかという疑問があ

り、また大量の難民を引き受けるとすれば受け入れ国家の加重な負担となることなどから消極説が支配的であった。しかし、結論を先取りすれば、今日では、戦争や内戦に伴う人権の大規模侵害状況からの避難民は、難民条約上の難民として認められるとの理解が確立している（Cornelis（Kees）Wouters, Conflict Refugees, in Costello, Foster and McAdam, 2021, pp.815-831.）。

(1)　制限的アプローチ──「差異ある危険説」

　難民条約は、平時における迫害からの保護を対象としており、「戦争避難民」は難民条約上の難民には該当せず、例外的な場合に限って、条約難民として認定できるにすぎないという説があり、これは、例外的または制限的アプローチと呼ばれている。こうした解釈がとられてきたのは、難民条約が東西冷戦時代に採択された条約であって、特に政治亡命者を対象として考えられてきたからである。

　この点、「ハンドブック」では「国際的又は国内的武力紛争の結果として出身国を去ることのやむなきに至った者は、通常は、1951年の条約又は1967年の議定書に基づく難民とは考えられない。」としていた（para. 164）。「ハンドブック」は、「戦争難民」を「軍務脱走者又は兵役忌避者」、「武力に訴え又は暴力行為を犯した者」と同列に「特例案件」として、例外的に位置付けてきたのである。

　というのは、条約難民として認定されるためには、迫害のおそれが個人を対象とした「差異のある危険」（differential risk）を伴うこと、または個人について「特定された」（singled out）危険が証明されることが強調されてきたからである。この説によれば、難民条約上の迫害を根拠づけるためには、難民申請者は、出身国における武力紛争により一般的な住民が直面する危険と比較して、特異的なまたは差異のある危険を証明しなければならないとされる。つまり、迫害のおそれが単に武力紛争の一般的事情に由来するのであれば、それは「差異のある危険」とはいえない。危険が全ての人に及ぶのであれば差異ある危険ではない、というのである。

　その解釈上の根拠としては、難民条約１条Ａ(2)にいう難民とは、「（人種、宗教、国籍、政治的意見、特定の社会的集団の構成員であることによって）迫害

をうける十分なおそれ」のある者とされているところ、「迫害をうける」（being persecuted）とは、一般的な「迫害」のおそれではなく、具体的に個人について迫害を受けるおそれが特定されていることを意味していると解されてきたからである。また、戦争や武力紛争は人種等の5つの迫害理由には、当たらないとも言われる。国際法上、自衛権行使の場合のように武力行使が適法である限りは、武力紛争下からの避難民をすべて「迫害を受けるおそれ」から逃れようとする人々と判断することはできないとの指摘もあった。たとえば、英国上院は、アダン事件において[4]、ソマリアの内戦（部族間紛争）から逃れてきた庇護申請者が条約難民であるか否かを判断する際に、申請者は、敵対する部族にとらわれたならば深刻な危害を被るおそれがある他の部族のメンバーと比べてより重大な危険にさらされていることを証明しなかったとして難民認定を斥けたことがある。

　しかし、一般常識的にみて、内戦状況からの避難は、生命や身体の安全を確保するための止むをえない脱出なのであって、脱出と迫害を受けるおそれとの間に因果関係がないとすることは著しく想像力に欠ける判断であるといえよう。戦争状況においても、兵器（小型・大型の銃器、砲弾、爆弾、ミサイル、地雷等）による攻撃は特定の個人を狙ったものではなく、一般市民をも含めて無差別に攻撃対象としている。スマート爆弾のような誘導装置付きの爆弾やミサイルであっても、誤爆で市民が巻き込まれることは多々ある。また、こうした国際人道法違反の武力攻撃から、国家が市民を保護することは期待できないだろう。

(2)　戦争避難民に対する難民概念の拡大

　こうした難民条約が難民の定義を狭く限定していることに対して、保護の対象を広げる考えかたが地域的難民文書において認められてきた。1969年にアフリカ統一機構（OAU、2002年以降はアフリカ連合）が採択した「アフリカにおける難民問題に関する特定の側面に関する条約」（以下、アフリカ難民条

---

4 ）　Adan v. the Secretary of State for Home Department, [1999] 1 A.C. 293, [1998] 2 W.L.R. 702, [1998] 2 All E.R. 453 (H.L. 1998).

約）では[5]、1951年難民条約上の難民の他にも「外部の侵略、占領、外国の支配または出身国の全部または一部の公の秩序を乱す重大な事態から常住地を去ることを余儀なくされている人」をも保護の対象とした（第1条2項）。

　同様に1984年11月、中米諸国間の会議は、「カルタヘナ宣言」を採択し、アフリカ難民条約に直接言及しつつ、さらに難民の定義を拡張している[6]。同宣言は、法的拘束力のある条約ではないが、署名したラテン・アメリカ諸国は10年毎に会議を開催して、本宣言の一層の推進を図っている。

　こうした地域的な難民文書による難民の定義は、それぞれの地域において1951年難民条約を補充し、補強する役割を果たしている。EUの国際的な保護に関する資格指令（資格指令）では、「国際的または国内的武力紛争の状況における無差別の暴力による文民の生命または身体に対する重大かつ個別の脅威」がある場合には、「補完的保護」（subsidiary protection）として受け入れることを定めた。補完的保護は、難民条約上の難民とは認められない場合であっても、難民に準ずる待遇を認めることを意味している（第4章参照）。

　以上のように地域的なレベルではさまざまな取組みより難民の定義を拡充したり、難民に準ずる地位を認めたりすることによって、保護の対象を拡張する傾向が見られるが、世界的なレベルでは難民条約第1条Aの(2)解釈として、「例外的容認説」が依然として妥当し、原則として戦争避難民は難民には当たらないといえるだろうか。

　この点について「差異ある危険」に基づく特別な理由がある場合に限って容認する立場は次第に見直されてきており、内戦状況からの避難した人に対しても、他の条約上の迫害のおそれを理由とする難民申請者と同様の基準により、難民か否かの判断をするようになっている。たとえば、カナダ移民難民委員会は、1996年に「内戦状況における迫害をおそれる非戦闘員」と題するガイドラインを採択して、内戦下からの避難民を他の迫害を理由とする難民の場合と同様に扱う立場を明らかにした[7]。すなわち、難民条約は、戦争

---

5)　　OAU Convention Governing the Specific Aspects of Refugee Problems in Africa, 10 Sept. 1969.

6)　　Cartagena Declaration on Refugees, Colloquium on the International Protection of Refugees in Central America, Mexico and Panama, adopted on 22 November 1984.

や内戦などの武力紛争から逃れてきた人への適用を排除していないとして、申請人と（請求人の所属する集団内の諸個人を含めて）その他の人々との間の迫害のおそれの程度を比較して強調する代わりに、他の理由による条約難民の場合と同様に）申請人の置かれた特別の事情を審査する。問題は、申請人の迫害のおそれと他の条約上の迫害理由からの難民との比較ではなく、申請人のおそれが十分に重大な危険であるかどうかである。ニュージーランドの難民控訴院は、タミール紛争下のスリランカからの難民申請者のケースにおいて、難民該当性を認めた[8]。欧州人権裁判所も、ソマリアへの送還が人権条約違反になるかどうか争われた事件において、ソマリアのアシュラフ（Asharaf）という少数部族に属する申立人からの訴えに関連して、申立人は個人的に危険にさらされており、今もさらされていることを示すために、申立人自身に関する一層特別な特徴の存在を立証することを要求されることはないとして、送還は同条約第3条によって禁止されるとした[9]。

こうした各国の裁判例の発展を考慮して、UNHCRは、2016年に国際的保護に関するガイドライン第12号を採択して、ハンドブックの上述の記述を以下のように修正した。

> 「（1951年難民）条約第1条A(2)は、その用語に与えられる通常の意味ならびに1951年条約の文脈、趣旨および目的に照らし、武力紛争および暴力の発生する状況から逃れてきた者に対して適用される。実際にも、1951年条約の難民の定義は、平時の迫害から逃れる難民と『戦時』の迫害から逃れる難民との間に何らの区別も設けていない。第1条A(2)においては、一つまたは複数の条約上の理由によって迫害を受けるという十分に理由のある恐怖があるかどうかが検討される必要がある。

---

7) Immigration and Refugee Board (Canada), Guidelines Issued by the Chairperson Pursuant to Section 65(3) of the Immigration Act, March 7, 1996.

8) Refugee Appeal No. 71462/99, Tamil and a Citizen of the Democratic Socialist Republic of Sri Lanka v. Refugee Status Branch of the New Zealand Immigration Service, 71462/99, New Zealand : Refugee Status Appeals Authority, 27 September 1999,

9) Salah Sheekh v. the Netherlands, 11 January 2007, para.148.

UNHCR 難民認定基準ハンドブックのパラ164の『国際的または国内的武力紛争の結果として出身国を去ることを余儀なくされた者は、通常は、難民条約または議定書に基づく難民とは考えられない』という箇所は、ある者の迫害を受けるおそれがあるという十分に理由のある恐怖と1951年条約上の理由との間に、何らかの因果関係（causal link）もない状況に限定して適用されるものというように理解される必要がある。（para. 10）」

　以上のように、要は出身国における紛争や武力攻撃の理由が、人種、宗教、国籍、特定の社会的集団の構成員であることおよび政治的意見を理由としており、またこうした性質の紛争と脱出した際の理由との間に「因果関係」があれば、条約難民として認定できると考えられる。特に、国際人道法の規則が遵守されず、一般市民に危害が及ぶような状況は難民条約上の迫害と認められるといえよう（新垣、2016）。したがって、シリア難民がそうであったように、多くのウクライナからの「避難民」の場合でも、戦争避難民であるから難民条約上の難民ではないというのは、難民の定義の問題としては、誤りだと言わねばならない[10]。改正入管法では、新たに補完的保護を導入することによって、ウクライナ難民などの受け皿とする方針をとったが、条約難民として認定することも排除するべきではない。同様に、2021年2月の軍事クーデター以後、内戦状態にあるミャンマーに帰国できない人々は、当面、人道的理由による在留許可が認められているが、不安定な地位でしかない。軍事政権による弾圧は、抵抗組織に対してだけでなく村落全体を空爆し市民の間に犠牲者を生み、多数の国内避難民が発生している。こうした状況の下で帰国できないミャンマー出身者の多くも条約難民としての要件を満たしていると考えられる。類似の状況は、ほかにも日々発生しているのである。

---

10)　David James Cantor and Jean-François Durieux, Refugee from Inhumanity? War Refugees and International Humanitarian Law, 2014

4　性的少数者──LGBTI

　同性愛者（ゲイ、レズビアン）、バイセクシュアル、性転換者、インターセックスおよびクイアと呼ばれる人などの性的マイノリティ（以下本稿では、便宜上 LGBTI と表現する）が難民該当性を有しているか否かの問題がある。すなわち、性的多様性を否定し、LGBTI であることを理由として刑罰を科す国が存在している現状においては、LGBTI である人々は逮捕、訴追、処罰のおそれを免れるためには、他国において庇護を求めるか、自らの性的自認を一生隠し通しながら生きて行かざるをえないであろう。実際に同性愛者等をいわゆる刑法上の処罰の対象としている国は、イスラム圏を中心に依然として少なくない（難民支援協会によれば2020年12月現在で69か国存在している）。終身刑や死刑の対象とする国も存在する。このような状況では、性的自認による「迫害」を主張する者が、難民条約第１条Ａ(2)の難民の定義に基づき５つの迫害理由のうち、「特定の社会的集団の構成員」として迫害を受ける「現実の危険」（real risk）があるかどうかが問題となる（Jenni Millbank, Sexual Orientation and Gender Identity in Refugee Claims, in Costello, Foster and McAdam, eds., 2021, p. 761-777.）。

　日本では、2004（平成16）年にイラン人男性同性愛者が難民認定を求めて争った事件において、東京地方裁判所は、原告は、難民条約上の難民には当たらず、またイランに送還されたとしても迫害を受けるおそれは認められないと判示した（東京地判2004〔平成16〕年２月25日判決、訟務月報51巻１号102頁）。本判決の基礎には２つの理由があった。第１は、自己の性的指向を秘匿することにより平穏の維持が可能だから、同性愛者間の性行為を行った者に対し死刑を規定するイラン刑法の下でも、訴追等の危険を避けつつ同性愛者として生活はできると認められるというのである。このような考え方は、かつて諸外国でも取られた考え方であって、英国では、「合理的受忍性テスト」（reasonable tolerability test）と呼ばれてきた。第２は、判決は、「国民の性表現について、いかなる規制を設けるべきであると考えるかは、当該国における風俗、習慣、社会情勢などを背景として形成される国民全体の価値観によって異なるものであるから、原告が望む性表現が許されないということ

をもって、難民条約上の『迫害』に当たらない。」としていた点である。LGBTI の権利の制限を性表現の規制と同列に捉えることにより、各国における風俗、習慣を尊重することにより LGBTI の権利の制限が迫害にあたらないとしている。こうした論理は、LGBTI としての「性的指向、ジェンダー自認」(SOGI) を否定するものである。

　しかし、諸外国の国内裁判所でも、LGBTI からの難民申請を許容する方向に転換してきた。実例として、英国最高裁は、2010年の HJ（イラン）および HT（カメルーン）事件判決で、従来の判例法を変更して、「合理的忍容性」テストは、実際には適用が困難であると認めた。本判決では、「ストレート」の人間が、自分のセクシュアリティを一生隠し通さなければ生きていけないということは考えられないのであるから、ゲイやレズビアンの庇護希望者が帰国した場合に、セクシュアリティを隠さざるを得なくなる場合は、「特定の社会的集団の構成員」として、難民条約上の難民として認められるべきであると判断した[11]。同じく欧州人権裁判所も、同性愛行為を処罰する法律を有するガンビアに向けて LGBTI と認められる申立人を送還すれば、欧州人権条約第3条の拷問、非人道的な取扱いからの保護を受ける権利の侵害に当たると判断した[12]。

　さらには、UNHCR もガイドライン第9号（2012年10月23日）により、同性愛行為を処罰する法の存在は、迫害的性質を帯びていると明言して、同性愛行為を死刑犯罪と定めている場合だけでなく、逮捕、収監のおそれがある場合でも迫害に繋がると認めた。また、「難民申請者が、自己の性的指向もしくはジェンダー・アイデンティティーを秘匿し、またはそれについて『目立たない』姿勢をとることによって迫害を避けられるかもしれないこと（または過去にそうした経験があること）は、難民の地位を否定する正当な理由にはならない。」とも述べた。

　LGBTI の難民該当性を認める動きが次第に主要な難民受入国に広がって

---

11)　HJ (Iran) (FC) (Appellant) v Secretary of State for the Home Department (Respondent) and one other action, [2010] UKSC 31 on appeal from [2009] EWCA Civ 172.
12)　B and C v. Switzerland, 17 November 2020.

きたことを背景に、最近日本の裁判所でもようやく過去の判例を見直す機会が訪れた。2023年3月、大阪地方裁判所は、ウガンダから脱出してきた女性がレズビアンであることにより、帰国した場合に迫害を受けると主張したケースにおいて、LGBTIであることを理由として迫害を受けるおそれを初めて認定した。判決では、原告が難民条約1条A(2)にいう「特定の社会的集団の構成員であること」に該当することを前提として、「原告はレズビアンであることを『理由に迫害を受けるおそれがあるという十分に理由のある恐怖を有する』ものであると認められるから、原告は難民に該当すると認められる。」とした（大阪地判2023〔令和5〕年3月15日判決、LEX/DB 25572781）。本件では、原告は、警察に逮捕され暴行を受けたこともあったが、そこまで明白に迫害に相当する事実がなかったとしても、ウガンダのようにLGBTIを処罰する法が存在する国から逃れてきた者であれば、ノン・ルフールマンの原則により迫害を受けるおそれのある国への送還が禁止されるであろう。

　上述の入管庁による「難民該当性判断の手引」でも、LGBTIに対する迫害も難民条約上の迫害として認める可能性を開いている点では評価できる。ただし、その場合でも、迫害のおそれの認定は必要とされるので、LBGTIであることだけでは、迫害を受けるおそれがあるとは認められず、何らかの生命身体に対する攻撃の存在が要件とされる可能性がある。しかし、英国最高裁も認めていたように、LGBTIである人が処罰をおそれて性的自認を隠しながら生きていかなければならないとすれば、そのこと自体が差別であり虐待であって、迫害に他ならないのである。「手引」の内容を実際にどのように当てはめて行くかが問われている。

5　環境難民

　今日的問題として、地球温暖化のために、常居所を外国に移転せざるを得なくなった人々の場合は、難民条約上の難民として見なされるであろうか（Jane McAdam, Displacement in the Context of Climate Change and Disasters, in Costello, Foster and McAdam, eds., 2021, p. 832-847.）。難民条約は、上述の人種等5つの迫害理由を挙げているだけであるから、基本的には、環境難民は、

難民条約上の迫害理由に該当するとは見なされないだろう。しかし、地球環境問題、たとえば地球温暖化による海面上昇の結果、住居が失われ飲料水を得ることができず、生命の危険が及ぶような場合も考えられる。実際に、南太平洋のキリバス国籍の女性がニュージーランド（NZ）において、地球温暖化による海面上昇とそれに伴う飲料水が不足したためにキリバスには住めなくなったにもかかわらず、キリバス政府は何ら有効な対策をとらない、という理由で難民認定を申請したところ NZ の難民審査では棄却されたという事件があった。そこで、同人は、国連の自由権規約の個人通報制度に基づき HRC に個人通報を宛てて、キリバスへの送還は、同規約第 6 条によって保障される生命に対する権利の侵害に当たると主張した[13]。

　紙幅の制約もあるので、詳しくは別稿に譲らざるを得ないが、HRC は、海面上昇のために飲料水を確保することも、作物を育てることもできないので、生命に対する権利が侵害されているという通報者の主張を根拠づける情報が十分に提供されておらず、生命に対する現実の危険に直面しているということが十分には証明されていないと判断した。したがって、自由権規約上の生命に対する権利を充足するためにキリバス政府がとった措置が明らかに恣意的で誤りであると結論づける立場にはないとした。

　HRC は、結局、通報者の主張を認めなかったが、地球温暖化の影響によって、実際に通報者の生命に危険を及ぼすことが証明されたならば、送還は自由権規約違反となる可能性に含みを持たせたことになる。ただし、多数意見に対して 2 名の委員は反対意見を述べていたように[14]、地球環境の悪化により住む場所から追われた人々が帰還できないという事態は仮定ではなく、現実的でもある。とはいえ、難民条約の難民の狭い定義に環境難民を含ませることは、困難ではないかと思われる。地球温暖化により国家による保護を失った人々に対しては、グローバル社会の連帯により、新たな制度的枠組の構築が必要とされるかもしれない。他にも、地震、洪水、津波などの大規模

---

13)　　HRC、個人通報番号 No.2728/2016, CCPR/C/127/D/2728/2016, 23 September 2020.
14)　　サチン（Sachin）委員は、安全な飲み水が確保できることを証明する責任は締約国（NZ）にあるなどとして反対意見を述べた。

災害や原発事故に伴う放射能汚染などの人為的な災害の場合も含めて、難民条約では対応しきれない困難な問題にどう対応するかが問われている。

おわりに

　難民条約上の難民として認められるには、詰まるところ、人種、宗教、国籍、特定の社会的集団の構成員であることまたは政治的意見という5つの理由のいずれかによって迫害を受ける現実のおそれがあることが条件とされてきた。そのため、戦争避難民やLGBTIの人々が命の危険から逃れるために難民であると主張したケースでも、かつては難民該当性を消極的に解してきた。しかし、人権条約の関連規定の解釈および締約国間の事後の慣行によって難民条約の解釈を徐々に拡げることによって、紛争難民や性的少数者をも難民の概念に包摂してきた。もっとも、日本においては、難民条約の過去の閉ざされた解釈に固執して、ウクライナ避難民をはじめとして、武力紛争がらみで脱出してきた人々を条約難民の定義から排除してきた。しかし、難民条約は、これらの多くの戦争避難民に対しても十分に開かれたものである。LGBTIの人々の性的指向および性的自認は、非LGBTIの人々と同様に尊重され、かつ迫害から逃れてきた場合には難民として保護される。

　難民条約上の難民の定義は、決して静的で不変のものではなく、国際社会の現実の変化に応じてUNHCRおよびその他の国際機関や各国の関係当局の法解釈や国内判例によって常に見直されてきた。そうした営為により、難民条約上の難民の定義は、十分ではないが多少なりとも現実に対応するよう解釈されてきたのである。そのような不断の営為があったからこそ、難民条約の条文は、過去70年以上の間、難民を救うための文書として存続することができたのである。ただし、国内避難民の場合を含めて今日の国際社会で生じている、行き場を失った人々のすべての期待に添うことは困難がつきまとうであろう。国際人権法の「生きた文書」としての発展的解釈は、LGBTI難民の認定にも繋がったように、難民法の解釈に部分的には貢献できるであろう。

第 3 章
送り返してはいけない？
——ノン・ルフールマン原則

安藤由香里

はじめに

　難民申請者にはさまざまな状況の人がいる。難民申請する前にオーバーステイとなり、退去強制令書が既に発付されている人もいる。その中には、難民申請手続の存在を知らなかったり、安全に他国にいられるのならばそれで良いと、難民申請をしなかった人も含まれる。

　2023年改正入管法で大きく変わったのは、「送還停止効」に例外が創設されたことである。「送還停止効」とは、難民申請中は退去強制令書が発付されたとしても、退去強制されることはないという意味であり、「送還を停止する効力」である。送還停止「項」ではないので注意が必要だ。改正法では、原則として 2 回目以降の難民申請者、懲役 3 年以上の犯罪歴がある者およびテロリスト等に送還停止効を認めない案が出され可決された。しかし、これは、送還先で、生命または自由が脅威にさらされるおそれがある場合、追放・送還を禁止する原則（ノン・ルフールマン原則）に関する難民条約の重要な規定（第33条）に違反するのみならず、拷問・非人道的な取扱い等のおそれがある場合、にも送還を禁止する自由権規約および拷問等禁止条約上のノン・ルフールマン原則の違反になる可能性があるので大変危険な変更である。

　ノン・ルフールマン原則は、フランス語の「追い返す」や「押し返す」を意味するルフルマン（*refoulement*）を使用しており、ノン・ルフールマン

（*non-refoulement*）は、「ノン」の否定形がついて、「追い返してはいけない」、「押し返してはいけない」を意味し、「ノン・ルフールマン原則」、日本語では「追放・送還禁止原則」である。

1　なぜ送り返してはいけない？

(1)　送還停止効

　入管法改正案が議論されていた時、「送還停止効」に例外が創設されると、ノン・ルフールマン原則に日本政府が、違反する可能性があることが最大の懸念であった。送還停止効とは、現行入管法第61条の2の6（退去強制手続との関係）3項「難民認定申請をした在留資格未取得外国人……送還を停止する」という効力である。送還停止効は、2004年に入管法が改正された時に、「難民認定申請中の者の法的地位の安定化を図るため」に創設され、難民申請中の退去強制を停止する効力である[1]。その背景となったのが、林桂珍事件である。

　林桂珍は、天安門事件後、中国から日本に密航し、難民申請をしたが不認定となった。難民不認定を取消すための訴訟の途中に中国へ送還された。林桂珍事件最高裁判決（最判平成8年7月12日）の書記官解説によれば、退去強制手続と難民認定手続とは、「一応別個独立の手続であることからすると、現行法の下ではやむを得ない」とある。難民申請手続と退去強制手続が別々に進んでしまうため、別個独立の手続に問題があると考えられたからである。2004年に上記のように改善されたが、2023年改正入管法で一定の条件の下で元に戻ってしまい、後退した。

　送還停止効は、2004年の入管法改正で新しくできた仮滞在制度と同じように、在留資格がない人にも、人権保障の観点から「難民申請中に、退去強制しない」権利を認めている、国際人権条約の理念に合致する規定だ。送還停止効は、2003年12月24日難民問題に関する専門部会『難民認定制度に関する

---

1)　加藤聡「条約と行政法規」藤山雅行＝村田斉志編『新・裁判実務体系25 行政争訟 改訂版』（青林書院、2012年）62頁。

検討結果（最終報告）』では「現行法の下で……申請者が不法滞在者の場合、難民認定申請手続と退去強制手続が同時に進行」する不備を是正した。そして「難民として認定されるべき者等の法的地位の安定化を可能な限り迅速に図るため、難民認定制度に関して以下の改正を行」った。難民申請がすべて終了した後の送還は違法ではないが、裁判中は送還しない運用がなされている。

(2)　送還停止効の例外

　2023年改正入管法第61条の2の9第4項（退去強制手続との関係）では、送還停止効を適用しない条件が新しく創られた。第61条の2の9第4項1号では、在留資格のない者が2度にわたり難民申請または補完的保護の申請を行ったが不認定となったことがある者には、送還停止効を適用しないと定めている。ただし、難民の認定又は補完的保護対象者の認定を行うべき相当の理由がある資料を提出した者を除くと規定している。

　そこで「相当の理由のある資料」とはどのようなものかが問題となる。2023（令和5）年6月30日の牧山ひろえ参議院議員の国会質問では、「相当の理由がある資料」は、「形態や形式に制限はないが、個別の事案に応じて、申請者の本国の情勢等の諸事情を総合的に考慮」し「過去の難民申請で提出することができなかった資料や、主張することができなかった事情」に関する資料も該当する場合がある、と回答されている。

　また、第61条の2の9第4項2号では、無期若しくは3年以上の拘禁刑に処せられた者（刑の全部の執行猶予の言渡しを受けた者又は刑の一部の執行猶予の言渡しを受けた者を除く）または公衆等脅迫目的の犯罪行為等（第24条第3号の2）による嫌疑のある者についても送還・停止効の例外とされている。さらにはこのカテゴリーの者には、以下のような者が対象として挙げられている。①国際約束により本邦への入国を防止すべきものとされている者（第24条第3号の3）、②日本国憲法又はその下に成立した政府を暴力で破壊することを企て、若しくは主張し、又はこれを企て若しくは主張する政党その他の団体を結成し、若しくはこれに加入している者（第24条4号オ）、③次に掲げる政党その他の団体を結成し、若しくはこれに加入し、又はこれと密接な

関係を有する者(1)公務員であるという理由により、公務員に暴行を加え、又は公務員を殺傷することを勧奨する政党その他の団体、(2)公共の施設を不法に損傷し、又は破壊することを勧奨する政党その他の団体、(3)工場事業場における安全保持の施設の正常な維持又は運行を停廃し、又は妨げるような争議行為を勧奨する政党その他の団体（第24条4号ワ）、④オまたはワに規定する政党その他の団体の目的を達するため、印刷物、映画その他の文書図画を作成し、頒布し、又は展示した者（第24条4号カ）⑤若しくはこれらのいずれかに該当すると疑うに足りる相当の理由がある者と規定されている。

　この第61条の2の9第4項2号は、ノン・ルフールマン原則に違反する可能性が高い非常に危険な条文となっている。2023（令和5）年5月23日の参議院法務委員会の国会参考人として意見を述べた元 UNHCR 駐日事務所副代表の小尾尚子氏も、この規定の削除を求めた。1号のように回数制限も明記されていないことから、たとえ初回の難民申請中であっても、入管の調査官がテロリストとして疑う相当の理由があると判断すれば、送還停止効を適用せずに送還することができると読むこともできるからである。

　このように、入管法の構造は非常に理解しずらくなっており、条文を見ても慣れていないと分かりづらい。そのためもあってか、入管庁は、入管法改正案について分かりやすく説明するとして、説明のホームページを設けている。それによれば、「2023年改正入管法は、難民認定手続中は一律に送還が停止される現行入管法の規定（送還停止効）を改め、次の者については、難民認定手続中であっても退去させることを可能にします。」とあり、そこで、送還停止効の例外の対象とされているのは、以下の3つのカテゴリーに該当する人である。

　　①3回目以降の難民認定申請者
　　②3年以上の実刑に処された者
　　③テロリスト等

　送還停止効に例外を創設し、これらのカテゴリーの人の送還を可能にすることに反対はなかったのだろうか。

　2021年に改正案が出された時、送還停止効に例外を設けることは、全国各地の弁護士会や難民支援協会「入管法改定案の問題を伝える『＃難民の送還ではなく保護を』キャンペーンまとめ」のように、多くの問題点が指摘された。その根本が、本来、難民認定されるべき人が難民として認定されていないことに起因する。たとえば、トルコ系クルド人は、埼玉県川口市および蕨市周辺に、3,000人ほど居住している。難民申請者は少なくないが難民認定されず、2回以上難民申請している者も多い。日本では札幌高裁判決（札幌高判2022〔令和4〕年5月20日）で勝訴して、2022年に初めてひとりのトルコ国籍クルド人が難民として認定された。他の先進諸国ではクルド人の難民認定率が高い事実からすると、日本だけに偽装難民が集中して来ることは確率上、有り得ない。たったひとりしか難民認定されていないのは認定制度に問題があることを強く暗示している。また、他の先進諸国では、事実上の無国籍者であるロヒンギャの難民認定率も高い。群馬県の館林市には約300人のロヒンギャが居住しているが、難民認定されずに2回以上難民申請している者がいる。

　2021年3月に、恣意的拘禁作業部会（WGAD）国連移住者の人権に関する特別報告者、思想信条の自由に関する特別報告者、拷問及び他の残虐な、非人道的な又は品位を傷つける取り扱い又は刑罰に関する特別報告者は、入管法改正案の内容が「国連人権諸条約の義務に違反している」との共同声明を出した。UNHCRも、「第7次出入国管理政策懇談会「収容・送還に関する専門部会」（専門部会）の提言に基づき第204回国会（2021年）に提出された出入国管理及び難民認定法の一部を改正する法律案に関するUNHCRの見解」で、ノン・ルフールマン原則の違反になる可能性について重大な懸念を示した。その後、2021年5月18日に同法案は取り下げられた。しかし、ほぼそのままの文言が、再び2023年改正入管法となったため、国際人権条約に違反しているのではないかとの懸念がある。

　上記の特別報告者およびWGADは、2023年4月に公表した共同書簡（OL/JPN1/2023）において「第61条の2の9の規定は、原則として、難民認定申請を3回以上行っている者、日本国内で3年以上の拘禁刑に処された者、初回申請者を含む広義のテロリズムや暴力、破壊活動等に関与し又は助長した

可能性が疑われる者について、退去強制の執行を含む送還手続の自動的な停止の解除を認めている」とした。その中で、特別報告者は「前回の書簡で表明したように、送還前に状況や保護の必要性の個別評価を明確に求める適切な手続上の保護措置がない場合には、前述の類型に含まれる難民申請者の送還停止効を解除する法案は、国際人権法およびノン・ルフールマンの原則を損なう。」と懸念を示した。

　日本は自由権規約の締約国であり、自由権規約委員会に対して、定期的に報告書を提出する義務を課されている。同委員会は、2022年11月に第7回日本政府報告書審査の総括所見で国際基準に則した包括的な難民保護法制を早急に採ることを求め、とりわけ「(d)　ノン・ルフールマン原則を実務で尊重し、国際保護を申請するすべての者に独立した司法の異議申立制度へのアクセスがあり、異議の結果が出るまで退去強制が停止することを保障すること」を勧告した（CCPR/C/JPN/CO/7, 30 November 2022, para.33）。

　日本政府は、これらの勧告に応えていないが、これらの勧告には建設的対話を通じて誠実に応える義務がある。

2　難民条約のノン・ルフールマン原則

　難民申請者が、生命・自由がおびやかされる国へ送り返されてしまったらどうなるだろうか？　国際条約で最初にノン・ルフールマン原則が規定されたのは1933年難民の国際的地位に関する条約第3条である。その後、国連総会決議429（Ⅴ）に基づき、難民の地位と無国籍者の地位に関する国連全権会議が、1951年にジュネーヴで開催され、現在の難民条約ができあがった。

　1951年難民条約の中で、ノン・ルフールマン原則はもっとも重要な規定と言って良いだろう。それはなぜか？　次の規定をじっくり読んでもらいたい。

　難民条約第33条【追放及び送還の禁止】
　1　締約国は、難民を、いかなる方法によっても、人種、宗教、国籍もしくは特定の社会的集団の構成員であることまたは政治的意見のためにその生命または自由が脅威にさらされるおそれのある領域の国境へ追放

しまたは送還してはならない。

　　2　締約国にいる難民であって、当該締約国の安全にとって危険であると認めるに足りる相当な理由がある者または特に重大な犯罪について有罪の判決が確定し当該締約国の社会にとって危険な存在となった者は、1の規定による利益の享受を要求することができない。

　なぜ難民申請者を「いかなる方法によっても」生命または自由が脅威にさらされるおそれのある場所へ送り返してはならないのか？　ここで、難民とは誰か（詳しくは第2章参照）を再確認したい。難民とは、「人種、宗教、国籍もしくは特定の社会的集団の構成員であることまたは政治的意見のために迫害をうけるおそれがある人」である。生命または自由が脅威にさらされるおそれからせっかく逃げてきたのに、そこに送り返されたら、何が待ち受けているか想像してみて欲しい。命が危険にさらされたり、拷問を受けたり、相当重大な人権侵害が待ち構えている可能性が高い。そして、難民として認められる前に、送り返されてしまったら、難民として保護される可能性は完全になくなる。つまり難民条約第33条の「難民」とは、難民として認められた人のみならず、難民申請中の人も当然に含まれる。そうでなければ、潜在的な「難民」を保護できず、ノン・ルフールマン原則は骨抜きになってしまうからである。

　このように、難民条約には、「難民」と規定されていても、難民認定された人をさすものと、難民申請者も含むものとに分かれている。難民条約のほとんどの規定は、難民認定された後の待遇について定めているため、「難民」および「難民申請者」を保護する第33条のノン・ルフールマン原則が難民条約で最も重要な規定と言っても良い理由はこのことからである。

　ところが、難民条約のノン・ルフールマン原則は例外を設けている。すなわち、国家の安全にとって危険な者や特に重大な犯罪により社会に危険な者についてはノン・ルフールマン原則を適用しなくても良いと第33条2項で規定している。もし国家が、この例外規定を恣意的に適用すれば、ノン・ルフールマン原則が骨抜きになってしまうおそれがある。「国家の安全」、「公共の秩序への脅威」、「社会への危険」は普遍的な定義がないため[2]、各国の裁

量が大きいとも言える。そこで、原則の例外によって、自国の行為を正当化しようとする濫用を防ぐために、例外の適用を厳格にして、国家の恣意性を排除しなければならない。難民条約第33条2項の例外は、個人が、ノン・ルフールマン原則の「利益の享受を要求することができない」という権利を主張できないという意味で例外である[3]。個人が権利を主張できないとしても、国家がその利益を与えることは妨げていないので、利益を与えるかどうかの判断は国家が決めることとなる。ここで誤解してならないのは、難民条約1条F項の除外条項は、難民として保護してはいけないという除外であり、国家が難民として保護することを決めることができない。

　これらに関連してノン・ルフールマン原則は国際慣習法かという論争がある。UNHCR国際保護局は、ずっと以前からノン・ルフールマン原則は国際慣習法だと言い続けてきた。なぜならば、難民条約の締約国ではない国が多くの難民を受け入れている現実があるからだ。たとえ難民条約の締約国でないとしても、ノン・ルフールマン原則が国際慣習法であれば、締約国でない国もそれを守らないといけない。国際難民法の著名な研究者のグッドウィンギル教授とマックアダム教授は、「ノン・ルフールマン原則は既に国際慣習法の一部を形成している」と述べている（Goodwin-Gill and McAdam, 2021, pp.300-306）。ノン・ルフールマン原則が国際慣習法であれば、難民条約の締約国であるかどうかは関係なく、同原則を守る必要性があるために、国際慣習法かどうかが議論されるのである。たとえば、難民条約の締約国ではない代表的な国として、ミャンマー難民を長年受け入れてきているタイ、そして、アフガニスタン難民を長年受け入れてきているパキスタンがある。さらに、国際慣習法よりも、さらに強い強制力を持つ強行法規（ユス・コーゲンス）を主張する議論もある（ILC, A/CN.4/72, para. 133）。現状ではユス・コーゲンスと言えるかは問題がある。

2）　島田征夫「亡命者の追放と国際法」早稲田法学会誌23巻（1972年）214-221頁。

3）　Joseph Rikhof "The Criminal Refugee: the Treatment of Asylum Seekers with a Criminal Background in International and Domestic Law" Republic of Letters Publishing, 2012, pp.379-458.

3　ノン・ルフールマン原則の発展──国際人権条約

(1)　拷問等禁止条約のノン・ルフールマン原則

　送還停止効の例外が適用される事例には、とくに、現行入管法に規定されている、「拷問等禁止条約第3条1項に規定する国へは送還できない（第53条3項2号）」を慎重に慎重を重ねて審理する必要がある。

　ノン・ルフールマン原則の源流は難民条約であるが、その保護範囲は国際人権条約によって日々、拡大し続けている。

　難民条約は、難民申請者および難民にのみ適用される。難民認定手続（第4章参照）で見たように、難民条約の難民の定義に該当しないと判断された者に、ノン・ルフールマン原則の適用はない。また、先に見たように、難民条約のノン・ルフールマン原則には例外規定があり、例外を適用される場合は当然ながらノン・ルフールマン原則の適用を受けることができず、送還されてしまう危険性がある。こうした難民として認定されなかった難民申請者を保護するために、国際人権条約のノン・ルフールマン原則が発展してきた。主要な国際人権条約では、拷問行為を禁止する規定のみが明示されていたが、事例が積み重なり、送還が拷問に結びつく行為も禁止する実行に保護範囲を拡大した経緯がある。1984年に採択された、他の主要な国際人権条約よりも比較的新しい拷問等禁止条約は、国家に対して拷問の禁止を規定しているのみならず、送還が拷問の引き金を引く行為をノン・ルフールマン原則として禁止している（第3条）。

　拷問等禁止条約の正式名称は、非常に長く「拷問及び他の残虐な、非人道的な又は品位を傷つける取扱い又は刑罰に関する条約」である。条約全体は、拷問のみを禁止しているのではなく、拷問にはいたらないが、非人道的取扱い等重大な人権侵害も含めて禁止しているので、拷問「等」禁止条約という。

　拷問等禁止条約第3条は、ノン・ルフールマン原則を以下のように規定している。

　　1　締約国は、いずれの者をも、その者に対する拷問が行われるおそれが
　　　あると信ずるに足りる実質的な根拠がある他の国へ追放し、送還し又は

引き渡してはならない。
2　権限のある当局は、1の根拠の有無を決定するに当たり、すべての関連する事情（該当する場合には、関係する国における一貫した形態の重大な、明らかな又は大規模な人権侵害の存在を含む。）を考慮する。

　拷問等禁止条約のノン・ルフールマン原則の規定のされかたにも気を付ける必要がある。「締約国はいずれの者をも、拷問のおそれがある国に送還してはならない。」のであり、「何人も送還されない。」ではない。国家が、条約の義務を課されているのである。そして、第3条は「拷問」のみをノン・ルフールマン原則の対象としており、「拷問等」ではないと解釈されている。
　また、拷問等禁止条約は、当初、第1条を根拠として「拷問とは、身体的なものであるか精神的なものであるかを問わず人に重い苦痛を故意に与える行為」であり「公務員その他の公的資格で行動する者により又はその扇動により若しくはその同意若しくは黙認の下に行われる」拷問の行為のみを禁止していた。誰が拷問の行為をするかは関係ないという他の人権条約よりも保護の適用範囲が狭かった。しかし、拷問等禁止条約の履行を監視している、拷問禁止委員会は、2017年の一般的意見4で、従来の意見を変更した。拷問禁止委員会は、「破綻国家」、「国家が責務を果たしたくても能力不足で果たせない」、「能力はあるが果たそうとしない」場合、犯罪集団のような非国家主体や私人の「公務員以外」による行為にも、ノン・ルフールマン原則が適用されることを明確にした[4]。
　拷問からの保護を目的とする拷問等禁止条約のノン・ルフールマン原則は、保護の対象者を限定していない。「追放」「送還」「犯罪人引渡し」によって拷問にさらされるおそれがある「すべての者」に適用される点が難民条約と大きく異なっている。拷問等禁止条約のノン・ルフールマン原則は、拷問を受ける「現実的なおそれがあると信じるに足る実質的な根拠」があるかどう

4）　Manfred Nowak, Moritz Birk and Giuliana Monia eds. The United Nations Convention Against Torture and Its Optional Protocol: A Commentary, Second Edition, Oxford University Press, 2019, pp.127-129.

かが重要であり、それがある場合「すべての者」に適用される。拷問禁止委員会は、それのみを考慮し、たとえテロリストであっても「すべての者」に、拷問等禁止条約のノン・ルフールマン原則は適用される。

　したがって、拷問等禁止条約は、難民条約と異なり、ノン・ルフールマン原則に例外が設けられておらず、すべての者に適用されるため、保護範囲が難民条約より広い。そして、国家による恣意的な例外の適用の厳しく制約している点が特徴である。

　入管法に規定されているにもかかわらず、拷問等禁止条約第3条の適用事例は日本ではあまりないが[5]、今後、積極的に適用していく必要性が高まっている。さらに、その際には、参議院の法務委員会の附帯決議が提言しているように「拷問等禁止条約のノン・ルフールマン原則が明確化されたことを踏まえ、退去強制手続および難民認定手続において、多方面から慎重な調査を行う」必要性もある。

(2)　強制失踪条約のノン・ルフールマン原則

　現行入管法（第53条3項3号）に規定されている、「強制失踪条約第16条1項に規定する国へは送還できないとする規定は、本国情報も踏まえた上で」を慎重に慎重を重ねて審査する必要もある。

　強制失踪条約とは、正式名称を「強制失踪からのすべての者の保護に関する国際条約」と言い、2006年に国連総会で採択され、2010年に効力が発生した他の主要国際人権条約の中では最も新しい条約である。

　第16条1項は、「締約国は、ある者が強制失踪の対象とされるおそれがあると信ずるに足りる実質的な理由がある他の国へ当該者を追放し、若しくは送還し、又は当該者について犯罪人引渡しを行ってはならない。」と明確にノン・ルフールマン原則を明示している。

　強制失踪条約の履行監視機関である、強制失踪委員会は、2020年のE.L.A.対フランス事件で初めてノン・ルフールマン原則を適用した[6]。スリ

5）　安藤由香里「外国人の退去強制における拷問等禁止条約のノン・ルフルマン原則の活用」移民政策研究2号（2010年）100頁。

ランカ国籍の E.L.A. は、反政府武装組織の「タミル・イーラム解放の虎」（LTTE）との関わりを理由に、スリランカの警察または治安機関から逮捕され、拷問を受けるかまたは LTTE 側からも兵士になるよう強く勧誘されることなどを理由に、迫害をうけるおそれがあると主張して、フランスで難民申請したが不認定であった。そこで、スリランカへ送還されると強制失踪の犠牲者となるおそれがあるため、フランスによるスリランカへの送還は、強制失踪条約第16条１項に違反すると主張した。強制失踪委員会は、「送還停止効が保証されていないことを問題とし、送還停止効の目的は、ノン・ルフールマン原則の違反を防止するためであり、退去強制手続の本質的な手続的保証のひとつである」ことを確認した。強制失踪委員会は、拷問禁止委員会の2017年の一般的意見４および拷問禁止委員会の事例[7]を参照し「各事例は、基本的手続上の保護措置にしたがって、締約国が権限のある行政機関・司法機関を通じて、個別に、公平に、かつ独立して審査すべきである」としたうえで、強制失踪条約第16条の違反を認定した。

　先に述べたように、入管法に強制失踪条約第16条１項のノン・ルフールマン原則が明示されているが、ほぼ活用されていない現状がある。今後、E. L.A. 対フランス事件のように、難民不認定となった難民申請者が強制失踪のおそれがある場合、入管法第53条３項３号違反のおそれを精査していく必要性があるだろう。

(3)　自由権規約のノン・ルフールマン原則

　国際的に目覚ましく発展しており、大変重要な国際人権条約のノン・ルフールマン原則がある。入管法に明示されてはいないものの、日本は締約国であるので、当然に守る義務を課されている自由権規約のノン・ルフールマン原則である。

　自由権規約は、正式名称を「市民的及び政治的権利に関する国際規約」と

---

6)　E.L.A. v. France, Communication No.3/2019, CED/C/19/D/ 3 /2019, 25 September 2020.

7)　Alhaj Ali v. Morocco（CAT/C/58/D/682/2015）, para. 8.3; R.A.Y. v. Morocco（CAT/C/52/D/525/2012）, para. 7.2; L.M. v. Canada（CAT/C/63/D/488/2012）, para. 11.3; and Kalinichenko v. Morocco（CAT/C/47/D/428/2010）, para. 15.3.

言う。自由権規約の起草過程では、第13条の外国人の追放で、ノン・ルフールマン原則が議論されたが[8]、ノン・ルフールマン原則の適用は、第13条ではなく、以下の第6条および第7条を根拠条文として確立したので注意が必要である。

> 第6条1項　「すべての人間は、生命に対する固有の権利を有する。この権利は、法律によって保護される。何人も、恣意的にその生命を奪われない。」
> 第7条　「何人も、拷問又は残虐な、非人道的な若しくは品位を傷つける取扱い若しくは刑罰を受けない。特に、何人も、その自由な同意なしに医学的又は科学的実験を受けない。」

拷問だけでなく、拷問以外の非人道的な取扱い等からの保護も定めている。①拷問、②残虐な取扱い、③非人道的な取扱い、④品位を傷つける取扱い、⑤残虐な刑罰、⑥非人道的な刑罰、⑦品位を傷つける刑罰、⑧自由な同意のない医学的実験、⑨自由な同意のない科学的実験からの保護が規定されている。

本規約は、拷問等禁止条約のように、条約自体に送還してはならない締約国の義務を明示しているわけではないが、自由権規約の履行を監視、監督する自由権委員会（以下、HRC）の見解の積み重ねによって、ノン・ルフールマン原則が適用されるようになった。特に、HRCは個人通報事件の審査を通じて具体的な判断を示してきた。

2004年のビャフランガ対デンマーク事件で、HRCは、難民事件で初めてノン・ルフールマン原則を適用した。ウガンダ国籍のビャフランガ氏は、デンマークからウガンダへの送還が自由権規約第7条に違反すると主張した[9]。HRCは、「規約第7条の下で、締約国は個人を引渡し、追放または他の国へ

8）　Bossuyt, "Guide to the "Travaux Préparatoires" of the International Covenant on Civil and Political Rights" Springer, 1987, p.271.

9）　Byahuranga v. Denmark, Communication No.1222/2003（CCPR/C/82/D/1222/2003）9 December 2004.

送還することにより、拷問、残虐な、非人道的なまたは品位を傷つける取扱い、もしくは刑罰にさらしてはならない。」と第7条によるノン・ルフールマン原則の適用の可能性を明確にした。

　自由権規約第7条のノン・ルフールマン原則のみならず、自由権規約第6条の「生命に対する権利」のノン・ルフールマン原則も大変重要である。日本は死刑存置国なので、死刑のおそれのある者を引渡すことは可能であるが、国際的には死刑廃止が国際的な主流である。

　2003年のジャッジ対カナダ事件で、HRC は、初めて第6条の「生命に対する権利」に基づくノン・ルフールマン原則を適用して、死刑を廃止しているカナダは死刑の存置国である米国にむけて通報者を引き渡すことはできないと述べた[10]。

　2004年に HRC は、第2条に関する一般的意見31で「領域内およびその管轄下にあるすべての者に、自由権規約の権利を尊重し、確保しなければならない第2条の義務は、送還先国または結果的に送還させられる先の国において、第6条および第7条に規定されている権利を侵害する回復不能な現実的なおそれがあると信じるに足る場合、その者を送還し、追放し、引き渡してはならない義務を負う」とノン・ルフールマン原則適用を明確にした。

　また、2018年の第6条の生命に対する権利に関する一般的意見36で「第6条に従って、退去強制、送還または追放を禁止する義務は、難民に認定されていない外国人の保護も求めているので、国際難民法の下でのノン・ルフールマン原則の保護範囲より広いものである。」とノン・ルフールマン原則の適用範囲を明確にした。

　自由権規約第6条「生命に対する権利」は、「環境避難民」にノン・ルフールマン原則を適用する可能性もある。2019年のテイティオタ対ニュージーランド事件[11]で、HRC は、「環境避難民」にノン・ルフールマン原則が適用される可能性を初めて示した。「国全体が水没するおそれが極めて高い国での生活条件は、尊厳ある生活を送る権利と両立しなくなる可能性がある。」とし、気候変動によって深刻な環境破壊がある場所への送還は、生命に対す

---

10)　　Judge v. Canada, Communication No. 829/1998, CCPR/C/78/D/829/1998, 5 August 2003.

る権利を侵害する「回復不能な損害の現実的なおそれ」があれば、ノン・ルフールマン原則が適用される。テイティオタ事件では、差し迫った生命の危険に直面しているわけではないとして、ノン・ルフールマン原則の違反は認定されなかったが、「安全な飲み水へのアクセスをキリバス政府が証明していない」、「キリバス共和国における気候変動は、著しく深刻であり、生命を脅かすおそれは現実的、個人的かつ合理的に予見可能である」と第6条の違反を主張した反対意見もある。

おわりに

　以上見てきたように、ノン・ルフールマン原則の源流は、難民条約であり、その重要性は今でも変わらない。しかし、難民条約の保護からこぼれ落ちてしまったが、保護すべき者を保護する制度が必要とされるようになった。そうした必要性を土壌として、各国の難民認定手続からこぼれ落ちてしまい、難民不認定となったが帰国すれば人権侵害のおそれがある者を保護するために、国際人権条約に基づくノン・ルフールマン原則は発展してきた。そして、その発展は日々確実に進化を続けており、注目に値する。国際人権条約のノン・ルフールマン原則の適用は、「拷問等の現実的なおそれの実質的な根拠」がある場合は、条約によって送還から保護される。難民条約のようにノン・ルフールマン原則に例外を許しておらず、拷問等禁止条約第3条1項、強制失踪条約第16条1項、自由権規約第6条および第7条のノン・ルフールマン原則には一切の例外はない。

　したがって、2024年に、2023年改正入管法が施行され、送還停止効の例外が適用される事案が発生する場合、入管法第53条3項に照らし、まず、難民条約第33条1項のノン・ルフールマン原則に違反しないかを慎重に検討する

---

11)　Ioane Teitiota v. New Zealand, CCPR/C/127/D/2728/2016, 7 January 2020. Jane McAdam, "Protecting People Displaced by the Impacts of Climate Change: The UN Human Rights Committee and the Principle of Non-refoulement", American Journal of International；川尻京子「自由権規約6条1項とノン・ルフールマン原則: 気候変動の場合−テイティオタ対ニュージーランド事件」国際人権32号（2021年）。

必要性がある。そして、さらに、拷問等禁止条約第3条1項、強制失踪条約第16条1項、自由権規約第6条および第7条のノン・ルフールマン原則の適用があるかどうかを、今までよりも、さらに慎重に検討しなければならない義務を、これらのすべての条約の締約国である日本国政府は負っているのである。

また、以下の2023（令和5年）6月8日の参議院法務委員会の附帯決議にしたがった運用が必要である。

1．紛争避難民のみならず、国籍国等に帰国した場合に生命の恣意的な剥奪、拷問等を受けるおそれがある者や残虐な取扱い若しくは刑罰を受けるおそれがある者、又は強制失踪のおそれがある者など、真に保護を必要とする者を確実に保護できるように努めること。

4．送還停止効の例外規定の適用状況について、この法律の施行後5年以内を目途として必要な見直しを検討し、その結果に基づき必要な措置を講ずること。

5．送還停止効の例外規定を適用して送還を実施する場合であっても、第53条第3項に違反する送還を行うことがないよう、送還先国の情勢に関する情報、専門的知識等を十分に踏まえること。

とりわけ注目すべきは、「この法律の施行後5年以内を目途として必要な見直しを検討し、その結果に基づき必要な措置」を講ずる必要性がある点である。2024年に施行されるとすると、5年以内とは、2029年までに必要なみなおしを検討することとなる。

第4章
だれがどのようにして認める？
——難民認定手続

北村泰三

はじめに

　第2章では、難民条約上の難民の意義を検討したが、難民の地位の認定（Refugee Status Determination/RSD）については、UNHCR が「マンデート難民（mandate refugees）」の認定を行う場合を除き[1]、各国国内法の手続に委ねられている。日本では難民の認定業務は、入管法に従って入管庁が行っている。日本の難民認定手続においては、第1次審査は入管庁の難民調査官によって行われ、それが棄却された場合には、第2次審査として不服申立（審査請求ともいう）が可能である。不服申立の審査は、法務大臣が任命した難民審査参与員（以下、参与員という）が担うことになっている。

　よく言われるように、日本において難民認定率、認定者数はともに著しく少ない。その大きな原因は、難民認定手続が申請者側にとって非常に制限的であって、難民として認定されるには多くの障壁があるからである。すなわち、申請者側が厳しい証拠の基準をみたさなければならないとか、供述の信憑性の評価方法についても公平性が疑われる点がある上、審査する入管当局が出身国情報（country of origin information）を十分に活かしているかも問

1）　マンデート難民とは、UNHCR 規程および関係する国連決議に基づいて UNHCR の任務（マンデート）により難民として認められた者をいう。マンデート難民は、各国の難民審査とは別の制度である。

題がありそうだ。

　さらに今回の入管法改正問題が国会で審議中に、参与員が果たして適切な審査を行っているかどうかが問題となった。不服審査（審査請求）は、通常は３人一組の班で構成される参与員が当たるが、一部の参与員が「臨時班」として年間千件を越える大量の不服申立案件を処理していたことが判明した。出身国情報を参考とすることなく、書類だけで機械的に審査が行われていただけであったが、国会での追及でも、結局、法務大臣は適切に審査していると答弁しただけで、問題の核心には触れないまま、改正案は採択された。こうして、難民審査が公正に行われているのかという点では懸念を残したままであった。

　本章では、今回の入管法改正との関係でも議論された問題の背景にある難民審査に際しての証拠の基準や供述の信憑性評価について扱うこととする。以下１では、難民認定手続の概要を簡潔に述べておく。２では、難民であることを誰がどのように立証するのかという問題を扱う。これには、主として立証責任の問題、すなわち迫害のおそれをだれが立証する責任を追うのかという問題と、立証基準の問題、すなわち難民申請者はどの程度、自らの難民該当性を証拠づけることが求められるのかという問題がある。３では、迫害主体の問題、特に私人による迫害が難民条約にいう迫害に当たるのかという問題について言及する。なお、難民認定を審査するには、独立の第三者機関を設置するべきであるとの議論については、第５章で扱う。

1　難民認定手続はどうなっているか？

(1)　締約国による難民審査

　難民条約は、難民の定義を定めており、難民として認められた者に対して、締約国は、条約上の地位・権利を認めることが義務となっている。他方で難民であるか否かの判断（難民該当性の判断）については、難民条約上には特に定めはないので、難民であるか否かの判断権は依然として締約国に委ねられている（髙宅茂、2020、301頁）。

　難民条約は、他の人権諸条約とは異なり、国際的な履行監視手続（国家報

告制度や個人通報制度）を定めておらず、条約上の履行監視機関も存在しない[2]。もっとも締約国は、難民条約の履行に関して UNHCR との間で協力する一般的な義務はあるが（第35条）、実際の難民認定の方法については、国内法による難民認定手続きに委ねられている。ただし、難民認定のための判断基準まで各国の裁量に服するとはいえない。

また一般論としても、「条約法に関するウィーン条約」（以下、条約法条約）第31条によれば[3]、条約は、「文脈によりかつその趣旨および目的に照らして用語の通常の意味に従い、誠実に解釈」されなければならないのであるから、難民条約の締約国も条約上の難民の認定にかかわる実質的な判断基準を専ら国内法に従って自由に決めることができる訳ではない。難民条約の趣旨・目的とは、前文冒頭で世界人権宣言に言及していることを鑑みるならば、国際的な人権の考慮を要請していると考えることもできる[4]。

さらに、条約法条約の第31条3項では、文脈ともに条約解釈に関する当事国間の合意や条約の適用につき後に生じた慣行および国際法の関連規則を考慮すると定めているように、条文以外にも庇護および難民法の分野において発展してきた国際法の諸原則を併せて考慮することが適切であるとも思われる。なにが具体的にこれらの諸規則に当たるのかは、問題の性質によって異なるので一概にはいえないが、UNHCR の『ハンドブック』において触れられている諸原則は、「極めて説得的な権威」（カナダ最高裁）としてみなされている。国連国際法委員会も、ハンドブックは、「国家慣行を反映しており、国家の慣行のガイダンスを提供する重要な作業」であると認めている（Report of the International Law Commission, A/73/10, 2018, p. 40）。UNHCR の執行委員会の「国際的保護に関する結論」および「国際的保護に関するガイドライン」[5]も難民条約の解釈に際して「十分な指針」として尊重されている。そ

---

2 ） J. C. Simeon, ed., *The UNHCR and the Supervision of International Refugee Law*, 2013.

3 ） 条約法に関するウィーン条約は、国家間の条約に関する一般的な通則である留保、条約の効力、解釈、終了、無効原因などに関する規則を定めた条約であり、法典化条約のひとつである。1969年に採択され、1980年に発効した。日本は、1981年に批准した。

4 ） Michelle Foster, *International Refugee Law and Socio-Economic Rights: Refugee from Deprivation*, 2007, pp. 40-49.

の他の人権に関する条約も、国際法の関連規則としての意味を有しているものと考えられる（Storey, 2023, p. 107-115）。

(2)　難民審査手続

入管法の規定によれば、難民の認定手続は、入管庁の難民調査官による第1次審査が行われる。その結果、不認定とされた場合には、第2次審査として難民審査参与員に対して不服申立を提起することができる（図4-1参照）。

図4-1　難民認定手続の概略（作成筆者）

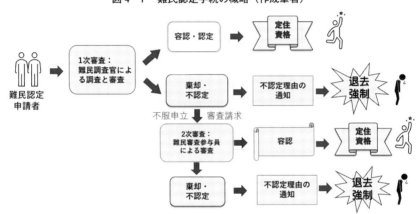

※1　難民認定が「棄却・不認定」とされた案件でも、人道配慮による在留特別許可が認められることもある。
※2　入管法改正によって、難民として認定されなくても、補完的保護が認められることもある。

①難民調査官による審査

難民申請者が日本に上陸した後に、在留中に難民となる事由が生じた場合には、その事実を知ったときに各地の出入国管理局に申請する（入管法61-2-3）。外国語で書かれた申請書は、国の費用で日本語に翻訳される（ただし、申請書に添付する他の資料等は申請者自身が訳文を付ける必要がある）。庇護を

求める者が、難民の認定を受けていない場合、一時庇護のための上陸許可および仮滞在許可が定められている。

　難民認定申請書が受理されると、入管庁の難民調査官が申請書の内容について調査を行う。調査官は、申請者が提出した申請書の内容に基づき難民として認定することが可能どうかについて、本人からの事情聴取を含めて調査を行う。その際、申請者は、自ら難民であることを証明するために、特に、いかなる理由による迫害から逃れるために難民認定を申請するに至ることになったのかについて、矛盾のない正確な説明を自ら行わなければならない。迫害のおそれは、ただ単に主観的要素からだけでなく、それを裏付ける客観的要素の分析が求められる。申請者が本国における迫害を申し立てていても、一般的な人権侵害等を理由としているだけでは十分ではなく、申請者個人に対して具体的に迫害のおそれがあり、それゆえに恐怖を抱くに至ったことが説明されなければならない。この段階で、入管庁では、難民該当性のあるなしに応じて、難民申請案件をA、B、C、Dに振り分けることにより、その後の手続の迅速な処理を図っている（この点についての説明は、第10章1 (1) を参照）。

　従来、難民調査官による審査は、信憑性評価の方法にしても、表面的な審査に終わっていて、個々の具体的な迫害のおそれに関する判断も形式的に処理される傾向があったことは否めないだろう。処分結果の理由書は、せいぜいA4の用紙に1枚程度が普通である。

　問題のひとつは、この事情聴取の際に、代理人弁護士の立ち会いが認められていないことである。したがって、申請者は、通訳を介した不慣れな方法により、自らの迫害を受けるおそれについてひとりで主張を展開しなければならないのである。また、録音、録画も認められていないので、供述内容の記録が誤っていたとしても、後に訂正することは困難である。

　一方、改正入管法では、難民調査官に対しては外国人の人権に対する理解を深めさせ、また、難民条約の趣旨等を適切に理解し、難民および補完的保護対象者の認定に関する事務を適正に行うために研修を行うとしたことは評価できる（改正入管法第61条の2の18）。しかし、参与員による問題発言の指摘もあるように（「難民審査で『美人だから狙われた？』」2017年9月1日、朝日

新聞記事)、参与員に対する研修こそ必要なように思われるが、白紙の状態である。また、入管庁は、今次の入管法改正に併せて、難民の定義をより分かりやすくする取組として、「難民該当性判断の手引」を作成して、「迫害」等、そのままでは必ずしも具体的意義が明らかではない文言の意義を敷衍して、より具体的に説明するとともに、判断に当たって考慮すべきポイントを整理した。難民認定業務の透明性の向上を一歩進めたと思われるが、実際の難民認定業務の質の向上に繋がるかどうかは今後の運用次第である。

②難民審査参与員による不服申立の審査
ア．難民審査参与員

　難民調査官による一次審査の結果、難民として認められなかった場合には、審査請求（不服申立）を提起することができる。この手続は、行政不服審査法（以下、行審法）に従って行われる審査請求手続であるが、入管法では、行審法の読み替えを付して、行審法上の重要な手続を回避する措置が採られている。審査請求が提起された場合、それを審査するのは、「難民審査参与員」（以下、参与員という）である。

　参与員は、人格が高潔であって、難民の認定をしない処分等についての審査請求に関し公正な判断をすることができ、かつ、法律または国際情勢に関する学識経験を有する者のうちから、法務大臣が任命する（入管法第61条の2の13）。行審法では、審査請求を審理する者を審理員としているが、入管法では、参与員をこの審理員とみなしている。参与員は、3人で構成される班ごとに審査にあたり、異なる専門分野の参与員によって班が構成されるよう配慮するものとしている（入管法施行規則第58条の9の1項）。

　参与員は、審査請求の審査に加わり、審査請求人（難民認定申請者）から事情を聴取し、その結果に関して法務大臣に意見を述べる。参与員の意見に法的拘束力はなく、法務大臣は参与員の提出した意見を尊重して不服申立の当否を最終的に決定する。参与員は、法務大臣の諮問機関であり、入管庁から独立の地位が保障されていないという点で問題がある（第5章2(2)参照）。法務大臣は、参与員の一致した意見を尊重することになっているが、2013（平成25）年には、参与員が認定意見を提出したにも係わらず、法務大臣が

認定をしなかった事例が3件あった。改正入管法では、補完的保護を認定しない処分についても参与員が審査することになっているが、補完的保護の認定と難民認定の違い等については今後の検討事項である（第6章参照）。

　こうした参与員制度の独立性については、UNHCRは、2005年の入管法改正案の段階において既に疑問としていた[6]。日本弁護士連合会も、二次審査機関については、現行の参与員制度を廃止して、新たに行政委員会を設立すること、同委員会は、人的にも財政的にも、法務省、入管庁および外務省からも、また、一次審査機関からも独立した機関であること、同委員会では難民法や国際人権法の学識や国際的な実務経験を有する者が不服審査と判断を行うが、その任命は内閣総理大臣が両議院の同意を得るなどして政治的中立性を図るとともに、任命過程を透明化し、同委員会と入管庁の間の人事交流・異動は行わないことが提言されている[7]（第5章2(3)参照）。

イ．口頭意見陳述

　行審法第31条では、審査請求人または参加人の不服申立てがあった場合、審理員（入管法では、参与員と読み替え）は、「口頭で審査請求にかかわる事件に関する意見を述べる機会を与えなければならない。」と定めている[8]。この手続が口頭意見陳述である。これは、難民調査官による1次審査で棄却された申請者が、不服申立を行った場合に、口頭で意見を述べる機会の付与を保障するものであり、書面とは異なる事実発見の重要な機会となる。ただし、同条但し書きでは、「当該申立人の所在その他の事由により当該意見を述べる機会を与えることが困難であると認められる場合」には、その例外を認めている。さらに、入管法上は、これを読み替えて「申述書に記載された事実やその他の審査請求人に係わる事実が真実であっても何らの難民となる事由を包含していないことその他の事情により、当該意見を述べることが適当で

---

6)　福王守「難民審査参与員制度に関する比較法的考察」駒沢女子大学研究紀要13号（2006年）205-222頁。

7)　日本弁護士連合会「出入国在留・難民法分野における喫緊の課題解決のための制度改正提言」2022年9月15日。立憲民主党を含む4党4会派の入管法改正案もほぼ同様の内容であった。

8)　小早川光郎＝高橋滋編著『条解行政不服審査法〔第2版〕』（弘文堂、2020年）174頁。

ないと認められる場合」も加えている（入管法第61条2の9-3-6）。このように、かなり大幅な読み替えを行って、入管当局の判断によって、審査請求人が難民認定制度を誤用または濫用していると考えるならば、口頭意見陳述を行わないで書面審理だけで手続を済ませることが可能となっている。

　実際に、2022年度中に、審査請求人のうち4,064人については、口頭意見陳述の期日が開かれず、そのうち2,766人が本人が口頭意見陳述の機会を放棄したとされる[9]。審査請求人が口頭意見陳述の実施を求めていながら、放棄した人の数がこれほど多いのは、なぜなのか説明がないので分からない。口頭意見陳述を放棄すれば、書面のみの審査で処理され、不利な結論になることが必死であるのに、これほどの人数（割合）が放棄するとは通常は考えにくいであろう。入管当局には、申請者に対して口頭意見陳述の意味を適切に説明する責任がある。

　さらに、今回の入管法改正案が国会で審議されていた過程で明らかになったように、書面審査を集中的に行うために参与員の中から臨時班を編制して、年間1千件以上もの申請を書面審査だけで行っていることが明らかになった。一見して根拠が不十分な申立を書面のみの審査によって処理すること自体は、必ずしも不合理とは思われないが、臨時班を構成する一部の参与員を入管庁がどのように選んでいるのか不明である。また表向きは書類のみで簡単に棄却処理を進めることで、未処理案件の滞留を解消するとともに、本来難民として認められるべき者の審査を迅速かつ公正に進めることを狙いとしていると説明されている。しかし、出身国情報を参照することもなく書面のみで多数の審査を進めることになれば、見落としの恐れも生じる。特に、今回の入管法の改正により3回目以降の不服申立は原則として、認められないことになるので、参与員の審査は今まで以上に重要となるのであるから、せめて本人が口頭意見陳述を求めている場合にはその機会を認めるべきであろう。

　審査請求人は、口頭意見陳述に際して、原審の判断について処分庁（入管庁）の召集を求めて、質問を行う機会が認められている。その際には申請者

9）　参議院のウェッブサイトより、石橋通宏議員の第211回国会（常会）質問主意書を参照（令和5年6月15日）。

本人や代理人が入管庁側に認定棄却処分の理由について実質的な判断理由等について質問された場合には、十分に納得のいくよう説明責任を果す必要があるだろう。

2　難民であることをどのように証明するか

(1)　高度の証明の負担——高度の蓋然性テストと個別的把握

　難民該当性の判断においては、難民条約第1条A(2)にいう難民の定義、すなわち人種（これには民族も含まれる）、宗教、国籍、特定の社会的集団の構成員であることまたは政治的意見を理由として送還された場合に、迫害をうける恐れがあるかどうかを判断する。その際には、第1に、誰が迫害のおそれを立証するかという立証責任の問題、第2に、迫害のおそれをどの程度まで証明すれば難民該当性が認められるのかという立証基準の問題がある。第3に、難民認定申請者が主張する迫害のおそれに関する供述等の信憑性をどのように評価するのかという問題がある。信憑性評価とは、主として主観的なおそれを客観的な要素に照らして、どこまで難民該当性を導き出せるのかという問題である。信憑性は、難民調査官による事情聴取および難民審査参与員による口頭意見陳述などを通じて評価される。

①立証責任

　難民認定手続における中心的争点は、申請者が迫害を受けるおそれがあるか否かの判断にかかわる。そして、迫害のおそれは、申請者本人の「主観的なおそれ」とそれを補強する「客観的な証拠」との双方において立証されることが求められる。これらの証拠を立証する責任は、原則として、主張する者、すなわち難民認定申請者にあるとされている。

　多くの裁判例によれば、難民認定のような授益処分については、申請者の側に証明の負担があるとされている。たとえば、「難民認定を受けた者は、入管法第61条の2第1項に基づき定住者の在留資格を取得できるなど、有利な法的地位が与えられることになるから、難民認定は、いわゆる授益処分に当たるものであるところ、一般に、授益処分については、その処分を受ける

者が、根拠法令の定める処分要件が充足されていることについて立証責任を負担するものと解される。以上によれば、難民該当性の立証責任は、難民認定申請者にあると解するのが相当である。」（東京地判2014〔平成26〕年4月15日）などと述べることが多い。

　しかし、UNHCRによれば立証責任は、原則として申請者の側にあるけれども、難民申請者および難民は特に脆弱な状況に置かれていることから、証拠を確認し評価する責任は、審査官も分かち合うことになる、と記述している（ハンドブック，para. 196）。

　日本の裁判例でも、少数ではあるが、立証責任の分担を肯定するものがある。たとえば、「処分行政庁は、単に申請者の主張、立証を争えば足りるというものではなく、自ら積極的な主張立証を行うことが要請されているというべきである。」（名古屋高判2016〔平成28〕年9月7日）と述べるものものある。難民認定は人権保護の制度であるから、処分庁（入管庁）は、申請者が客観的な情報を提出することができなければ、それを補うような形で利用できる出身国情報を参照することにより、申請者の主張を補うことが望まれる。

②立証基準

　難民認定の際にポイントとなるのは、申請者が自らの供述以外の客観的な証拠資料を提出することができないような状況において、申請者の供述から得られる信憑性を根拠として、「迫害を受けるおそれがあるという十分に理由のある恐怖」を抱くような事態に直面するかどうかにつき、その蓋然性があると判定できるかどうかである。

　米英などのコモンロー系の国では、立証基準に関して詳細な議論が行われてきているが、日本のような大陸法系の諸国では、いわゆる訴訟法上の「自由心証主義」がとられている。自由心証主義とは、事実認定・証拠評価について判断権者の判断（心証）に委ねることをいう。審査官の専門的技術・能力を信頼して、その自由な判断に委ねた方が真実発見に資するという考え方がその根拠となっている。もっとも判断は論理法則や経験則に基づく合理的なものでなければならないとされている。しかし、難民調査官は入管庁の職員であって、難民審査のプロフェッショナルではなく、参与員も、各人のキ

ャリアにおいて優れた業績や経験を有していたとしても、難民法や難民認定の方法に関しては特別の専門家ではない上に、スキルアップの機会もない。したがって、各参与員は、それぞれのキャリアで培ってきた知識や経験をもとに自由心証主義の立場で難民審査に臨むことになる。その結果、証拠の乏しい難民認定手続においては、供述の合理性が重んじられることになり、供述内容の核心的部分についての客観的な証拠が乏しければ、供述内容の細部や事実関係の周辺的事項について矛盾がないかどうかという点に注意が向けられがちとなる。たとえば、自己の旅券を取得し、問題なく出国しているというだけで、迫害のおそれを否定するように判断される傾向がある。また、日付や場所の記憶が曖昧であったりすることは、供述の信憑性を判断する際の決定的な要素にはならない[10]。

　このように立証基準について審査官の裁量に全て委ねるというのも不合理であるから、訴訟では一応の基準は論じられてきた。ただし、問題は、その基準が難民認定という固有の性格を有する判断には不相応に高く設定されていることである。むしろ、難民であることを基礎づける「根幹的な主張」が認められるか否かに従って信憑性を判断するべきであろう（札幌高判2022〔令和4〕年5月20日)[11]。

③高度の蓋然性テスト

　庇護申請者がどの程度まで難民であることを証明する必要があるのかという問題は、信憑性評価の問題でもある。客観的基準としての「迫害のおそれ」は、本国における一般的な人権侵害状況の説明だけでは足りず、申請者本人に対する個別・具体的な迫害のおそれがあることを立証しなければならないとされる。裁判例でも、「迫害を受けるおそれがあるという十分に理由のある恐怖を有する」というためには、その者が主観的に迫害を受けるおそれがあるという恐怖を抱いているだけでなく、「通常人がその者の立場に置

---

10)　　空野佳弘「パスポート論、平メンバー論、個別把握論、帰属された政治的意見、本国基準論」渡邊省吾他編『日本における難民訴訟の発展と現在』現代人文社、（2010年）112-130頁。
11)　　北村泰三、2023、加藤雄大、臨増ジュリスト1583号261頁。

かれた場合に迫害の恐怖を抱くような客観的事情が存在していることが必要であると解するのが相当である。」としている（名古屋地判2016〔平成28〕年1月28日ウガンダ女性、東京地判2018〔平成30〕年3月20日シリア難民、東京地判2019〔令和元〕年9月17日イラン人キリスト教徒）。

　さらに日本の裁判所は、難民認定はある種の「授益処分」[12]であるから民事訴訟における通常の立証責任、すなわち迫害を受けるおそれについて「高度の蓋然性」（すなわち、十中八九、確実に難民であること）が認められなければならないとする判決がテンプレート化している。これは民事訴訟における通常の立証責任を難民認定手続においても適用されるという考え方であって、たとえば、「その立証の程度については、民事訴訟の例により（行訴法7条）、高度の蓋然性を要すると解するのが相当であり、これを緩和すべき法的根拠は見当たらない。」と述べている（名古屋地判2016〔平成28〕年1月28日、東京地判2018〔平成30〕年5月31日）。

　しかし、日本の国際難民法のパイオニアである本間浩教授は、既に2005年の段階で難民認定に当たって、国内の民事訴訟と同様の高度の立証責任を申請者に課すことは「あまりにも形式論であり、司法的正義に反しており、不適切である」と指摘していたことを想起すべきである（本間浩、2005、146頁）。庇護を求める者は、自分に対していかに危険な状況が差し迫っている場合であっても、自己に対する迫害のおそれがあるかどうかを物証などで具体的に立証することは困難である場合が多いのであるから、客観的な要素である出身国情報をより重視して判断するべきであろう。

④個別的把握説の疑問点

　日本の難民認定実務では、庇護申請者が本国に送還された場合に、迫害のおそれがあると認められるためには、迫害主体（主として、国家・政府の機関）によって「殊更注視の対象」として、「個別的に把握」（singled out）されているか、または何らかの点で「個人的に標的にされていなければならな

---

12)　申請者に対して法的権利を付与し、制限を撤廃し、または利益を与えるなど有利な法的効果を発生させる行政処分のこと。受益処分ともいう。

い」という考え方が採られてきた。これは、「個別的把握説」とも呼ばれる考え方であって、迫害を受けるおそれのある者とは、あるグループのリーダー的活動をしていた者に限られており、単なる追従者、ヒラの運動員などは殊更注視の対象とならないので、迫害のおそれから除外することになる。しかし、実際は、幹部ではなく、末端かそれに近い単なる追従的な参加者であっても、たとえばAI技術を用いれば容易に個人を特定することも可能であり、迫害の対象となることはあり得るのである。

　日本の難民裁判においても、個別的把握説は一般的に保持されてきた。たとえば、シリアから脱出してきて日本において難民認定を求めて争ったケースでも判決は、街全体が爆撃や戦闘行為によって大きく破壊され、自宅も失われたような場合であっても、その攻撃は、その街や地域全体を攻撃の対象としたものであるから、「難民該当性の有無は、その余の個別的事情をも踏まえて、迫害の恐怖を抱くような客観的事情が認められるかどうかを具体的に検討する必要があるというべきである。」として、難民該当性を否定した（東京地判2018〔平成30〕年3月20日）。このような結論は、「高度の蓋然性」という基準を武力紛争状況にも当てはめていることを意味している。要するに、爆弾やミサイルは、殊更申請者本人を標的として特定して発射されてはいないから迫害とは言えないということであり、いかにも的外れであろう。

　また、ミャンマーのロヒンギャ族であることを理由に、国籍を否定され、移動の自由の制限を受け、強制労働に従事させられるなどの重大な人権侵害を受けてきたほか、反政府組織に対する情報提供活動を行うなど反政府活動に積極的に従事し政治活動を行ったことを理由に、身体の拘束および拷問を受け、逮捕されそうになったことなどを主張しても、「活動家として原告を個別的に把握するなど特段の関心を寄せていたとは考え難い」ので、申請者が迫害の恐怖を抱くような客観的事情が存在したと認めることはできないとしていた（東京地判2013〔平成25〕年11月19日）。なぜ一般的事情を軽視するのかは、入管当局が、出身国情報の把握をおざなりにしていて、裁判所も無批判にこれに従っているからに他ならない。

　ただし、2022年4月20日の札幌高裁判決は、トルコ国籍のクルド人からの難民認定を求める事案において、原告の根幹的主張を認めてクルド人として

は初めて難民であると認めた。すなわち、トルコでは「少なくとも PKK（ク
ルド労働者党）の支援者と疑われるなどしている者に対しては、トルコの法
律制度が有効に機能しているとは言いがたい状況が続いていることが認めら
れる。」と述べて、PKK の支援者などの標的となるグループのメンバーに対
する国家機関による重大な人権侵害行為が迫害理由となる場合には、個別的
に迫害のおそれを証明する負担を軽減して、迫害のおそれを認めた（札幌高
判2022〔令和 4 〕年 4 月20日）[13]。この判断は、欧州人権裁判所が、庇護申請
が却下されイラクへの送還が命じられた者を帰国させるにあたってスウェー
デンは十分な調査義務を果たしていないとした J.K. 対スウェーデン事件判
決（2016年 8 月23日）の論理に相通じている。同判決では「庇護申請者は、
送還先国家における一般的な危険から自らの状況を区別して特定できなけれ
ばならないという要請は、庇護申請者が虐待に系統的かつ組織的にさらされ
ている集団の一員であると主張している場合のようなある種の状況において
は緩和される（para. 103）」と判断した。すなわち標的グループのメンバー
であるならば、個別に把握されていなくても、迫害を受けるおそれは十分に
あるのである。したがって、具体的には、アフガニスタンにおいて、2021年
8 月のタリバンの政権掌握以前に西側諸国の在外公館に勤務していた現地の
スタッフ、イランにおける改宗キリスト教徒およびウガンダにおける
LGBTI などは、標的とされるグループのメンバーに当たると思われる。

　入管庁作成の「手引」では、「申請者がその属性や活動を理由として、迫
害主体から個別的に認知（把握）されていると認められる場合、そのことは、
本要件の該当性を判断する上で積極的な事情となり得るが、そのような事情
が認められないことをもって、直ちに申請者が迫害を受けるおそれがないと
判断されるものではない。」と記述している。この一節は、個別的に特定さ
れていない場合でも迫害の存在を認める余地を認めている点で個別的把握へ
のこだわりを改めているようにも読めるが、迫害のおそれに関する出身国情
報を中心とする客観的要素の評価が、ポイントになるだろう。したがって、
出身国情報の適切な分析が重要となる。

---

13)　　北村・前掲注11）318頁。

(2)　証明の負担を低くするには
①柔軟な基準──合理的な可能性

　前述のように、「高度の蓋然性」テストがいかに難民認定手続において不合理な結果を招くかについてみてきたが、諸外国では、迫害のおそれの基準をどのように解しているだろうか。まず、米国では、1984年の連邦最高裁のステビック（Stevic）判決では難民条約上の「迫害の十分なおそれ」とは、「明白な蓋然性」（clear probability）が証明されなければならないとしていた[14]。これは、かなり確度の高い実際的なおそれの存在を求める意味があった。しかし、1987年には連邦最高裁のカドザ・フォンセカ事件において、従来の基準は厳格に過ぎるとして、迫害を受けるおそれの証明のためには「合理的な可能性」（reasonable possibility）テストを採用すべきであるとして、判例解釈を変更した[15]。送還された場合に、生命等の絶対的な法益に対する侵害が問題となっている場合には、「合理的可能性」を判断基準として採用するべきであるとしたのである。言い換えるならば、（迫害が）「起きる可能性が50％以下であっても、迫害を受けるおそれは確かに存在する」のである。また、同判決では、迫害のおそれを申請者自身の陳述の信憑性が唯一の証拠である場合、それを根拠として判定すべきとして、裁量による判断を否定した。このように、迫害を受けるおそれの基準を柔軟に解するのが難民条約第1条A(2)の趣旨とする解釈は、各国において採用されてきた。

　たとえば、カナダの連邦移民控訴裁判所では、「迫害をおそれる十分な理由」（good ground for fearing persecution）を証明の基準としている。オーストラリアの最高裁は、迫害を受ける「現実の見込み」（the real chance）を基準としており、これは50％よりも低い可能性を意味している。英国貴族院も、難民条約上の理由により迫害を受けるであろうとの「合理的な程度の見込み」があれば、十分な理由があるとした[16]。フォスターとハサウェイは、これらの基準は相互に互換的な意味であり、簡単にいえば迫害を受ける「現実

---

14)　本間、2005、172-175頁。Goodwin-Gill, 2020, pp. 56-62.

15)　INS v. Cardoza-Fonseca, 480 U.S. 421（1987）.

16)　難波満「事実の立証に関する国際難民法の解釈適用のあり方に関する一考察」（渡邊省吾他編、2010、222-243頁）。

的なおそれ」（real chance）を基準とすることができ、これは、「迫害のおそれが5分5分以上であることを証明する義務を否定している」のであると述べる（Foster and Hathaway, 2014, p. 11）。

入管庁が公表した「手引」でも迫害を受けるおそれについて、「申請者が実際に迫害を受けていることまでは必要ではないが、迫害を受ける抽象的な危険があるだけでは足りず、迫害を受ける現実的な危険があることが必要である。」と記述している。ここにいう迫害を受ける「現実的な危険」も、単なる予測以上ではあるが、決して高度の蓋然性というような確実なおそれではなくても、50％に満たない可能性を意味するものと考えるべきであろう。

②灰色の利益

難民は、多くの場合、着の身着のまま本国を脱出してくるので、本国において迫害を受けるおそれについて十分な証拠を提出することができない場合が多い。この点、UNHCRの難民認定基準に関するハンドブックは、「疑わしきは申請者の利益にの原則」（灰色の利益）を申請者に認めるべき場合があるとしている。もっとも、「灰色の利益」は、すべての入手可能な資料が検証され、審査官が申請者の主張の一般的信憑性について納得したときに限り与えられるべきであるとされる。仮にこのような灰色の利益を考慮するならば、日本における難民審査は柔軟性を与えられると思われる。しかし、日本の裁判例では「難民該当性の立証基準に関するUNHCRの規定を補足的手段として参照すべき必然性はない」と述べる例もあり（東京高判2000〔平成12〕年9月20日）、難民認定実務に灰色の利益論が反映する状況にはなっていない。他方で、例外的ではあるが、ハンドブックを引用して『証拠の要件は，難民の地位の認定を申請する者のよってたつ特殊な状況に起因する困難さにかんがみ、あまりに厳格に適用されることのないようにしなければならない。』（55頁）などとされていることは、顕著な事実である。」（名古屋高判2016〔平成28〕年7月28日）として灰色の利益論に共鳴する判決も見られる。

既に触れたように入管庁作成の「難民該当性判断の手引」には、立証基準や信憑性判断の方法は含まれていない。同手引は、難民認定における規範的要素に関する内容に限定されていることもあるが、難民認定における証拠

の評価は非常に重要な要素であるから、今後は信 憑 性判断の方法についても手引に含ませることが必要であろう。

3　迫害主体の認定——私人による迫害の問題

(1)　放置・助長論の克服

　難民条約では、「迫害」の主体については、特に何も定めていない。しかし、難民条約の解釈上、迫害とは、一般的には国家または政府の機関（公務員、軍、警察等の公の地位にある者）による迫害を意味しているものと解されてきた。国際法上、これらの国家機関の地位にある者の行為の責任は、国家の責任に帰属するが、私人による迫害行為に関しては、当該国家の内部の手続により解決するのが立前であるから、原則として私人の行為を理由として、国家が責任を負うことはないと考えられていたことが影響している。すなわち、私人による迫害（重大な人権侵害）は、当該国家の内部において法的手段を執ることによって解決するのが基本であるから、私人による迫害を理由として他の国で庇護を求めるのは筋が違うということにもなる。しかし、それでは済まない場合もあるだろう。

(2)　私人・非国家行為主体による迫害の場合

　伝統的な難民法のアプローチでは、私人または非国家的行為主体による人権侵害は、難民条約上の「迫害」から除外される。例外的に、私人による迫害を国家が「放置、助長」するという「行為」（作為または不作為）がないかぎり、難民条約上の「迫害」とはならないとされてきた。たとえば、テロリストグループ（非国家行為主体）による加害、暴力行為を受けた被害者が警察に対して告訴し被害を訴えた場合、警察がこの訴えを無視したりまたは形式的に応じたりするだけで、まともに捜査しない場合には、放置、助長が認められる。うわべだけでも捜査する姿勢を見せているならば、放置・助長は認められず、迫害の存在は否定されることになるだろう。こうした私人による迫害行為を国家が「放置」、「助長」したことを要件とする考えは、国家が私人による迫害行為に荷担しまたは黙認している場合にのみ国の責任を問う

ことができるという論理から派出している。こうした国際法上の国家責任の理論を援用することにより、私人による加害行為（迫害）を「相当の注意」（due diligence）をもって、防止する義務を果たしていたか問題となる[17]。しかし、警察等の治安機関が往々にして権力の手先であり、かつ腐敗が横行している社会において、被害者（難民申請者）が、国が相当の注意義務を果たさなかったことを証明することはほとんど絶望的である。

　難民条約の解釈においても、迫害の主体を国家に限定する趣旨ではなく、むしろ同条約の起草段階では「国家による迫害」に限定しようとする案は斥けられ、その結果、難民条約第1条A(2)の難民の定義には迫害の主体を国家に限定する文言は削られたのである（Foster and Hathaway, 2014, p. 305)。冷戦の終焉以来、国家による迫害は、依然として大きな要素ではあるが、迫害の典型的なパターンではなくなっている。むしろ非国家武装集団、テロ組織などの非国家的行為主体による迫害の例が多くなっている。こうして、私人による迫害を国家が効果的に防止しなかったり、事後に行為者の処罰を怠ったりしたような場合には、国家が効果的な保護の懈怠により迫害の存在を認める考えが支持されるようになった。

　この考えは、当初は欧州人権裁判所の判例理論により、国家は、私人による人権侵害を防止するために「積極的義務」を負うという理論によって支持されてきた。この理論に依拠することによって、性暴力、女性器切除（FGM）や強制結婚などのジェンダーを理由とする迫害や家庭内暴力による被害者の場合でも、国家が事前に積極的に防止策を採っていなかったり、または事後に加害者の処罰や被害者への効果的な救済を怠っているならば、国の義務の懈怠により迫害の存在が認められ、その結果、これらの暴力の被害者を出身国に送還すれば、欧州人権条約第3条（拷問、非人道的取扱いの禁止）に違反するという結論を支持してきた。これらの場合、女性であることが難民条約第1条A(2)の「特定の社会的集団の構成員」に当たるとされている[18]。国連の女性差別撤廃委員会の一般的勧告32号（2014年）も同様の見解を示している。

---

17)　Goodwin-Gill, The Refugees in International Law, 1996, p. 76.

72

　今日では、国家、政府による直接の迫害からの庇護を求めるケースに加えて、非国家的行為主体による人権侵害を理由とする迫害の申立てが多数に及んでいる。良く見られるのが、非国家的武装集団、政治団体および政治家の支持グループ（配下の者）などによる脅迫、拷問、強制失踪、不当な身柄の拘束などによる人権侵害を理由とする迫害のおそれの場合である。また強制的結婚、ダウリー（持参金）婚、名誉殺人などの因習に基づく女性に対する暴力の場合など家族による暴力から逃れるために、国家が効果的な保護を怠っている場合にも迫害を認めることはありえるだろう[19]。これらの私的集団によるなんらかの脅迫、恐喝、強請、報復、仕返しなどが女性であることと結びついている場合には、被害者は難民条約1条A(2)の「特定の社会的集団の構成員」に該当するものと考えられる。

　日本の裁判例でも、バングラデシュのチッタゴン丘陵地帯における先住民間の紛争を理由として迫害を主張したケースにおいて、バングラデシュ当局がそうした状況を放置し、効果的な対策を怠っていることにより、迫害のおそれの存在を認定したことがある（東京地判2007〔平成19〕年2月2日）[20]。こうした先駆的な裁判例にも留意すべきであろう。

おわりに

　難民認定手続とは、難民認定申請者が迫害を受けたことによる恐れを抱いているかどうかを当事者以外の第三者が判断するシステムである。が、よくよく考えてみると、申請者の抱いている恐怖を当事者ではない第三者が判断

---

18)　　UNHCR「国際保護に関するガイドライン第1号」（ジェンダーに関連した迫害）、2002年5月7日。EUの「資格指令」第6条では、迫害または重大な危害の主体について、(a)国家、(b)国家若しくは国家領域の相当な部分を支配している政党又組織（国際機関を含む）および(c)非国家主体の3者を挙げている。

19)　　欧州評議会が2011年に採択した、「女性に対する暴力と家庭内暴力の防止と撲滅に関する欧州評議会条約（イスタンブール条約）」では、締約国は、女性に対する暴力を防止し、被害者を保護し、加害者を訴追するために注意を果たすべき義務を負うと定めた。

20)　　阿部浩己「難民不認定・退去強制処分取消し――バングラデシュ・チッタゴン先住民族」ジュリスト臨時増刊（平成19年度重要判例解説）1354号、313頁。

するのは、相当に困難なことである。しかも、将来起こるかもしれない迫害のおそれを判断しなければならないのである。そうであればこそ、審査する側には難民法と難民認定に関する高度な専門的な知識と深い見識が求められるのである。

　難民認定の基準は、庇護申請者が置かれた条件を考慮するならば、彼らの正当な期待をいたずらに踏みにじるようであってはならないだろう。今回の入管法改正案の国会審議の際に、難民認定手続との関連では、参与員制度が問題となったが、それ以前から参与員の審査の段階で認定された案件がごく僅かでしかなく、参与員制度が十分に機能しているとは言えない状態であった。参与員制度については抜本的な見直し以上の改革が必要であるが、今すぐにでも対応できることとしては研修制度の導入であろう。今回の入管法改正案の国会採択時の付帯決議でも言及していたのでその必要性は高い。

　証拠の基準や証明の負担についても、一般的には脆弱な立場にいる難民認定申請者にとって、ことさら過重な証拠の負担を強いるべきではない。日本の難民審査における証拠の基準として頻繁に言及されてきた「高度の蓋然性」という基準は、難民認定に関する諸外国の基準と比べてみても、高すぎる基準であって、認定の敷居を殊更高く設定した基準としか考えられない。諸外国なみに証明の負担を軽くするべきであり、「合理的な可能性」という基準が参考となるだろう。危険から逃れるための手段として難民認定を求めているにもかかわらず、授益処分であるから高度の蓋然性を証拠の基準とすべきとするのは、はなはだしく見当違いである。また、申請者の供述の信憑性を評価する際には、決して重箱の隅をつつくような形で難癖を付けるのではなく、証言の本筋が一貫しているかどうかを基礎とするべきであり、場合によっては「灰色の利益」を考慮する必要もある。その際に、客観的で信頼性の高い出身国情報を参照にすることはいうまでもない。

第 5 章
公正な審査は保障されているのか？
——難民認定機関の独立性

中坂恵美子

はじめに

　前章では「だれがどのようにして」難民認定をするのかを考察したが、本章では、その中の「だれが」の部分を少し掘り下げて考えてみたい。なぜならば、難民認定には、難民該当性の判断や難民の本国での体験の評価など、他の多くの行政処分の際とは異なり国際人権基準や諸外国事情の検討という要素が含まれており、また、難民認定という行為は政治的問題によって影響を受けてはならないため、だれが認定するのかという点は非常に重要なポイントとなるからである。日本は、これまでに国連難民高等弁務官事務所（以下、UNHCR）や自由権規約委員会（以下、HRC）から独立した難民認定機関をつくるようにと勧告を受けている。現在の日本の状況の何が問題であって、どのような機関が難民認定を担うことが望ましいのであろうか。以下、難民認定機関について国際法の観点から確認し、次に日本の認定機関についての問題点と議論について振り返り、いくつかの諸外国の例も参考にして、この問題を考察していく。

1　難民条約等の締約国として考えるべきこと

(1)　難民認定手続の一要素としての難民認定機関

　難民条約には、難民認定機関については、何も書かれていない。そもそも、

同条約は締約国に難民認定手続の制定を求める規定をもっていない。しかし、暫定措置に関する第９条や避難国に不法にいる難民に関する第31条の文言からは、同条約は締約国が国内難民認定手続を設けることを前提としていると読める。さらに、アンドレアス・ツィンマーマンはコメンタリーで、難民の定義を示している第１条Ａの(2)自体が、黙示的にではあるが、構成国に難民認定手続の提供を求めていると述べている（Andreas Zimmermann and Claudia Mahler, 2011, p. 314.）。そのように、手続を設立する義務は読み込むことができるが、いかなる手続であるべきかいう点についてはどうであろうか。アルバロ・ボテーロらによれば、「庇護手続を設立する義務は、そのデザインまたは実施に関していかなる特定の要求も含んでいないが、それは、難民条約が生み出すのは形式的な過程の義務というよりも結果の義務だから」である[1]。そうであれば、結果の義務が果たせるような手続が必要であり、そのために必要な機関が設立されなければならない。そのことを、難民条約以外の文書や学説から検討しよう。

　UNHCRの執行委員会が1977年に出した結論８「難民の地位の決定」（A/32/12/Add.1）と題する文書は、当時まだ難民条約および難民議定書の締約国であっても手続のための措置をまだとっていない国があり、それらに対して近い将来に措置をとることを求め、さらにその手続が満たすべき基本的な７つの事項を示したものである。その中で、認定機関については、「(ⅲ) 難民の地位についての申請を審査し、一次的な決定を下す責任を有する明白に特定された機関 —— 可能な限り単一の中央機関 —— があること」、「(ⅵ) 申請者が、難民として認められなかった場合に、既存の制度に従って、同一の機関または異なる機関（行政機関であると司法機関であるとを問わない。）に当該決定の正式な再審査を求めるため相当な期間を与えられること」という記述がされていた。この1977年の結論が示した難民認定手続に関する７つの事項は、2019年の「難民の地位の決定のための手続および基準についてのハンドブックならびに国際的保護に関するガイドライン」の中でも再掲されて

1）　Álvaro Botero and Jens Vedsted-Hansen, "Asylum Procedure"（Costello, Foster and McAdam, 2021）, p. 589.

いる[2]。

　難民認定手続の重要性は1977年以降、UNHCR 執行委員会の一般的な結論でも何度か取り上げられてきたが、アルバロ・ボテーロらは、そのような手続に関する勧告の内容と主旨は、時間を経るに従い幾分か変化してきており、1990年代初期以降は、庇護手続について「公正かつ効率的」「公正かつ効果的」「公正かつ迅速に」という文言が含まれるようになったと分析している[3]。単なる難民認定の手続の設置というだけでなく、その手続が「公正」であることも重要な１つの要素となってきたと考えられ、その要請は難民認定機関のあり方に関連しても考慮されるべきものである。

(2)　難民認定の「司法化」

　他方で、戦後の1946年から1951年まで存在していた国際難民機関（International Refugee Organization, IRO）では、すでに、自律的な準司法的機関による再審査の制度が設けられていた。同機関は、第二次世界大戦中のナチスによる被害者などの自国への帰還支援等を任務とするものであった。UNHCR とは異なり、同機関は申請者がその任務の範囲内にある難民または避難民であるか否かを自ら判断していたのだが、その判断には困難が伴っていたようである。たとえば、IRO が作成した「資格認定官のためのマニュアル」（Manual for Eligibility Officer）には、申請者が国籍国や以前の居住国への帰還に対する有効な異議申立てを示したかどうかの判断を行う際に、異なる資格認定官が完全に一致した判断をすると期待することはおそらくできないこと、そして、困難な事例は再審査機関に付託することができることが書かれている（22-23頁）。資格認定官の決定は誤りを免れ得ないという認識

2）　UNHCR, Handbook on Procedure and Criteria for Determining Refugee Status and Guidelines on International Protection under the 1951 Convention and the 1967 Protocal Relating to the Status of Refugees, reissued, Geneva, February, 2019, pp. 43. これは、前述の1977年の結論８の中で要請されて UNHCR が作成し1979年に発表されたものであるが、その後、1992年、2011年、2019年に計３度の改訂がされている。

3）　Álvaro Botero and Jens Vedsted-Hansen（Costello, Foster and McAdam, 2021）, pp. 592-593.

の下で、IRO はジュネーブの本部に再審査機関を設け、資格認定官によって認められなかった場合に再審査の要求ができるようにした[4]。

　ブルース・バーソンは、この IRO の制度を難民認定の「司法化」の本格的な始まりととらえ、そして、それは1980年代終わりから1990年代の初めに著しく増進したという。その現象として、彼は次のようなことをあげている。すなわち、先進国が増加する難民の流れを難民条約の難民の定義を制約的に解釈することによって押し戻したために、裁判所や新設の特別審判所がその定義の基礎条件をより洗練して考える必要が生じたこと、冷戦後、難民の定義の様々な要素を検討する国家の裁判権とともに国際的な法理学が爆発的に発展したこと、また、1997年に設立された国際難民法裁判官協会は、難民の地位の認定が「法の支配に従う」ことの確保を目的の１つとしたことなどである[5]。

　難民条約に関する法解釈が多く積み重なってきた現在は、認定においては1970年代よりも高度な法的知識と判断力が求められることに留意しなければならない。

(3)　国際機関からの日本への勧告

　ここまで、一般的な視点で考えてきたが、ここで日本に向けられた国際機関からの勧告を見ていこう。

　第４章で見たように、日本は2004年に入管法の改正を行い、「難民審査参与員制度」を導入した（導入の経緯は２(2)で後述）。その改正に際して UNHCR からコメントが出されたが、その中の第20段落から第24段落は難民審査参与員（以下、参与員）について述べている部分である。すなわち、「VII. 異議申立て」という項目において、第三者諮問機関である参与員が導入されることは、裁決・決定の質と迅速性を改善するのに貢献しうる前向きな進歩であるとして歓迎するが、「国際的な基準に基づけば、異議申立て制

4)　Sebastian Huhn, '"Plausible Enough"：The IRO and the Negotiation of Refugee Status After the Second World War', *Journal of Contemporary History*, Vol. 58, Issue 3, 2023, p. 407.
5)　Bruce Burson, 'Refugee Status Determination', (Costello, Foster and McAdam, 2021), p. 579.

度は、庇護申請者にその請求の内容を、一次的な段階での決定を行う機関から独立し、かつ、実質的な決定を下すために必要な訓練を受けた当局に提出することを可能とすることによって、申請者の保護へのアクセスを保障しなければならない」ことと、「異議申立ての段階も、法と同様に事実問題も含めた完全な再審査を行うべき」であることが述べられている。さらに、設立される機関が行う決定は、「独立、かつ、人権および庇護に関係する他の考慮のみに基づいており、移民または外交政策のような他の考慮には影響されない」ものであることが必要不可欠であること、「異議申立ては、それが独立した当局によって検討されるまでは最終的な決定ではない」という見解が示される。そして、それに照らして、参与員は法務省の管轄下にとどまり、すべての庇護決定は法務大臣によってなされることから、第一段階の機関からは独立していないこと、さらに、その意見は法務大臣を拘束するのか否かが明確ではないことが指摘された。そのうえで、異議申立てに関する決定は、第一段階の意思決定機関である法務大臣以外の独立した当局によって行われるべきであること、あるいは、参与員と法務省の代表者で構成される合議体による再審査制度とすることが提案された。

　UNHCR はさらに、日本では一次審査または異議申立て手続で法務大臣によって請求が退けられた庇護申請者は、新たな証拠を含めて事実および法的問題を独立して再審査する司法審査を求めることができるが、そのような司法審査は、裁判所の決定が最終的かつ執行可能になるまでノン・ルフールマン原則が適用されることも明確であるならば、難民認定過程の一部となりうるという。さらに、手続の公平性の要請はより広い意味で考慮されねばならず、現実には、日本の司法審査手続は長い時間を要することが多く費用がかかることも指摘する。

　そして、意思決定の責任は適切な機関および適切な資格のある人員によって担われなければならないこと、決定機関は専門的な組織でなければならいこと、意思決定をする者にはその能力と公平性が可能な限り最も強力に保証されるような地位と在職期間が与えられるべきであることを述べた上で、参与員が法務大臣によって選出された場合は公平性の保証が損なわれる可能性があることを懸念し、参議院で採択された決議で法務委員会が勧告したよう

に、参与員は独立した当局または機関から提出された提案リストに基づき法務大臣により指名されるべきである、と勧告した。

その後、UNHCRからは2017年の「日本と世界における難民・国内避難民・無国籍者に関する問題について（日本への提案）更新版」の「2. 包括的な庇護制度の確立」「より公正かつ効率的な難民認定手続の確立および専門部会の提言の速やかなる施行において考えられるUNHCRとの連携」という項目の中で、難民保護の国際的な原則をふまえて、公正かつ効率的な手続を構成する中心的要素として日本が確保すべき点の1つめとして、「異議申立て手続の独立性」が挙げられた（日本語訳はUNHCR駐日事務所によるもの）。これは、2021年の国会審議に提出された入管法改正案に関してUNHCRが日本に出したコメントにおいても長期的な勧告という部分で繰り返された（para. 7）。

他方で2008年には、HRCから、日本の第5回の政府報告書に対する総括所見（CCPR/C/JPN/CO/5）の中で、「法務大臣に助言する難民審査参与員は独立して任命されておらず、拘束力のある決定を出す権限がないことから、法務大臣に対する難民不認定処分に関する不服申立てをしうるとしても、独立した審査ではないこと」を懸念され、そして「完全に独立した不服申立機関を設立すべき」と勧告された（para. 25）[6]。また、2014年の第6回の政府報告書に対する総括所見（CCPR/C/JPN/CO/6, para. 19）および2022年の第7回の政府報告書に対する総括所見（CCPR/C/JPN/CO/7, para. 33）でも再

6）　このことは、難民に関する他の問題（庇護申請者を拷問の危険のある国へ送還することを明示的に禁止していないこと、申請数に比べて庇護申請者の認定率が低いままであること、難民認定手続にしばしば相当な遅延があり、その期間に申請者は働くことができず、社会的な支援が限定されていること）とともに、自由権規約の第7条（拷問等の禁止）および第13条（外国人の追放）の問題として取り上げられた。

7）　judicial appeals mechanismについて、外務省の仮訳では「上訴メカニズム」となっているが、日本弁護士連合会は「司法機関に対する不服申立制度」と訳している（「2022年10月第7回日本政府報告書審査 人権政策の改革を求めた自由権規約委員会総括所見」36頁）。なお、この提言に対する日本政府の考えは、「審査請求の有無にかかわらず，処分に不服がある場合には行政訴訟を提起し，司法の救済を求めることができる」ということである（「自由権規約委員会日本の第7回政府報告に関する事前質問票」への日本政府の回答の第190段落）。

び「独立した上訴メカニズム（independent judicial appeals mechanism）への
アクセス」が要請されている[7]。

　このように、日本は UNHCR と HRC から、二次審査機関である参与員の
「独立性」についての懸念を示されている。1977年の UNHCR 執行委員会の
結論で示された認定機関に関する 2 つの項目には言及されていなかった「独
立性」を強く要求するのは、それが今日では国際的な基準だからであるが、
さらに言えば、公平性のために必要であり、難民に該当する人を適切に難民
と認定し保護するという「結果の義務」を果たすためには不可欠な要素であ
るからであろう。日本の難民認定機関の問題点について、次節でさらに検討
しよう。

2　日本の難民認定機関の問題点と議論

(1)　難民調査官の問題

　難民の認定は、法務大臣による行政処分である（入管法第61条の 2 第 1 項）。
その過程で大きな役割を果たすのが、第 4 章でみたように「難民調査官」で
ある。すなわち、入管法では、法務大臣は必要がある場合には「難民調査官
に事実の調査をさせることができる」こと、そして難民調査官は、「関係人
に対して出頭を求め、質問をし、又は文書の提示を求めることができる」こ
とが規定されている（第61条の 2 の14第 1 項、第 2 項）。難民申請者である外
国人が提出した資料のみでなく難民調査官自らが行った調査により得られた
資料も、法務大臣による事実認定のために用いられると解されている。さら
に、難民調査官が作成する「事案概要書」には、事実のみでなく、難民該当
性に関する意見および評価、在留資格に係る許可に関する意見および理由を
記入する欄もあるため、その後で地方入管局長によって調査官が作成した書
類の確認が行われるとはいえ、難民該当性判断を左右するのは難民調査官の
調査であり[8]、「一次審については、難民調査官の調査のあり方や報告書の
内容が、その決定に大きな影響を有する構造」[9]があるといえる。

　しかしながら、「難民調査官」は「……出入国在留管理庁長官が指定する
入国審査官」（第 2 条12号の 2 ）である。2003年には東京入国管理局において

難民関係業務を専従して行う難民調査部門が新設され、研修も強化された[10]が、日本弁護士連合会からは、2014年の提言で、入国審査官が何年間か限定で難民調査官の任務を行う形態について、「難民保護より出入国の管理に傾斜した業務がなされるのではないかとの懸念や，難民認定業務に関する専門的な知識と経験の不足といった問題点」[11]が指摘されていた。この点、今回の法改正で、法務大臣に、専門的知識に基づき認定を適正に行うための国際情勢に関する情報収集と難民調査官の育成についての努力義務が課され、「難民調査官には、外国人の人権に関する理解を深めさせ、並びに難民条約の趣旨及び内容、国際情勢に関する知識その他難民の認定及び補完的保護対象者の認定に関する事務を適正に行うために必要な知識及び技能を習得させ、及び向上させるために必要な研修を行う」ことが規定された（第61条の2の15第1項、第2項）。

(2) 二次審査の制度改革と現在の問題

　一次審査で難民と認められなかった場合は法務大臣に審査請求を求めることとなる（第61条の2の9）。通常は行政処分を行った処分庁の上級行政庁が二次審査を担うが、難民認定の場合は一次審査の判断が最終的に法務大臣によって行われる、つまり、処分庁が大臣であるため、その場合は二次審査も同様に大臣となるからである（行政不服審査法第4条1号）。ただし、難民認定の二次審査の仕組みは、当初から現在に至るまでに少し変化してきた。これまでの経緯を簡単にふりかえっておくと、以下のようである。

　すなわち、日本で初めて難民認定制度ができたときには、当時の行政不服

---

8) 　山本理恵「難民認定における申請者の手続的権利保障——行政手続段階を中心に」立命館法政論集10号（2012年）18-19頁。難民調査官が記入した事実概要書には、地方入管局長の記入欄はあるが、本省入管局長及び法務大臣の記入欄はない（36頁注68）。

9) 　野口貴公美「『難民を認定する行為』の行政法学的分析」一橋法学17巻2号（2018年）282頁。

10) 　法務省『難民認定調査に関する検討結果（最終報告）』(2003年)「中間報告等を踏まえた法務省の取組み　(2)難民調査官の増員等」。

11) 　日本弁護士連合会「難民認定制度及び難民認定申請者等の地位に関する提言」(2014年〔平成26年〕2月21日)、9頁。

審査法の下での異議申立て手続として、法務大臣が、難民調査官による調査と意見書に基づいて異議申立てには理由があるかないかを決定する、というものであった。しかし、2002年に法務大臣の私的諮問機関として招集された「出入国管理政策懇談会」の「難民問題に関する専門部会」が翌年に出した『難民認定調査に関する検討結果（最終報告)』で、難民認定業務に対する信頼性を高めるため、不服申立ての審理において法務省入国管理局職員ではない第三者の関与をさせることを提言した。すなわち、難民の認定に関する処分の事務は法務省入国管理局総務課難民認定室が、不服申立て手続の事務は同局審判課が担当しており、それぞれの案件にあたる難民調査官についても重複しない配慮が払われているものの、いずれも法務省入国管理局職員のみによって手続が進められていることから公正性・中立性等が十分ではないという指摘があるので、この点に配慮するということであった。そして、具体的な制度として、独自の採決・決定権を有する第三者機関の設置は必ずしも最善とはいえず、法務大臣に対する諮問機関とすることを提案した。その理由としては、難民認定に携わっていない第三者が一から当該案件の検討をすると最終判断までが長期化する恐れが大きいこと、複数の第三者が関与する場合は判断の統一性が損なわれる懸念があること、新たな独立機関を設けるのは行政改革の趣旨から制約が多いこと、が挙げられていた。

　そして、2004年の入管法の改正で参与員制度が導入され、難民調査官以外に、3人の学識経験者である参与員が調査に参加してそれぞれ意見書を提出し、その上で、難民調査官が意見書を作成することとなった。さらに、行政不服審査法の改正にともない、2016年からは、参与員が同法の審理員の立場で審査請求に対する審理手続を行う体制へと変わった。このように、難民認定手続に、参与員という第三者の関与が導入され、さらにその役割も中心的なものとなっていったのであるが、そのことが新たな問題点を生んだ。それは、UNHCRから懸念された「独立性」の問題である。もともと、参与員は法務省におかれ、法務大臣が任命する（第61条の2の10）ことから独立性した機関とは言えないのであるが、審理員とは本来は法務省職員が行う業務であるため、現在の制度への変更は、参与員を「中立な第三者」から「法務省職員」の役割をになう者に変化させたこととなる。このことに限らず、入管

庁の職員と仕事をしていることが、参与員の意識に有形無形の影響をあたえている場合もあるという[12]。また、10年余り参与員を務めた阿部浩己教授は、インタビューに答えて、独立した立場で審査に当たってきたつもりであったが、次第に入管の制度的な圧力や文化のようなものを感じるようになったと振り返り、「組織内に行き渡っている共通了解が、『ここは日本に不利益をもたらす外国人を管理し、排除するところだ』というのであれば、その方向に引きずる力が働く」と述べている[13]。

　2017年3月1日付け入国管理局長発出の「難民認定制度の濫用・誤用的な再申請者の帰国促進に係る措置の試行について（指示）」という文書は、参与員が入管庁におかれることの危険性をよく表している。それは、難民申請を複数回行い在留許可が出されなかった人について、審査請求の棄却後速やかに送還ができるように、参与員事務局と執行部門が連絡をとり裁決の通知予定日等を調整することを定めたものであった。すなわち、難民申請者ではなくなり送還停止効が切れたときに、新たな申請をさせないようにすかさず送還を実施することをねらったものであるが、2022年12月23日の東京高裁判決で、そのような行為による棄却通知の遅れと送還の執行は裁判を受ける権利の侵害であり違法であるとの判断が下された。参与員という機関が脱法行為に関わっていたという異常な事態である。

　「独立性」以外にも、参与員については第4章でみたような様々な問題が生じている。まず、参与員は諮問機関でしかないこと、すなわち、法務大臣は審査請求に対する裁決に当たって「難民審査参与員の意見を聴かなければならない」と定められるだけであり、最終的に判断を行うのは法務大臣であるため、多数意見であっても尊重されないこともある。また、審査請求の段

---

12)　全国難民弁護団連絡会議シンポジウム「目指すべき難民保護制度のかたち〜入国管理から独立した第三者機関の設立に向けて〜」（2023年10月14日）での大橋毅弁護士によるご報告「難民審査機関　審査請求・難民審査参与員制度を含めて」から得た情報を参考とした。同報告では、この難民審査参与員が審理員となることの問題点、また、次に記述する入国管理局長発出の「難民認定制度の濫用・誤用的な再申請者の帰国促進に係る措置の試行について（指示）」の問題点について詳細に学ばせていただいた。

13)　毎日新聞、政治プレミア「難民審査参与員が明かす入管で感じた圧力　難民認定　排除する仕組みがある」2023年6月5日。

階で本来行うべき口頭意見陳述が多くの場合なされていない状況は法の適正手続という点から問題であるし、特定の参与員による膨大な数の審査の担当は公正な審査という点で疑義を生じさせる。

(3)　制度改革の必要性

　以上のような現状を考えると、現在の参与員制度ではなく、一次審査担当の行政庁からは独立した機関や司法機関による二次審査へと変えることが必要である。

　さらに、一次審査自体に関しても、難民認定に関しては入管庁とは異なる組織が担うべきであるという主張もされている。たとえば、日本弁護士連合会は、上述の2014年の提言の中で、「政策的配慮や外交的配慮に影響されない，出入国管理や外交政策を所管する省庁から独立した第三者機関による難民認定手続を確立すべき」と述べた。その理由として、

　　難民審査にあたっても，不法入国・不法上陸の阻止や難民申請を利用して就労しようとする濫用者の排除に力点を置くあまり，もれなく難民を認定するという本来の目的から乖離する危険をはらんでいる。とりわけ，難民調査官には認定処分に関する実質的決定権限がなく，本省（法務省入国管理局）において実質的な最終判断がなされていると認められるところ，本省では，現に出入国管理業務を行っている者あるいは直近まで同業務に携わっていた者なども関与してその判断がなされているものと考えられる。したがって，難民認定業務が，国境管理の観点や政治的判断によって歪められる危険性は，類型的に高いといわざるを得ない。

ということをあげ、「出身国情報の調査，国際的水準に沿った供述の信憑性判断や難民該当性の判断に精通した，専門性を有する『難民認定官』を採用し，継続的育成をすべきである」ことを提言した（16頁）。同連合会の2022年の提言「出入国在留・難民法分野における喫緊の課題解決のための制度改正提言〜あるべき難民、非正規滞在者の正規化、送還・収容に係る法制度〜」では、さらに、その機関は、「法務省、入管庁及び外務省から人的にも

財政的にも独立し」、「入管庁の間の人事交流・異動は行わない」ものであるべきことを明確に示している（13頁）。

　日本弁護士連合会は同じ文書の中で、二次審査機関については、現行の参与員制度を廃止して、新たに行政委員会を設立すること、同委員会は、人的にも財政的にも、法務省、入管庁および外務省からも、また、一次審査機関からも独立した機関であること、同委員会では難民法や国際人権法の学識や国際的な実務経験を有する者が不服審査と判断を行うが、その任命は内閣総理大臣が両議院の同意を得るなどして政治的中立性を図るとともに、任命に至るまでの過程を透明化すること、同委員会と入管庁の間の人事交流・異動は行わないことを提言している（14頁）。

　また、立憲民主党は2022年の国会審議で「難民等の保護に関する法律（案）」を提出したが、その中で、公正かつ適正な難民等の認定その他難民等および難民等の認定の申請者の権利利益の保護」を任務とする「難民等保護委員会」の設置が提案された。同委員会は法務省の外局としての独立行政委員会であり、委員長および委員は両議院の同意を得て内閣総理大臣により任命され、独立してその職権を行うことが考えられていた（第31条ないし第35条）[14]。

　では逆に、難民認定を、出入国管理行政と同一の機関が行う利点は何であろうか。1979年から80年に難民制度を新設した当時も、独立の難民認定委員会を設けるべきではないかという意見があったが、新たな行政組織をつくることに伴う行財政事情や領土的庇護という本質を考えると、入国・在留の手続と切り離すことにはなかなか無理があるのではないかという配慮がされ、現行のような手続がとられることになったということである[15]。そして、その方針は現在でも維持されており、岸田総理大臣は、「難民認定手続とその他の出入国在留管理行政の様々な手続とは密接に関連しており、難民の認定

14）　本法案は、2022年に出された法案とほぼ同様で、2021年に立憲民主党が、共産党、沖縄の風、れいわ新選組、社会民主党、碧水会と共同で提出した法案をバージョンアップしたものということである。なお、2004年には当時の民主党が、内閣府の外局に難民認定委員会を設置する「難民等の保護に関する法律（案）」を提出した。

15）　第159回国会、衆議院法務委員会（平成16年5月25日）における山神進参考人の発言。

に関する事務を出入国在留管理庁において行うことには合理性があり、新たに独立した機関を設置する必要はないものと考える」と述べている[16]。

どちらの業務も同じ機関が行うことで何かしらの便利さは得られるのかもしれない。しかし、それによって失われうる「公正さ」は重大である。

3　他国の難民認定機関の例

(1)　諸国の難民認定機関の概観

最後に、日本がよりより難民認定機関をもつために、他国ではどのような機関を設けているのか少し参考にしてみよう。「難民研究フォーラム」は、2023年10月現在、ホームページ内の「各国における難民認定機関」というページで、欧州、北米、日本、韓国を含めた世界16か国の難民認定機関について「審査機関の位置づけ（所管省庁・独立性等）」と「規模（職員数・予算等）」の2つの観点から比較をしている。その情報によると、一次審査機関、二次審査機関ともに多様であることがわかる。

たとえば、一次審査機関は、庇護や難民、無国籍者の問題に特化した機関（ベルギーの「難民および無国籍者のための一般委員会」、カナダの「移民難民委員会・難民保護部」、フランスの「難民および無国籍者保護局（OFPRA）」、アイルランドの「国際保護局」、イタリアの「国際保護認定地域委員会」、ポルトガルの「庇護難民局」、スペインの「庇護・難民事務所」および「関係省庁合同難民審査委員会」）もあれば、難民のみでなく移民に関しても管轄する機関（オーストリアの「連邦移民・庇護庁」、ドイツの「連邦移民・難民局」、オランダの「移民・帰化局」、スウェーデンの「移民庁」、イギリスの「内務省査証・移民局」、アメリカの「合衆国市民権・移民局」）もある。

ベルギー、カナダ、フランス、スウェーデンの一次審査機関は、政府からの「独立性」が法律に規定されているのが確認されている。その中のフランスの OFPRA は、その2023年10月現在のホームページ（https://www.ofpra.

---

16)　第208回国会「参議院議員石橋通宏君提出我が国における難民認定の状況に関する質問に対する答弁書」（令和 4 年 6 月14日）。

gouv.fr/dossier/organisation/le-conseil-dadministration）によると、内務省の財政的・行政的な監督の下に設置された行政的公施設法人であり、任務の遂行においては完全に公平でいかなる指示も受けない。執行機関は、国民議会により指名された2人の議員（女性男性各1人）、元老院により指名された2人の議員（女性男性各1人）、命令（décret）により指名された欧州議会における2人のフランス代表（女性男性各1人）、政府代表10人、OFPRA の役人により3年任期で選出された OFPRA 職員の代表1人からなるものである。また、ベルギーについて、後に少し詳しくみていきたい。

　二次審査機関については、行政不服審判所、行政裁判所、準司法組織としての不服審判所、民事裁判所の中の庇護審査に特化した部門、地方裁判所、移民裁判所、移民不服申立局、移民審査局などがあるが、司法機関が多く、したがって当然ながら、一次審査とは異なる機関が担っている国が16か国中の13か国に上っている。一次審査と同じ機関が二次審査も行う国は、日本、韓国、カナダであるが、そのうちのカナダは、一次審査を行う機関自体が政府から独立して判断を行う独立行政裁判所の下部組織であり、二次審査機関は同じ独立行政裁判所の別の下部組織という構造である。韓国については、2012年に出入国管理法とは別に難民法を制定した時に、異議申立て機関としての難民委員会を最終決定権限をもつ独立した機関とする方向性も考えられたが、最終的には諮問機関となった[17]。一次審査も二次審査も同じ大臣の最終判断によるという日本のやり方はこの中では少数派である。

　阿部浩己教授は、諸外国も日本と同様におおむね2階層の審査構造になっているが、日本との違いは、手続のいずれかの段階（あるいはすべて）において相応の独立性が確保され、また難民認否が専門性をもって行われているところであり、各国は国境管理とのせめぎ合いの中で難民擁護の実現という視点に立ち制度改革を続けていると指摘している（阿部浩己、2021年、37頁）。難民条約および国際人権条約の締約国として、日本もその視点を中心にすえて、制度を考えていくべきである。

---

17)　キム・ジョンチョル＝イ・ホテク＝宮内博史「韓国難民法とその施行後の実務」法律時報86巻11号（2014年）24頁。

　第 1 章でみたように、日本の入管法は戦後の治安対策優先の思想の上につくられたものであり、外国人は厳格に管理すべき存在であるという考え方がその根底にあった。入管法は、「すべての外国人をさまざまな『入管資格』に区分し、それぞれに応じた『在留期間』を付して管理すること」であり、「その事務をつかさどるのが法務省入国管理（入管）局であり、各地方入管局……が具体的に対応する」[18]機関なのだという指摘がある。そのような背景も考えれば、一次審査の段階から外国人の「管理」が任務の大きな柱である入管庁とは別の独立した組織をつくり、出入国管理と難民認定は切り離した方がよいだろう。

(2)　独立した一次審査機関の例（ベルギー）

　独立した一次審査機関の例として、ベルギーの「難民および無国籍者のための一般委員会」（Commissariat général aux réfugiés et aux apatrides, commissariaat-generaal voor de vluchtelingen en de staatlozen, office of the commissioner general for refugees and stateless persons）について少しみてみよう。

　まず、ベルギーには、移民に関する行政機関として、「移民局」（L'Office des étrangers, De Dienst Vreemdelingenzaken, The Immigration Office）がある。2023年10月現在の「移民局」のサイトによると、同局は安全保障および内務に関する大臣の政策の実施に責任を負う「連邦内務省」（Service Public Fédéral Intérieur, Federale Overheidsdienst Binnenlandse Zaken, Public Service Home Affairs）の中の最大の部門であり、同省の権限の下で移民の流れの管理に関するベルギー政府の政策の実施を専門に行う機関である。

　しかしながら、難民に関する任務は、「難民および無国籍者のための一般委員会」（以下、一般委員会）という特別の機関が権限を有している。ベルギーの「外国人法」（Loi sur l'accès au territoire, le séjour, l'établissement et l'éloignement des étrangers）の第 2 セクションが同機関についての定めを置いているが、それによると「一般委員会」は、以下のような機関である。

---

18)　田中宏『在日外国人――法の壁、心の溝〔第 3 版〕』（岩波書店、2013年）35頁。

一般委員会は大臣[19]の下につくられ、委員長（Le Commissaire général）と２人の副委員長からなり、委員長と副委員長は完全に独立して決定を行い、意見を表明する（第57/２条）。委員長は一般委員会を率いる役割をもち、大臣からの提案に基づいて閣僚理事会で決定された命令により王によって任命され、任期は５年であるが、更新可能である。委員長の候補者となるには、ベルギー人であり、博士または法の学位を有し、30歳以上でなければならない（第57/３条）。副委員長については、任命や任期、資格については委員長と同様であるが、一人がフランス語、もう一人がオランダ語の知識を有していることを免状またはその人の言語的な役割で示さなければならない（第57/４条）とされている。両言語はベルギーの公用語である。

　委員長および副委員長の職務はいかなる政治的権限の行使とも両立せず（第57/５条）、もしも、その職務の尊厳またはその職業的義務感を欠く場合は、停職または解雇されうる（第57/５条の２）。

　委員長が権限をもつ事項について、それぞれの要件を省いて簡単に述べると、①難民の地位の認定および補完的保護の付与、②明らかに根拠のない申請の検討、③海外にいる難民の地位の確認、④難民の地位または補完的保護の地位の終止、⑤外国人が難民の地位または補完的保護の地位を受けることからの除外、⑥難民または補完的保護の地位の取消し、⑦大臣またはその代理人が求める意見の提出、⑧難民および無国籍者への書類の発行、⑨⑩⑪⑫⑬⑭退去措置の適合性に関する意見の提出、⑮安全な出身国リストの決定に関する意見の提出（第57/６条１項）である。

　また、申請を優先的なものとする決定（第57/６条２項）、申請を受理できないことの宣言（同３項、第57/６/６条）、申請の迅速な手続による処理（第57/６/１条）、事後の申請の処理（第57/６/２条）。国境での申請の処理（第57/６/４条）、審査の終了の決定（第57/６/５条）、新たな要素または事実が生じた場合の取消しや撤回（第57/６/７条）、在ベルギーの UNHCR 代表への

---

19)　外国人法には、「外国人の領域へのアクセス、滞在、定住および退去について権限を有する大臣」（第１条１項２号）と書かれている。現在は、庇護・移民担当閣外大臣（Secrétaire d'État à l'Asile et la Migration）がこれにあたる。

連絡やベルギーの機関からの有用な書類や情報の取得（第57/7条1項）、難民と認定された外国人からの有効な国家旅券の預かり（第57/8/1条）においても、委員長の任務が規定されている。

　以上からわかるように、難民および無国籍者に関する数多の権限をもつ一般委員会の委員長は、一定の資格が必要とされ、完全に独立して任務を行うことが保障され、逆に、委員長による政治的権限の行使も禁止されている。実際には、この分野での経験を有する人が任命されており、現在の委員長ソフィー・ファン・バルベルヘ（Sophie Van Balberghe）は法学士と人権の修士をもち、1993年に一般委員会で保護事務官として働きはじめて以降、生涯にわたって庇護および移民の分野でキャリアをつみ、直近の10年間は副委員長の任にあった人である。

　委員長は、上記で示した事項のすべての事務処理を自分だけで行うわけではない。すなわち、これらの事項の多くは、委任によって行動するその補佐人、または、委任によって行動する一定以上の階級にある一般委員会の職員のメンバーなどによっても、決定や意見が採択されうる。その場合は、委員長の権限および指示の下におかれ、補佐人および任務を行う職員のメンバーは、「委任によって」という定式を伴った署名を行う（第57/9条）こととなる。実質的に決定や意見の作成を行った人の署名があることは、透明性の確保に役立つだろう。委員長の任務を支える一般委員会の職員は、2021年にはフルタイム当量で換算すると487人で、そのうちの259人が申請の審査に責任を有するケースワーカーであった。未処理のケースへの対応のために、2022年には170人のケースワーカーが増員され、2023年にはさらに増員して合計約600人とする計画がある[20]。

　ところで、前述したように、日本が独立した難民認定機関を設けない理由

---

20)　　ECRE, 'Asylum Information Database Country Report：Belgium', p. 27. 委員長は、申請者を最低1度は申請の内容に関する個人インタビューに招集するが、同時に多数の外国人が国際的保護の要請を行い、委員長が適切な時間内にインタビューを行えない場合は、大臣は委員長の同意を得て、一時的に他の機関の職員にこのインタビューを行わせることができ、その場合は当該他の機関の職員は、事前に王が委員長の職員のために定めた関係する訓練を受ける（第57/5条の3第1項）。

として、政府は、難民認定手続とその他の出入国在留管理行政の様々な手続とは密接に関連しているため、難民の認定に関する事務を出入国在留管理庁において行うことには合理性があると説明している。しかし、入管庁が担うべきことと独立した難民認定機関が担うべきことを区別して、両機関がそれぞれの管轄事項を行うことは十分可能であろう。たとえば、ベルギーにおいても、庇護申請者の登録は一般委員会の任務ではない。領域内での申請は、移民局または刑務所もしくは収容施設の長に提出し、国境での申請の場合は国境管理に責任を負う当局（連邦警察局〔Police Fédérale〕の国境セクション）に提出する。そして、申請は移民局により登録される[21]。

おわりに

　本章1で確認したように、難民条約は締約国に結果の義務を課している。すなわち、締約国は難民に該当する人を適切に難民と認定し保護しているかどうかが問題となる。日本の難民認定率の低さや他国では難民として認められている一定の人たちが日本では難民と認められない現状は、本来難民と認定されるべき人が見落とされている可能性を示してはいないだろうか。そのような恐れを生み出さないために、難民認定機関の在り方を変える必要があるだろう。独立した審査機関の創設は、その出発点である。また、難民認定の司法化の現状を考えると、二次審査機関を司法機関または準司法機関とするか、一次審査機関、二次審査機関ともその職員が相当の専門性を有していることが必要となるだろう。

　難民制度の改革に関して、これまで個別な対応しかしてこなかった日本（小坂田裕子、2022年(3)、33頁）であるが、抜本的な改革に踏み切る必要があるだろう。

---

21)　European Council of Refugees and Exiles, 'Asylum Information Database Country Report：Belgium', last updated: 21/04/23, p. 28.

第6章
難民以外は保護されないのか？
――補完的保護

中坂恵美子

はじめに

　難民条約上の難民であるためには、同条約の定義に示された一定の要件を満たしていることが必要であることは第2章でみたとおりであるが、その要件を満たさない人は他国で保護されることはないのであろうか？　答えはノーである。たとえば、紛争によって生み出される避難民を保護してきた国々は多い。また、第3章でみたように、難民条約以外にも拷問等禁止条約などにはノン・ルフールマン原則が規定されているし、自由権規約など明文の規定がなくても、出身国への退去強制や引渡しを禁じていると解釈されている条項をもつものもある。しかし、退去強制や引渡しがされないというだけの保護では、その人が受入れ国で安定した生活を送ることはできないであろう。本章では、難民条約上の難民には当たらない人の保護の在り方としての「補完的保護」について考察する。

1　難民条約上の「難民」以外の人々の保護

　多くの国では、難民条約の難民にあてはまらない人々にも保護を与えているが、それには3つのやり方がある。1つは、難民自体の枠を難民条約よりも広げることで、1969年の「アフリカにおける難民問題の特定の側面を規律するアフリカ統一機構条約」（アフリカ難民条約）や1984年の中南米諸国によ

る「難民に関するカルタヘナ宣言」が知られている。前者を例にとってみると、第1条1項では、難民議定書によって修正された難民条約の難民の一般的な定義を採用し、2項で「外部からの侵略、占領、外国の支配、またはその出身国もしくは国籍国の一部もしくは全部における公の秩序を著しく乱す出来事のために、出身国または国籍国の外の場所に避難所を求めて、その常居所地を去ることを余儀なくされたすべての者」も難民として認めている。そして、その定義は、たとえばケニアであれば、2021年の難民法の第3条1項(c)に規定されているように、アフリカ諸国の国内法の規定に反映されている。

　もう1つは、難民の定義自体は難民条約と同一のものに限定するが、難民とは別の保護のための法的地位を設けるというやり方で「補完的保護」（complementary protection）と言われる。ジェーン・マックアダムの言葉を借りれば、「『補完的保護』は、概念としては、難民条約の下で難民であるとは決定されなかったが、それにもかかわらずノン・ルフールマン原則に基づいて国際的保護の必要性を有する個人に与えられる国内法における地位のことを指す」[1]ものである。UNHCRの執行委員会は2005年に出した「補完的な保護の形態によるものも含めた国際的保護の提供に関する結論」（結論103）で、多くの国で実施されている補完的な保護の形態は、実用的で役立つものであると評価をし、難民の定義を満たさないが保護の必要な人のために補完的な保護の形態を使用することを諸国に促している。

　欧州連合（以下、EU）はEU法で「補完的保護」（subsidiary protection，補充的保護という訳も使われる）について定めており、それに従ってEU構成国はすべて補完的保護の枠組みを国内法で設けなければならない。EUの補完的保護については、後で詳しくみていこう[2]。EU構成国以外にも、オーストラリア、ニュージーランド、カナダ、アメリカ、さらに他のいくつかの

---

1 ）　Jane Mcadam, "Complementary Protection"（Costello, Foster and McAdam, 2021）p. 662.
2 ）　EUにはその他「一時的保護」（temporary protection）という枠組みもある。一時的保護指令（Council Directive 2001/55/EC）は2001年につくられたが、実際に適用がされたのは2022年からのウクライナからの避難民に対してのみであり、EUの統計サイトによると2023年7月21日現在の合計で4,114,320人が対象者となっている。

国[3)]で、補完的な保護の形態が国内法で設けられている。

　最後に、特定の法的地位があらかじめ設けられてはいないが、非正規滞在者であっても自国に帰国させることが人道上できない場合に、関係国家機関の裁量による判断で在留を認めるという方法がある。これが、日本のこれまでのやり方であった。2022年の場合、難民と認定された人は202人だったが、難民とは認定しなかったものの人道的な配慮を理由に在留を認められた人が1,760人おり[4)]、そのうち「本国の情勢や事情等が考慮された者」は1,712人、日本人と婚姻し、日本人の実子を監護・養育するなど、「本邦での特別な事情等を考慮して在留を認めた者」は48人であった。

　しかしながら、3つめのやり方の場合、当該人物は退去強制は免れるものの、いかなる法的地位が与えられるかは不明であり、また、在留が認められる基準も明らかではない。日本の場合、法務大臣による在留特別許可が出されることが多く、その指針として2004年に「在留特別許可に係るガイドライン」が出されてはいるが、基本的に法務大臣の裁量が認められている行為である（在留特別許可についての詳細は第11章を参照のこと）。上述の UNHCR の結論103は、「国家は、同情的なまたは実務的な理由で滞在の延長を認めることができる」と述べた後で、「そのような事例は、国際的な保護の必要性がある場合とは明確に区別されなくてはならない」ことを指摘している[5)]。法務大臣の裁量による在留許可も保護のために大きな役割をはたしているが、「同情的なまたは実務的な理由での滞在の延長」にすぎないものであり、「国

3)　アルバニア、ボスニア、コスタリカ、香港、マケドニア、メキシコ、モンテネグロ、ニカラグア、ノルウェイ、セルビア、韓国、スイス、トルコ、ウクライナ、イギリス、いくつかのアフリカ諸国にもある（Jane Mcadam, op.cit, p. 662-663）。

4)　2019年は37人、2020年は44人、2021年は580人であった。2021年、2022年に大幅に増加しているのは、ミャンマーで2021年2月に生じたクーデターにより日本が緊急避難措置の実施を決定したことによるものである（2022年は本国事情による配慮の件数1,712のうちミャンマー 1,682人で、同じく2021年は525人のうち498人であった〔出入国在留管理局「令和4年における難民認定者数等について」7-9頁参照〕）。

5)　同結論は、また、正式に難民の地位を与えることなく、大規模流入の状況への特別な暫定的保護の対応としてルフールマンからの即座のかつ緊急の保護を与える一時的な保護は、国際的保護の他の形態から明確に区別されなくてはならないとも述べている。

際的保護の必要性がある場合」に対して行う措置とは異なるといえよう。

　2023年の入管法改正で、日本で３つめのやり方に加えて、２つめの手段による保護が可能となった。2014年に第６次出入国管理政策懇談会「難民認定制度に関する専門部会」が提出した『難民認定制度の見直しの方向性に関する検討結果（報告）』で「補完的保護」の導入が提言されて以降、市民社会からは、その枠組みの創設が日本における国際的保護のあり方の改善につながることが期待されており、今回「補完的保護」が法的な制度として導入されたのは大きな前進である。しかし、期待をしていた人ほど、実際の条文（案）の文言を目にして「これじゃない」感を強くいだいたようである。それは、なぜなのか？　まずは、補完的保護に関する条文を確認しよう。

２　改正入管法が定める補完的保護

(1)　関係条文

　今回の改正によって新たに導入された補完的保護に関する条文は、改正から９か月以内に施行と規定されており、それを受けて法務省は2023年９月の終わりに、同年12月１日からの施行を発表した。関係部分をみていこう。

　まず、用語の定義を示す第２条３号の２に「補完的保護対象者」という文言が加わった。

> 第２条３号の２
> 補完的保護対象者　　難民以外の者であって難民条約の適用を受ける難民の要件のうち迫害を受けるおそれがある理由が難民条約第１条Ａに規定する理由であること以外の要件を満たすものをいう。

これについては、後に考察したい。次に、第61条の２が「難民の認定等」となり、全体として、以下のようになった。このうちの２項、３項、５項が「補完的保護」に関する事項である（下線は筆者による）。

第61条の2

法務大臣は、本邦にある外国人から法務省令で定める手続により難民である旨の認定の申請があつたときは、その提出した資料に基づき、その者が難民である旨の認定（以下「難民の認定」という。）を行うことができる。

2　法務大臣は、本邦にある外国人から法務省令で定める手続により補完的保護対象者である旨の認定の申請があつたときは、その提出した資料に基づき、その者が補完的保護対象者である旨の認定（以下「補完的保護対象者の認定」という。）を行うことができる。

3　法務大臣は、第1項の申請をした外国人について難民の認定をしない処分をする場合において、当該外国人が補完的保護対象者に該当すると認めるときは、補完的保護対象者の認定を行うことができる。

4　法務大臣は、第1項の申請をした外国人について、難民の認定をしたときは、法務省令で定める手続により、当該外国人に対し、難民認定証明書を交付し、その認定をしない処分をしたときは、当該外国人に対し、理由を付した書面をもつて、その旨を通知する。

5　法務大臣は、第1項又は第2項の申請をした外国人について、補完的保護対象者の認定をしたときは、法務省令で定める手続により、当該外国人に対し、補完的保護対象者認定証明書を交付し、同項の申請があつた場合においてその認定をしない処分をしたときは、当該外国人に対し、理由を付した書面をもつて、その旨を通知する。

この規定によれば、申請者がはじめから「補完的保護対象者」の認定を申請する場合と、申請者は難民としての認定を申請したが法務大臣が認定をしなかったときに、職権で「補完的保護対象者」の認定をする場合がありうる。補完的保護対象者と認定された場合は、「補完的保護対象者認定証明書」が公付される。また、補完的保護対象者は、在留資格未取得の場合、難民と同様に一定の場合を除き定住者の在留資格を取得できる（第61条2の2）。

　在留資格未取得外国人が補完的保護対象者の認定をされなかった場合、法務大臣は審査の上で在留特別許可を出すことができる（第61条2の2、2項）。

補完的保護対象者の認定の取消しについては、以下のような条項が加わった。

　　第61条の2の7
　　2　法務大臣は、本邦に在留する外国人で補完的保護対象者の認定を受けているものについて、次の各号に掲げる事実のいずれかが判明したときは、法務省令で定める手続により、その補完的保護対象者の認定を取り消すものとする。
　　⑴　偽りその他不正の手段により補完的保護対象者の認定を受けたこと。
　　⑵　難民条約第1条C⑴から⑷までに掲げる場合のいずれかに該当することとなったこと、補完的保護対象者であると認められる根拠となった事由が消滅したため、その者の国籍の属する国の保護を受けることを拒むことができなくなったこと又はその者が国籍を有しない場合において、補完的保護対象者であると認められる根拠となった事由が消滅したため、常居所を有していた国に戻ることができることとなったこと。
　　⑶　補完的保護対象者の認定を受けた後に、難民条約第一条F(a)又は(c)に掲げる行為を行つたこと。

その他、申請後の仮滞在の付与、在留資格の取消し、退去強制手続き、審査請求、難民審査参与員、永住許可の特則については、難民申請者と同様な扱いが規定されているが、難民旅行証明書（第61条の2の12）に該当するものについての規定は補完的保護対象者には設けられていない。

⑵　「補完的保護対象者」の定義

　補完的保護の導入に期待をしていた人たちが感じた違和感は、補完的保護対象者の定義の部分にある。⑴でみたように、補完的保護対象者は、難民条約で規定される迫害の理由、つまり、「人種、宗教、国籍もしくは特定の社会的集団の構成員であることまたは政治的意見」の5つの理由「以外での」迫害のおそれがある人となっている。

　2021年に現在の改正法につながる法案が出されたときに、UNHCRは次の

ようなコメントを出していた。すなわち、UNHCR は、「補完的保護」の用
語および概念が導入されたことを歓迎すると述べた上で、次のようにいう。

　　改正法案の下で提案された基準は、補完的な形態の国際的保護の基準
　として国際的および地域的な難民および人権法で一般的に採用されてい
　る文言を反映していないことを懸念する。特に、現在の定義は、日本政
　府が国際人権文書の下でノン・ルフールマンの義務を負うであろう人々
　を対象としていない可能性がある（para. 53）。
　　UNHCR は、「補完的な」保護の形態を、1951年の条約に含まれる難
　民の定義または地域的な難民文書に含まれるより広範な難民基準を満た
　さない国際的な保護を必要とする人に対して、保護をして地位を与える
　ための法的メカニズムを指していると定義する。（典型的には国境を越え
　て避難することを余儀なくされたために）出身国外にいる個人で国際法ま
　たは地域的な法の下で難民としての資格がない人もまた、特定の状況に
　おいて、たとえば、国際人権法の下でのノン・ルフールマンの義務によ
　って、一時的または長期的に国際的な保護を必要とすることがある。
　国際人権文書の下での締約国の義務は、補完的な基準を設定するための
　あらゆる努力の枠組みとして考慮されるべき拘束力のある義務である。
　日本は自由権規約、拷問等禁止条約、子どもの権利条約、強制失踪条約
　の締約国であるため、これらの条約は補完的保護の根拠となるノン・ル
　フールマン義務を日本に課している（para. 54）。

　つまり、国際的な基準から考えると補完的保護が与えられるべきと思われ
る人、特に日本が人権条約でノン・ルフールマンの義務を負う人が、改正入
管法の定義には含まれていないということである。
　実際に、補完的な保護の形態を法的に有している他の国々と比較すると、
日本の定義はかなり狭いことがわかる。たとえば、ニュージーランド、オー
ストラリア、カナダ、本章 3 で見る EU 構成国などでは拷問や非人道的取扱
い、品位を傷つける取扱いの可能性などについて、それらのすべてまたは一
部を保護の理由としている。EU やアメリカは、武力紛争に関連する保護の

規定をもっている。また、アメリカやスウェーデンは環境を原因とする避難民も保護の対象とされている（安藤由香里、2022、177-184頁）。「補完的保護の範囲は日々その保護範囲を広げている」（安藤由香里、2022(2)、78頁）のである。

　さらに、より本質的なこととして、難民認定と補完的保護の認定の在り方は異なるはずであるのに、改正入管法では難民認定と同様の枠組みで補完的保護の判断がされる仕組みとなっていることにも注意が必要である。補完的保護の対象者の当否の判断のために証明されるべきことは、「迫害を受ける十分に理由のある恐怖」ではなく、本国に送られた場合の扱いを示唆する客観状況である（山本哲史、2016、42頁）。補完的保護は、これまで日本の難民申請者が不認定とされ続けた大きなハードルである「迫害を受ける十分に理由のある恐怖」に至らずとも、「重大な危害」の存在によって保護の対象となる（渡邊彰悟、2023、11頁）仕組みとして登場することが期待されていた。

　今回の改正では、「補完的保護」の用語と概念の導入がされたが、さらに改良の余地があることも頭に入れて、もう少し掘り下げて考えておこう。

　まず、拷問や非人道的取扱い、品位を傷つける取扱いの可能性については、UNHCRからも指摘があったように、日本も人権条約によってノン・ルフールマンの義務を有している事項である。それらの人々に対して、日本は、どのような待遇を与えているのかというと、入管法にはその国への送還禁止が規定されているのみである。すなわち、第53条３項で退去強制の場合の送還先として、①「難民条約第33条１項に規定する領域の属する国」とならんで、②「拷問等禁止条約の第３条１項に規定する国」と③「強制失踪条約第16条１項に規定する国」は含まない、と規定されている。難民に関しては、該当する国に送還されないだけでなく、日本国内での定住者としての在留が保障されるが、拷問等禁止条約および強制失踪条約によりノン・ルフールマンが求められる人については、対応する法的地位が保障されていない。しかし、①、②、③のすべての場合に日本国内での安定した保護の地位を与える方が、入管法として整合性があるだろう。つまり、上記２つの人権条約でノン・ルフールマンの適用が求められる人を「補完的保護対象者」とし、難民と同様に定住者資格を付与するべきではないだろうか。さらに、自由権規約の禁ず

るノン・ルフールマンからの保護も第53条３項に加え、「補完的保護対象者」とするのが望ましいだろう（それぞれの人権条約のノン・ルフールマン規定については、第３章を参照のこと）。

　なお、2023年の改正入管法の可決の際に出された参議院法務委員会の附帯決議（６月８日）の中には、「紛争避難民のみならず、国籍国等に帰国した場合に生命の恣意的な剥奪、拷問等を受けるおそれがある者や残虐な取扱い若しくは刑罰を受けるおそれがある者、又は強制失踪のおそれがある者など、真に保護を必要とする者を確実に保護できるように努めること」との記述がある。これは、市民社会からの声の反映でもあり、たとえば難民支援協会は、補完的保護について、国際人権法上の規範に基づく保護や無差別暴力からの保護を与える仕組みを新たに設けることを提唱した（難民支援協会サイト内「補完的保護とは何か？」2023.1.23（Updated：2023.3.9））。

　次に、紛争によって避難を余儀なくされる人について考えておきたい。今回の法改正のために法務省がホームページにあげていた「入管法の改正について」の中で「現行入管法の課題（入管法改正の必要性）」として示された３つの課題のうちの最後の１つが「課題③　紛争避難民などを確実に保護する制度が不十分」という点であり、次のように説明がされていた。

　　難民条約上難民に該当するには、５つの理由のいずれかにより迫害を受ける恐れが必要となるが、紛争避難民は、迫害を受けるおそれがある理由が、この５つの理由に必ずしも該当せず、条約上の「難民」に該当しない場合がある。現在の入管法では、こうした条約上の「難民」ではないものの、「難民」に準じて保護すべき紛争避難民などを確実に保護する制度がない。そのために、たとえば、ウクライナ避難民を、現状、人道上の配慮に基づく緊急措置として、法務大臣の裁量により保護している状況にあるが、こうした紛争避難民などを一層確実に保護する制度の創設が課題となっている。

このことを２つの方向から考えておこう。１つは、第２章でもみた2016年のUNHCR の国際的保護に関するガイドライン第12号（HCR/GIP/16/12 02

December 2016）との関連である。同ガイドラインは、「生命または自由に対する脅威およびその他の重大な人権侵害は、1951年条約の難民の定義の目的上、迫害を構成しうる。加えて、より軽度な危害の形態は累積的に迫害を構成する可能性がある」（para. 11）といい、そして、この基準は、「武力紛争および暴力の状況から逃れる者の文脈において、同様に適用されるべきである」（para. 12）と述べている。さらに、武力紛争および暴力の状況における迫害について、次のような考え方を示している（文中の［　］内は筆者による補足）。

　　武力紛争および暴力の状況は、人種、民族、宗教、政治、ジェンダー、もしくは社会集団の分裂に根ざしている、動機付けられている、もしくは推進されている、および／もしくはそれらにそって行われる可能性があり、またはこれらの要因に基づいて人々に影響を与える可能性がある。実際に、無差別な行為（すなわち、迫害者が特定の個人を標的にしようとしていない行為）のように見えるかもしれないことが、実態は、武力紛争と暴力の状況の中で住民が一方の側の現実の支持者であるまたは支持者であると認識されているコミュニティまたは地域全体を標的にしている可能性がある。現代の武力紛争と暴力の状況が、［難民］条約上の１つ以上の［迫害の］理由との因果関係が示されていて、何らかの形で特定の住民を対象としていない暴力、または特定の住民に過度な影響を与えない暴力によって特徴付けられることはまれにしかない。武力紛争や暴力の状況において、特定の側に所属している、またはそうみなされているもしくは認識されている人は、そのような状況の間、行為者によってしばしば広く解釈され、戦闘員の家族だけでなく、同じ宗教的または民族的集団に属する、または特定の近隣、村もしくは町に居住するすべての人々を含むさまざまな人々が含まれる場合がある。［難民］条約上の［迫害の］理由は、家族、コミュニティ、地理的またはその他のつながりに基づいた人々の集団にたびたび帰属させられる。（para. 33）

このように考えるとすると、紛争状況下のシリアやウクライナから逃れる

人々は、難民条約上の難民ととらえることも十分に可能であろう。なぜなら
ば、ウクライナ人であることやシリアの一般市民であることを理由に暴力の
対象となり、「生命または自由に対する脅威およびその他の重大な人権侵
害」を受けているのであれば、そこでは、全くの無差別というわけではなく、
人種や民族、政治的意見、社会的集団を理由とした迫害が行われていると理
解できるからである。

　次に、「補完的保護」との関連についてである。改正入管法の規定では、
補完的保護対象者の要件として「迫害」を受けるおそれが必要となる。しか
しながら、上述したように、アメリカや EU などは、武力紛争に関連する場
合を「補完的保護」の対象としているが、そこには、「迫害」を受けるおそ
れが要件とはされていない[7]。迫害要件の審査が不要となることで、手続に
かかる時間やコストも節約しながら、紛争からの避難民をより確実に保護で
きる可能性が高くなるだろう。

　以上のことから、次の 2 点を指摘しておきたい。1 つは、武力紛争による
避難民の場合、「迫害」要件を UNHCR 執行委員会の2016年の「国際的保護
に関するガイドライン第12号」のように考えるのであれば、「難民」と認定
できる場合もあるだろうこと、もう 1 つは、武力紛争の状況で自国への帰国
が重大な危険を伴う人について、「迫害」を要件とせずに「補完的保護対象
者」とする規定を設けることも実際的な選択肢として考えられることである。

　では、次に、ここで検討した 2 つの点、すなわち、人権条約のノン・ルフ
ールマン原則および武力紛争の状況を「補完的保護」に結び付けている例と
して、EU についてみておきたい。

3　EU の補完的保護

　本章 1 でみたように、補完的保護の制度をもつ国は少なくないのであるが、

---

7)　アメリカの場合は、「その国で進行中の武力紛争が、そのような紛争のために、当該国の国
　民である外国人に自国への帰還を求めることがその者の身体的安全に重大な脅威を与えるであろ
　う」ことがその要件である。EU については、後述。

その中でなぜEUをとりあげるのか、はじめに確認しておきたい。理由は複数あるが、まず、EU法が構成国の議論を通じて形成されたものであることがあげられる。同じ欧州諸国であっても、特に移民や難民の問題に関しては立場や利害関係が大きく異なっている。それら複数の国々の議論によってどの構成国も受け入れられるものとしてつくられた法であるため、比較的他の国にも受入れ可能なものとして参考になる側面があると思われるからである。さらに、EU法は欧州共通庇護政策の下で、すべての構成国が同じように行動できるように、法の規定が詳細になされていること、それに加えてEU司法裁判所によって解釈が統一されていくことにより、法が比較的明確であることがある。最後に、EUは基本権憲章をもち、また欧州人権条約もEU法として取り入れられているため、人権保護という視点を持ち合わせていることも、EU法を比較的安心して参照できる要素である。

　EU法は日本では一般にはあまりなじみのない法かもしれないが、上述した2014年の『難民認定制度の見直しの方向性に関する検討結果（報告）』の中でも、参考になる制度として言及されていた。以下、関係するEU法についてみていこう。

(1)　資格指令

　EUの補完的保護（subsidiary protection）は、「資格指令」（Council Directive 2004/83/EC）と呼ばれるEU法に規定されている。EUは構成国の庇護法の調和化を進めており[8]、「資格指令」はその中の1つとして、国際的保護、すなわち難民または補完的保護について、EU構成国での統一的な地位と保護の内容を定めたものである。

8）　EUでは、「ダブリン規則」によって、域内で申請された難民審査は、構成国の中の1か国のみで行うというルールが設けられている。その1か国がどこであるかは同規則で定められた基準にしたがい決定され、申請者が自ら選べるわけではない。その際に、構成国間で難民認定のための判断基準や審査手続が異なると、申請者は自分にとって有利に働くであろう国で審査を受けようとして、EU内の移動を試みることが考えられる。それを防止するために構成国間での庇護法を調和させることが必要になる。しかし、実際には、依然として「庇護のくじ」の状況があることがNGOから報告されている。

　統一的な地位とはいうものの、本指令の目的は、すべての構成国において国際的な保護を受けられる人に最低限の利益（benefit）を確保することであり（前文 para. 12）、構成国は、この指令に規定されるものよりも有利な規定を定める権限をもつ（前文 para. 14および第 3 条）ため、実際には、構成国間で保護のレベルは同一というわけではない。また、国際的保護の必要のためではなく、同情的または人道的な理由により裁量に基づいて構成国にとどまることを認められた第三国国民または無国籍者はこの指令の範囲外である（前文 para. 15）ため、構成国は難民としての保護と補完的保護に加えて、その国独自の人道的保護を国内法で定めることができる。以上のことを頭に入れて、EU の「補完的保護」とはどのようなものか、みていこう。

(2)　3 種類の「重大な危害」

　前文によると、補完的保護は、難民条約が規定する難民の保護に補完的、追加的なものであり（para. 33）、補完的保護の資格の認定のための共通の基準は、人権文書の下での国際的義務または構成国で現に存在する慣行から引き出されるべきもの（para. 34）とされている。

　そして、「補完的保護の資格を有する者」とは、「第三国国民もしくは無国籍者で、難民としての資格をもたないが、その者に関して、当該人物が、彼もしくは彼女の出身国に、または、無国籍者の場合は、彼もしくは彼女の以前の常居所に戻ったならば、第15条に定義される重大な危害を被る現実的な危険に直面するであろうと信じるに足る十分な理由が示された人であって、第17条 1 項および 2 項が適用せず[9]、その国の保護を利用できないまたはそのような危険のために利用を望まない人」である（第 2 条(f)）。そして、第15条は「重大な危害」として、(a)死刑または死刑執行、(b)申請者に対する出身国での拷問または非人道的もしくは品位を傷つける扱いもしくは刑罰、(c)国際的または国内的武力紛争の状況における無差別的な暴力による文民の生命または身体に対する重大かつ個別の脅威、の 3 つをあげている。

---

9)　第17条とは一定の罪を犯した人や安全保障の観点から補完的保護の対象から除外される場合に関する規定である。

このうち、前の2つは、前文がいう「人権文書からの国際的義務」から引き出されるものであり、(a)は欧州人権条約の第6議定書（死刑廃止）、(b)は同条約の第3条（拷問等の禁止）に対応している[10]。(b)は自由権規約の第7条にも同様の規定があるので、日本にいる人々にも理解がしやすいだろう。他方で、(a)の死刑に関しては、自由権規約第2選択議定書が禁止を定めているものであるが、日本は同議定書には加入していない。ただし、近年は自由権規約第6条の「生命に対する権利」に基づいてノン・ルフールマン原則が適用されるようになってもいる（詳細は第3章を参考のこと）。たとえば、日本で死刑判決を受けることが確実であろうと思われる人が、日本から死刑廃止国に逃げたとしたら、受入れた国はその人を死刑にはしないという保証なしに日本にその人を引き渡してはならないということであり、それがEUの構成国であれば、その人はそこで「補完的保護」の地位をえる、ということとになる。

　このように、(a)(b)が既存の人権条約と結びついていたのに対して、(c)は既存の基準によるものではない。起草時にこれを提案した欧州委員会の意図は、この条項によって個人が出身国から避難を余儀なくさせられてそこに戻ることができない状況をカバーすることであり、理事会での議論を経て現在のものになった。その議論の中では、たとえば、「重大かつ個別の脅威」の代わりに「著しい現実的な脅威（significant real threat）」の文言を用いる提案や、生命や身体の保全のみではなく「恣意的拘禁からの自由」も含める提案、元戦闘員を除外するために「文民」を削除する提案、「無差別的」、「国際的および国内的な武力紛争」、「個別の」という表現に対する意見など多くの争点が出されていた[11]。このことからわかるように、(c)はあらかじめ構成国間での合意があった基準ではないこと、そして、既存の人権文書の焼き直しではないために参照すべき欧州人権裁判所の判例などがないことか

---

10)　ただし、(a)については、欧州人権条約第6議定書では平時に限定されていること、(b)については、本指令では「出身国での」という文言が加わっていること、という点で、資格指令第15条と各人権条約の対応する条文の間には差異がある。

11)　Kay Hailbronner and Daniel Thym, *EU immigration and asylum law: a commentary*, pp. 1234-1237.

ら、(c)の解釈には困難がともなっている。

(3) 「国際的または国内的武力紛争の状況における無差別的な暴力」と個別性

その中でも最も大きな論点となるのが、危害の個別性の問題である。すなわち、(c)の文言中に「個別の脅威」という表現が使われているが、前文の第26段落には、「ある国の住民または住民の一部が一般的にさらされている危険は通常それ自体で重大な危害と認められる個別の脅威を創り出さない」と書かれている。他方で、「無差別な暴力」という表現は、個別性を問題としないかのようにも読める。(a)(b)は既存の人権条約の下で個別の個人の状況について判断がされてきた問題であるが、(c)の適用を考えるときには(a)(b)とは異なる考え方でアプローチをするべきなのであろうか。

この問題について、2009年の EU 司法裁判所のエルガファジ判決（Case C-465/07）が一定の指針を示した。同判決は、次のようにいう。前文の第26段落は「通常」という文言を用いて例外を認めている。第15条(c)の適用においては集団的要因がかなりの役割を果たすのは確かであるが、当該人物が、他の人々のように、国際的または国内的武力紛争の状況における無差別的な暴力の潜在的犠牲者の範囲（circle）に属しているという点において、それでもやはり、その規定は他の2つの状況との関連で一貫した解釈を前提としてるに違いなく、また、それゆえにその個別化を厳密に参照して解釈されなくてはならないというケースなのである。そして、申請者が彼の個人的な環境に特有の要因を理由に特別に影響を受けていることをより多く示すことができれば、彼が補完的保護の資格を得るために要求される無差別的な暴力のレベルはより低くなる（paras. 37-39）。

そして、結論部分において、「補完的保護の申請者の生命または身体への重大かつ個別の脅威の存在は、その申請者が、自分が、その個人的な状況に特有な要因を理由に特に対象とされているという証拠を提示することを条件とはしない」こと、そして、「発生中の武力紛争を特徴づける無差別的な暴力の程度が、──補完的保護の申請が出された権限ある国内当局またはそのような申請を却下する決定が付託された構成国の裁判所の評価では──非常に高いレベルに到達しているために、ある文民が関連する国家または関係す

る地域に戻れば、その者が当該国家の領域にいるというだけの理由で、第15条(c)に言及される重大な脅威の対象となる現実的な危険に直面すると信じるに足る実質的な理由が示される場合には、そのような脅威の存在は証明されたと例外的に考えられうる」と述べた（para. 44）。

　ここで読み取れることは、武力紛争時の個別性の判断の仕方である。EUの補完的保護の場合、3種類の「重大な危害」の判断は、一貫した解釈という点から、いずれも特定の個人が対象となっているという個別性が必要とされる。しかし、武力紛争の状況下で無差別な暴力の程度が非常に高い場合は、そこにいるというだけで重大かつ個別の脅威があるものと考えられる、すなわち、個別性の要件が満たされている、ということである。加えて、申請者が特に自分がターゲットにされているという証拠を提示する必要もないので、客観的に無差別な暴力の程度が非常に高いと判断できるところから逃れてきた人たちは、自動的に補完的保護を与えられるということとなる。文言としては個別性が求められているが、実質的には不要なものとなっているということだ。この考え方は、日本のやり方、すなわち、難民条約で規定される5つの理由以外での迫害を受けるおそれという観点から、補完的保護対象者に該当するか否かを判断する場合にも、参考にできるのではないだろうか。

(4)　保護の内容

　ところで、EUの補完的保護の内容はどのようなものなのであろうか？国際的保護（難民としての保護と補完的保護をあわせた呼び方）の内容として資格指令に規定されている事項を列挙すると、ノン・ルフールマンからの保護、地位の決定後可及的速やかに権利義務について理解できるまたは合理的に理解できると考えられる言語で告げられること（情報へのアクセスを含む）、家族の一体性の維持、居住許可、旅行証明書、雇用へのアクセス、教育へのアクセス、資格の承認手続へのアクセス、社会福祉、ヘルスケア、保護者がいない子どもに関する措置、住居へのアクセス、構成国内での移動の自由、統合のための施設へのアクセス、帰還を望む者への援助、である。

　これらのうち、難民と補完的保護で違いがあるものは何であろうか。実は、2011年に採択された資格指令は2004年の指令を改正したものであるが、難民

としての保護と補完的保護の内容の差は改正前より少なくなっている。改正案の提案時に、欧州委員会は次のように説明した。「補完的保護が導入されたとき、この地位は一時的な性質のものだと想定されていた。」「しかしながら、これまでに得られた実際の経験は、この当初の仮定が正しくなかったことを示してきた。したがって、もはや必要かつ客観的に正当化できると考えることができない補完的保護の受益者の権利のいかなる制限も取り除くことが必要である。」[12]

　その結果、現指令の下で補完的保護に関して特に言及がされているのは、居住許可（難民とその家族は最低3年間有効で更新可能、補完的保護とその家族は最低1年間有効で更新可能）および社会扶助（補完的保護の場合は中核的なものに限定することが可能）のみである。ただし、家族の統合に関しては、少し複雑である。すなわち、資格指令の中では補完的保護を難民と区別する文言はないが、第三国国民全般の家族統合に関する詳細なルールを定めている「家族統合指令」（Council Directive 2003/86/EC）という別の法があり、そこでは、補完的保護と難民は同じようには扱われてはいない。しかし、家族統合指令は資格指令がはじめて出された2004年より1年前の2003年に採択されたものであるという事情がある。委員会は2014年に出したガイダンスで、家族統合指令は第2条(2)で補完的保護の地位をもつ者を適用から除外しているが、構成国に権利を否定する義務を課しているとは解されてはならないと述べ、補完的保護を受ける人の人道的な保護の必要性は難民とは異なるものではなく、難民と類似の権利を与えるルールを適用することを促している[13]。しかしながら、NGOの調査によると、このあいまいな法的状況が、いくつかの構成国で家族統合に関して補完的保護の場合に与えられる保護を難民よりも低くする動きをもたらしている。2015年の欧州難民危機の後に補完的保護の場合の家族統合を排除したり難民よりも厳格化したりする措置をとった国もあり、たとえば、ドイツは2016年3月から2018年3月まで補完的保護を

---

12)　COM（2009）551 final, p. 8.

13)　COM（2014）210 final, pp. 24-25.

14)　European Council of Refugees and Exiles, 'Refugee rights subsiding? Europe's two-tire protection regime and its effect on the rights of beneficiaries', 2017, p.17.

得た人の家族統合を制限することを決めた[14]。

おわりに

　日本は「補完的保護」という法的な仕組みを整え、国際的な保護を必要とする人の保護に関してこれまでより一歩前進した。今後は、補完的保護の対象者について、さらに検討していく余地があるだろう。また、武力紛争下で非常に高度なレベルの無差別的な暴力の状況から逃れてきた人に対しては、実質的に個別性を求めないなど、他国の考え方も参考にしてほしい。

　他方で、本来「難民」として認定すべき人を「補完的保護対象者」として認定することがないように注意する必要がある。再び上記の NGO の調査によると、ドイツでは、欧州難民危機の時にシリア人に与えた保護の形態が、2015年には補完的保護の割合は0.06％に過ぎなかったのが、2016年には42％となった。その結果、補完的保護を受けている人から難民の地位を認められなかったことに対する訴えが増加したが、ほとんどのドイツ行政裁判所と高等行政裁判所が、シリア人は難民の地位を有することを認めたということである[15]。本来難民と認定されるべき人を補完的保護の形態で受け入れた理由は、上述したように、同国はこの時期に補完的保護の場合に家族統合を制限していたからであろう。このように、難民と補完的保護の保護内容が異なる場合、本来難民と認定されるべき人をより厳しい待遇で受け入れるために補完的保護が利用されることはあってはならない。日本では、どちらも定住者の在留資格が付与されるので、家族の呼び寄せや就労という点では待遇に差はないはずであるが、それ以外の問題で、今後、難民に何かの利益をあたえるが補完的保護対象者は排除されるという制度がつくられないとはいえないため、気にとめておきたい。

15)　　Ibid., p.13.

第7章
帰国したくない人を罰する？
——退去を拒む人への刑事罰の導入

安藤由香里

はじめに

　入管法改正案が議論されていた時に、「送還忌避者」とは、聞きなれない言葉だなと思った方もきっといるだろう。国会質疑の議事録（内閣参質200第84号令和元〔2019〕年12月13日）によると、「『送還忌避者』は、法令上の用語ではないが、出入国管理の実務上、退去強制令書の発付を受けたにもかかわらず、自らの意思に基づいて、法律上又は事実上の作為・不作為により本邦からの退去を拒んでいる者を指して用いている。」と回答されている。このように、法令上の用語でない「退去を拒んでいる者」が「送還忌避者」であり、そのことに罰則を科すのが「送還忌避罪」である。第3章で見たように、改正入管法では2回目以降の難民申請は原則として認められなくなったので、2回目の申請で不認定となった者は送還の対象となるが、極めて難民認定率の低い日本においては、送還されれば、生命・自由が危険にさらされると主張した場合、これらの難民不認定となった者もこの「送還忌避者」に含まれている点が重大である。もし自分がその立場だったら皆さんはどうするだろうか。難民不認定となっても、生命・自由が危険にさらされる危険性がある国へ帰ろうとはせずに、難民申請を繰り返すだろう。このような罰則制度は、難民として保護されるべき人が、保護される制度がしっかり整ってから、濫用者をなくすために、施行すべき制度である。

　しかし、「送還忌避罪」のような入管法に違反する者の罰則化は、「犯罪」

（Crime）と「移民」（Immigration）を併せて、「（不法）移民の刑事罰化」（Crimmigration）と呼ばれており、近年、日本だけでなく、国際的にも同様の傾向がみられる。

　入管庁が2023年2月に、公表した『現行入管法の課題』のなかの出入国在留管理の現状①では、「日本人と外国人が安全・安心に暮らせる社会を実現するため、外国人への差別・偏見を無くし、人権を尊重することが必要」と明記されている。そのために、「外国人にもルールを守り、許可された在留資格・在留期間の範囲内で活動してもらうことが必要」であり、これに違反した場合は国外へ退去してもらうことが退去強制手続である。在留資格がない外国人は出身国に帰国することが原則である。入管庁も「入管法に定められた退去を強制する理由（退去強制事由）に該当し、日本から退去すべきことになった外国人の多くは、そのまま退去しますが、中には、退去すべきことが確定したにもかかわらず退去を拒む外国人（送還忌避者）もい」ると、明確に示しているように、大多数の人は「自主的」に帰国している。入管庁によると「退去を拒む」人が2021（令和3）年12月末時点で累計3,224人である。これらの人を罰則化したのが2023年改正入管法である。それでは、「退去を拒む」人を一律に罰則化することは正当化できるのであろうか。

　「退去強制令書により収容する者の仮放免措置に係る運用と動静監視について（通達）」（法務省警第263号、2015（平成27）年9月18日）の中で、当時の入管局長は、「退去強制令書により収容する者の仮放免措置に係る運用と動静監視について」として「傷病者はもとより、訴訟の提起・係属、難民認定申請中、旅券取得困難など」を「送還に支障のある事情」にあげている。「送還に支障のある」人に罰則を科すことが、本当に安心・安全に暮らせる社会の実現のために必要とされ、「外国人への差別・偏見を無くし、人権を尊重すること」につながるのであろうか。

1　罰則の創設

(1)　送還忌避罪から強制送還拒否罪へ

　2023年改正入管法では、「送還忌避」という言葉は使われていないが、「旅

券（パスポート）発給命令違反」「退去命令違反」について、以下のように罰則が規定された。

- 旅券の発給申請その他送還するために必要な法務省令で定める行為命令に違反した者は、1 年以下の懲役若しくは20万円以下の罰金又はこれを併科する。（第72条 5 号）
- 日本から退去する意思がないことを表明しており、送還先が退去強制令書の円滑な執行に協力しない国以外の国として法務大臣が告示で定める国に含まれておらず、退去命令に違反して本邦から退去しなかった者は、1 年以下の懲役若しくは20万円以下の罰金又はこれを併科する。（第72条 7 号）

『現行入管法の課題』のなかの出入国在留管理の現状①では、「退去を拒む自国民の受取を拒否する国の存在」も問題とされており、「ごく一部ではあるものの、退去を拒む自国民の受取を拒否する国があり、現行法下では、退去を拒む者をそのような国に強制的に退去させる手段がありません。」とされている。この「ごく一部」とは、入管庁が「イランは平成28年 1 月を最後に、我が国からの送還忌避者の送還を受け入れていない」と示しているようにイランを指す。イラン人自らが臨時パスポートの発付をのぞまない場合、イランは自国民に臨時パスポートを発行しないので、退去強制することは不可能である。

2023年11月20日時点で、「退去強制令書の円滑な執行に協力しない国」は、イランのみであり、上はイラン以外の国と読み変えることができる。かつてはベトナムおよびトルコも送還される本人が望まなければ臨時パスポートを発行しなかったが、技能実習生制度等にかかわる二国間協議の過程で方針が変わり、現在はベトナムおよびトルコは退去を拒む人へも臨時パスポートを発行するようになっている。

冒頭に述べた『現行入管法の課題』のなかの出入国在留管理の現状①では、難民認定手続中の者は送還が一律停止すること（送還停止効の例外については第 3 章参照）を最大の問題点としてあげている。そして「難民認定手続中の

外国人は、申請の回数や理由等を問わず、また、重大な罪を犯した者やテロリスト等であっても、退去させることができ」ず、「外国人のごく一部ではあるものの、そのことに着目し、難民認定申請を繰り返すことによって、退去を回避しようとする人がい」るとしている。これは難民保護の観点から、本末転倒である。今回の入管法改正の基本的な考え方の3本柱の第1番目の「保護すべき者を確実に保護する」ことよりも、「ごく一部の濫用者」を取り締まる方向に力点が置かれているからである。この点、難民保護に先進的な国であるカナダやニュージーランドの難民認定の専門家は、取り締まりに力点を置かない。それは、「ごく一部の濫用者」を取り締まろうとするあまりに、「保護すべき者を確実に保護できない」危険性が増すからである。難民認定の専門家にとっては、「保護すべき者を確実に保護」できない間違いは、「ごく一部の濫用者」が混ざってしまう間違いに比べて、取り返しがつかないからである。

　この考え方の差異は、「管理」を優先する仕事を行ってきた者にとっては、非常に難しく、「マインドセットを変えること」は容易ではない。入国審査官を長年経験した者が、難民調査官になるためには、相当な期間の専門研修を必要とする。

(2)　罰則化の立法事実は何か？

　何よりも、立法府の役割として、罰則を創設した過程で重大な問題点がある。入管庁が根拠の資料にあげている立法事実が、衆議院議員の法務委員会でほぼ議論されず、参議院議員の法務委員会の質疑の中でも、合理的な説明がなされず、十分な議論なしで採決された点である。入管庁が資料にあげていた「令和3（2021）年4月21日衆議院法務委員会　参考人質疑（難民審査参与員発言（概要））」には、特定のひとりの難民審査参与員の意見が、あたかも難民審査参与員全員がそう考えているような誤解を与える以下のような言葉ぶりがみられる。

　　・参与員が、入管として見落している難民を探して認定したいと思っているのに、ほとんど見つけることができません。

・ほかの参与員の方、約百名ぐらいおられますが、難民と認定できたという申請者がほとんどいないのが現状です。
・観光、留学、技能実習などの正規のビザで入ってきた後に、本来の目的から外れた段階で難民申請をするケースや、また、中には、不法滞在や犯罪で退去強制手続に入ってから難民申請するケースも多く（後略）
・難民の認定率が低いというのは、分母である申請者の中に難民がほとんどいないということを、皆様、是非御理解ください。

　このように、たったひとりの難民審査参与員の意見を一般化し、立法事実としたことは、立法府の非常に重大な瑕疵である。今後このようなことが再び起こらないように、ここで声を大にして指摘しておかなければならない。
　このような立法事実を根拠に、その対処手段として、送還をのぞまない人に、罰則を科して、刑務所に収監したり、20万円以下の罰金を科したりすれば、自国に自ら戻ることになるという考え方であろう。しかし、自国に戻れない理由がある者の中には、刑務所と入管収容施設を行ったり来たりする方が送還されるより、はるかにましであると考える者もおり、自国に自ら戻ることになるかは大いに疑問が残る。

2　退去強制の根拠

(1)　退去強制される人は誰か？

　退去強制の対象となる者は、入管法第24条（退去強制）に列挙されている。たとえば、正当な手続を経ないで入国した者、在留資格を取り消された者、オーバーステイ等である。
　2023年改正入管法では、出国命令の新設により、「第55条の2第1項の規定による命令により本邦から退去させることができる。」と出国命令の対象者が新たに加わった。
　第55条の2では、「主任審査官は、次の各号に掲げる事由のいずれかにより退去強制を受ける者を第53条に規定する送還先に送還することが困難であ

る場合において、相当と認めるときは、その者に対し、相当の期間を定めて、本邦からの退去を命ずることができる。この場合においては、あらかじめその者の意見を聴かなければならない。」と定めている。そして、第1項は「その者が自ら本邦を退去する意思がない旨を表明している場合において、その者の第53条に規定する送還先が退去強制令書の円滑な執行に協力しない国以外の国として法務大臣が告示で定める国に含まれていないこと。」と規定されている。

　入管庁のホームページでは、「退去強制令書が発付されると、入国警備官は、退去強制を受ける外国人に退去強制令書又はその写を示して、速やかにその外国人を送還しなければな」らず、「退去強制令書の発付を受けた外国人である「被退去強制者」を直ちに我が国から送還することができないときは、送還可能のときまで、その者を入国者収容所、地方出入国在留管理局の収容場その他法務大臣又はその委任を受けた主任審査官が指定する場所に収容することができる」と説明している。「送還可能のときまで」が長期収容の原因となっており、期限の定めのない収容は恣意的であると国連の各機関から非難されている。(収容については第8章参照)。

(2)　送還先の国はどこか？

　退去強制される者を送還する先の国は、原則、本人の国籍又は市民権を持つ国となる。しかし、それらの国籍国等に送還することができないときは、本人の希望によって以下の国が送還先の国となる（入管法第53条2項1号～6号）。

1　本邦に入国する直前に居住していた国
2　本邦に入国する前に居住していたことのある国
3　本邦に向けて船舶等に乗った港の属する国
4　出生地の属する国
5　出生時にその出生地の属していた国
6　その他の国

　しかし、現実的には、本人がいくら希望しても、その者を受け入れる国がなければ送還は執行できない。そして、そもそも送還できない先の国としてノン・ルフールマン原則に違反する国が明示されている（入管法第53条 3 項 1 号〜 3 号）。

　　1　難民条約第33条第 1 項に規定する領域の属する国（法務大臣が日本国の利益又は公安を著しく害すると認める場合を除く。）
　　2　拷問及び他の残虐な、非人道的な又は品位を傷つける取扱い又は刑罰に関する条約第 3 条第 1 項に規定する国
　　3　強制失踪そうからのすべての者の保護に関する国際条約第16条第 1 項に規定する国

　ノン・ルフールマン原則については（第 3 章参照）取り返しのつかない損害を避けるための非常に重要な人権規範である。

3　収容・送還に関する専門部会における検討

　送還できない人の罰則化の議論は、長期収容を解決する目的で開始された。2019年 6 月24日に、ナイジェリア人のサニーさんが、長崎の大村入管施設内で死亡した事件[1]があった。この事件の報告書である「大村入国管理センター被収容者死亡事案に関する調査報告」に基づいて、法務大臣の私的懇談会という位置づけで、2019年10月から収容・送還に関する専門部会が議論を開始した。退却を拒む人や収容の長期化を防止する方策やその間の収容の在り方を検討するためである。収容・送還に関する専門部会では、「送還忌避」について議論された。収容・送還に関する専門部会第 1 回会合の配付資料 3 「送還忌避者の実態について」の中に、退去強制手続の流れが図 7 - 1 で説明

1）　坂東雄介＝安藤由香里＝小坂田裕子「柚之原寛史牧師に聞く──被収容者支援の実態に関するインタビュー調査」商学討究71巻第 2・3 合併号（2020年）221-247頁。坂東雄介＝安藤由香里＝小坂田裕子「大村入国管理センターに聞く──被収容者支援の実態に関するインタビュー調査」商学討究71巻 2・3 合併号（2020年）249-264頁。

図7-1 退去強制手続の流れ

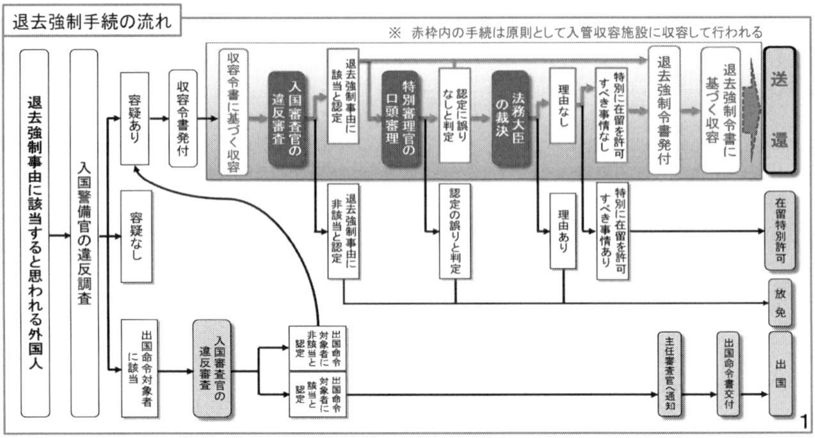

出所：出入国在留管理庁「送還忌避者の実態について」令和2年3月27日

されている。

収容・送還に関する専門部会第2回会合の配付資料3「送還に関する現状」の中で、被退去強制者が送還を忌避する主な理由として挙げられているのは以下である。

- ・難民主張：自分は難民である旨主張（※難民認定手続中の者の数とは一致せず）
- ・生活基盤：日本に生活の基盤がある
- ・同居等（日本人）：日本人家族（配偶者や子など）との同居や子の養育
- ・同居等（正規在留者）：正規在留者たる家族（配偶者や子など）との同居や子の養育
- ・訴訟係属：日本の裁判所に何らかの訴訟を提起し、係属中
- ・稼働：日本で稼働したい
- ・その他：日本人元妻との復縁 等

また、収容・送還に関する専門部会第2回会合の配付資料3「送還に関する現状」で、送還忌避者の国費送還の障害となっている主な事由として、

- ・送還先国の非協力（送還困難国）

送還を忌避する被退去強制者について、その受入れを拒否する国や、駐
日大使館が臨時旅券の職権発給に応じない国などが存在

・難民認定手続中の送還停止効

難民認定手続中は送還が停止されることから、この事情を知っている者
が制度を濫用

・訴訟提起

訴訟係属中の者に対しては、裁判を受ける権利に配慮して、裁判の終結
までの間、事実上、送還を行わない運用

・送還妨害行為

被退去強制者が定期就航便の機内で大声を出すなどの迷惑行為に及び、
機長の判断により搭乗を拒否されるなどして、送還の実現が不可能にな
るものが一定数存在

・仮放免中の逃亡

被退去強制者が仮放免中に逃亡して所在不明になることにより、送還の
実現が不可能になるものが相当数存在

　これらをあげて、入管庁は、「濫用・誤用的な難民認定申請により送還が
不可能となる点については、現行法上の対応が困難である。」と主張した。
　入管庁は、ホームページで「送還妨害行為による航空機への搭乗拒否」と
して、「航空機の中で暴れたり、大声を上げたりする人」については、「他の
乗客や運航の安全等を確保するため、機長の指示により搭乗拒否されるので、
退去させることが物理的に不可能」になることも罰則化の根拠としてあげて
いる。この点、国際法委員会の外国人の追放に関する条文案のコメンタリー
では、「国際法の規則」の一例として、国際民間航空条約（シカゴ条約）およ
び同第9付属書を挙げている。本規定は、入管収容一般ではなく、送還を行
う航空機内において、被追放者が拘束されている場合に適用することを意図
したものである。とりわけ、シカゴ条約第9付属書の「5.2.1　入国拒否さ

<hr>

2）　北村泰三＝安藤由香里＝佐々木亮「国際法委員会「外国人の追放に関する条文草案」の研究
（3・完）」比較法雑誌56巻1号（2022年）29-30頁。

れた旅客や送還される者が管理下にいる間、担当の国家公務員は、その者の尊厳を維持し、尊厳を侵害するおそれのある行為をしてはならない。」と定めており、退去強制時に、国家公務員である入国警備官が、人間の「尊厳」を守る義務があることを明らかにしており、非常に重要な規定である[2]。

第4回会合資料5「部会第2回、第3回の主な意見要旨」によれば、「退去強制令書が発付されたものの本邦から退去しない行為に対する罰則の創設について」以下の意見があった。
　〔反対論〕
　退去しない理由が相当か否かを判断することは困難である上、被送還者が飛行機等の中で護送を妨害する行為に対しては公務執行妨害罪等による対応も可能であるので、罰則を創設する必要はない。
　命令制度については、命令を発するか否かの判断が困難であることから、少なくともその判断に裁判所を関与させるべき。
　〔賛成論〕
　外国人が本邦から退去しない理由は様々であり、一律に罰則を設けることは適当ではないが、退去しない理由を考慮の上、退去を命じることができるという制度を設け、併せて、命令に従わない行為に対する罰則を設けるべき。
　既存の刑罰（公務執行妨害罪、業務妨害罪等）での対応は困難な場合がある。

第6回会合資料3「これまでの議論において提案された（主な）方策等（案）」によれば、退去強制令書が発付されたものの本邦から退去しない行為に対する罰則の創設について以下の意見があった。
　・退去しない理由を考慮の上、退去を命じる制度と命令違反者に対する罰則の創設
　・退去命令による退去義務の履行を確保するための執行罰の利用
　・渡航文書の申請を命じる制度と命令違反者に対する罰則の創設

表 7-1　送還忌避理由別の人数及び割合

送還忌避理由別の人数及び割合 (速報値)

	実人数 (割合)	家族同居		子の養育		難民認定 手続中	生活基盤	稼働	訴訟 係属中	その他	延べ人数
		家族が 日本人	家族が 外国人	子が 日本人	子が 外国人						
収容期間 6月未満（人）	196 (30%)	61		44		89	39	8	17	33	291
		27	34	19	28						
収容期間 6月以上（人）	453 (70%)	118		79		302	81	11	58	47	696
		47	71	32	47						
総数 （割合）	649 (100%)	179 (28%)		123 (19%)		391 (60%)	120 (18%)	19 (3%)	75 (12%)	80 (12%)	987 (152%)
		74 (11%)	105 (16%)	51 (8%)	75 (12%)						

出所：出入国在留管理庁「参考資料（令和元年12月末現在の退令被収容者数・被仮放免者数等）」
令和 2 年 2 月17日

　第 7 回会合の配付資料 3 「参考資料（令和元年12月末現在の退令被収容者数・被仮放免者数等）」の中に、送還忌避理由別の人数及び割合（速報値）の以下の表 7-1 が提示されている。

　そして、収容・送還に関する専門部会は、最終報告書として、2020年 6 月に「送還忌避・長期収容問題の解決に向けた提言」を発表した。その中に、「退去強制令書が発付されたものの本邦から退去しない行為に対する罰則の創設」が以下のように、提言された。

　　⑦渡航文書の発給の申請等の一定の行為を行うよう命ずることや、⑦一定の期日までに退去するよう命ずることにより渡航文書の発給申請等や退去を義務付ける制度を創設するとともに、これらの義務の履行を確保するため、命令違反に対し罰則を定めることを検討すること。

　このような命令制度の創設を検討するに当たっては、送還を停止すべき難民認定申請者に義務が課されたり、罰則が科されたりすることがないことを明確に規定するほか、命令の対象が、被退去強制者一般ではなく、退去させるに当たり、罰則による間接強制を伴う退去義務を課すこと

が真に必要となる者に限定されるようにするため、前記(2)①の確認を含め、命令発出の判断において、その者が送還を拒んでいる事情を適切に考慮するための手続や仕組みを工夫すること。

　そして、上の提言については以下のような検討がなされている。

　提言中㋐（渡航文書の発給の申請等の一定の行為を行うよう命ずる制度）について、「当該制度を創設すべきではない旨の反対意見が維持されたことから、そのような少数意見があったことを明記しつつ、渡航文書等の申請命令や罰則を創設すべきことを提言することとした。」そして、「迫害の危険性がある出身国への申請を行うよう命ずることへの懸念については理由があると考えられることから、そのような懸念が現実化することのないよう、対象が適切に限定される制度とするほか、命令の対象を適切に判断する仕組み等を工夫することも併せて提言する」と「迫害の危険性がある国」への命令にならないように「適切に判断する仕組み」も提言されている。

　提言中㋑（一定の期日までに退去するよう命ずる制度）について、「退去強制令書の発付を受けた者に対する自発的な出国を促すための措置と併せて、退去強制令書が発付されたものの本邦から退去しない者に対する罰則を定めるべき」とされた。しかし、一部の委員からこれに強く反対する意見があり、様々な議論がなされた様子がうかがえる。たとえば、「刑罰を科しても、刑務所と入管収容施設を行き来する状況を作り出すに過ぎず、刑罰の実効性があるとは考えられない。」という反対意見に対し、「刑務所と入管収容施設とでは、刑務所の方がはるかに規律が厳しく、罰則による効果が乏しいとの指摘は当たらない。」との反論がなされた。

　この提言について後に国会で質疑がなされている。たとえば、「送還忌避・長期収容問題の解決に向けた提言」のうち送還を促進するための措置の在り方に関する質問主意書（内閣衆質202第6号令和2〔2020〕年10月2日）では、櫻井周衆議院議員が、「『送還忌避・長期収容』が問題化する背景には、強制退去令書の発付を受けた者の中に、本邦で生まれ育った者、本邦に家族を有する者及び本国において迫害の危険がある者など、母国に帰国することが困難な者が相当数存在することが挙げられる。この者らは、退去を強制さ

れても行き先がないため、非正規滞在という形になっても、収容された状態もしくは仮放免された状態で本邦に在留し続けることになる。この問題を政府はどのように認識しているか。」と質問した。それに対し「退去強制を受ける者は、入管法第53条 1 項に定める国に送還することができないときは、本人の希望により、同条 2 項各号に掲げる国のいずれかに送還されるものとするとされており、御指摘の「退去を強制されても行き先がない」者に該当するものはなく、「前項の問題の根本的な解決にならない」との御指摘は当たらないと考えている。」と答弁がなされている。国際人権法の観点から重要な「子どもの最善の利益原則や家族の結合については全くふれられていない。既に述べたように本人が希望しても、受入れ国がなければ送還できないので、退去を強制されても行き先がない者はいるため、事実ともかみ合ってない。

4　国際社会からの批判

　2021年改正入管法案で罰則化が公表された時点で、UNHCR は、「第 7 次出入国管理政策懇談会「収容・送還に関する専門部会」（専門部会）の提言に基づき第204回国会（2021年）に提出された出入国管理及び難民認定法の一部を改正する法律案に関する UNHCR の見解」2021年 4 月 9 日のパラグラフ56で「新設される改正法案第55条の 2 第 1 項第 1 号および第 2 号の規定により、入管庁は、退去強制の施行が困難な者に対して退去命令を発出できるようになる。このような者には、自ら日本を退去する意思がない旨を表明している者や、偽計または威力を用いて送還を妨害したことがあり、送還に際して再び同様の行為に及ぶおそれがある者が含まれる。また、新設される改正法案第52条第12項に基づき、入管庁は、退去強制令書の発付を受けた者を送還するために必要がある場合、その者に対し、旅券の発給の申請その他送還するために必要な行為をすべきことを命ずることができる（以下「旅券発給申請命令等」）。これらの命令に従わない者は、 1 年以下の懲役もしくは20万円以下の罰金に処される。」ことに懸念を示した。

　また、移住者の人権に関する特別報告者、恣意的拘禁作業部会、および宗

教または信条の自由に関する特別報告者は、2023年4月18日に「今回の法案
では第55条の2第1項と第72条8号が維持され、出国を拒否した者に対して
は退去命令が発出されると規定し、違反した場合に科される1年以下の懲役
または罰金などの2021年の旧法案で提案された罰則が維持されている（法案
第72条8号）」と懸念を示した。

5　帰国できない理由は何か？

　入管収容施設で、長期収容されている人は、なぜ帰国できないのであろう
か。その理由は、入管庁の資料をみても、人によって様々であるが、大きく
分けて、①難民申請者、②無国籍者、③日本と非常に深い結びつきがある人
に分けられる。

　まず、①の類型であるが、日本で難民申請中であるため、出身国で迫害を
うけることをおそれて帰国できない者がそれに該当する。自国に戻れば、自
由または生命の危険がある場合、ノン・ルフールマン原則を侵害し、帰りた
くても帰れないことは容易に想像つくであろう。しかし、難民申請をしても
難民として認められなかった場合、受入れ国家から見れば、難民ではないの
に、帰国せず、難民申請手続を濫用する不届き者とみられることになる。こ
れらの人が何度も難民申請を繰り返すために、送還することができないとし
て「送還停止効の例外」が創設されたことは第3章で見たとおりである。こ
のように、帰国できない人と送還停止効の例外は密接につながっている問題
であり、ノン・ルフールマン原則の違反となる可能性が高いのである。

　次に②の類型は、無国籍状態になっている者である。無国籍には事実上の
無国籍と法上の無国籍がある。ロヒンギャは、日本の公式書類では、ミャン
マー国籍となっており、退去強制先の国もミャンマーである。しかし、1982
年ビルマ国籍法第3条は、「カチン、カヤー、カレン、チン、ビルマ、モン、
ラカイン、シャンなどの諸民族および西暦1823年以前から国内に永住の地と
して定住していた諸民族は、ミャンマー国民である。」としてロヒンギャを
ミャンマー諸民族に列挙しておらず、ミャンマー国籍取得を認めていない。
そのため、事実上の無国籍状態に陥っており、帰るべき祖国を持たない民族

である。事実上の無国籍とは異なり、法上の無国籍とは、そもそも書類を持たない人である。通常は外国に滞在する者は自国の大使館や領事館に子どもが生まれると出生届を提出する。しかし、両親が難民申請者であると、迫害をする主体である自国の大使館や領事館に近寄ることは大変危険である。すると子どもの出生届は提出されず、無国籍状態になってしまう。「帰るところがない」と述べる難民申請者二世の子どもがこれに該当する。

　さらに、③の類型は、親に連れられて幼い時に日本に来たり、日本で生まれたりしたが、親がオーバーステイで在留資格を失った等で在留資格を持っていない子どもである。それらの子どもたちは、日本で教育を受けて、学校生活等の人生の大半を日本で過ごしている者である。彼ら・彼女らの多くは、日本以外の国を知らず、言葉は日本語で教育、生活しており、国籍国よりも日本との結びつきの方がはるかに強いのである。このような子どもたちの保護策が日本初のアムネスティーとして、2023年9月に法務大臣は「送還忌避者のうち本邦で出生した子どもの在留特別許可に関する対応方針について」を公表した。これによって、一定条件の子どもとその監護者である親に在留資格が付与されることになったことは、問題を残しながらも、一歩前進である（詳細は第11章参照）。

　また、日本に配偶者や子どもが暮らしているために日本から離れたくない者がいる。大村入管で死亡したサニーさんも子どもが日本にいるため、少しでも子どもの近くにいたいと送還をのぞまず、入管収容施設に長期間収容されていた事例である。

6　他国の状況

　それでは、他国ではこのような人に対してどのような対応をしているのだろうか。主な諸外国で退去しない者等に対する罰則をまとめたのが表7-2である。拘禁刑・罰金を科す国もあるが、長期収容問題を解消し、迅速な退去強制手続につながるかについては懐疑的である。

表7-2　諸外国における退去しない者等に対する罰則

米国	退去期限内に故意に退去しなかった者（4年以下の拘禁刑又は（及び）罰金） 出国に必要な渡航文書等の申請を故意に行わなかった者（4年以下の拘禁刑または罰金）
カナダ	渡航証の申請を行わない者に罰則はない。ただし、協力の欠如で収容することができる。
英国	内務大臣から送還のために渡航文書を取得するための行動をとるよう要請され、合理的な理由なく従わない者（2年以下の拘禁刑又は（及び）罰金） 退去強制実施中の航空機等から不法に上陸した者（6月以下の拘禁刑または（および）罰金）
フランス	領土退去義務または国外追放の執行を免れまたは免れようとした者（3年以下の拘禁刑） 領土退去義務または国外追放を執行するための渡航証を提出しなかった者（3年以下の拘禁刑） 渡航証がない場合に、領土退去義務又は国外追放の執行のために必要な情報を提供しなかった者（3年以下の拘禁刑）等
ドイツ	渡航証を有さない外国人は罰則に該当する。ただし、ドイツ発行「代替文書」（第三国への出国は不可）（住民法95条1項）取得可能。
オーストラリア	不見当
ニュージーランド	渡航証の申請を行わない者に罰則を科すことができる。ただし、罰則が科されることはほぼない。
韓国	不見当

出所：出入国在留管理庁「収容・送還に関する専門部会」第4回資料3「諸外国における送還・収容に関する法制度」令和元年12月12日を基に筆者作成。

7　在留特別許可の制限

　また、罰則化の強化という意味で、在留特別許可にも制限がかかるように明文規定が新設された。法務大臣の裁決の特例（第50条）は、退去強制対象者に法務大臣が在留特別許可を出すことができる旨を定めている。2023年改正入管法で、「無期若しくは1年を超える拘禁刑に処せられた者（刑の全部の執行猶予の言渡しを受けた者及び刑の一部の執行猶予の言渡しを受けた者であってその刑のうち執行が猶予されなかつた部分の期間が1年以下のものを除く。）又は第24条第3号の2、第3号の3若しくは第4号ハ若しくはオからヨまでのいずれかに該当する者である場合は、本邦への在留を許可しないことが人道上の配慮に欠けると認められる特別の事情があると認めるときに限る。」

が新設された。運用が始まってみないとわからないことではあるが、この新設された条項によって、事案を検討しないで自動的に在留特別許可が制限された結果、「旅券（パスポート）発給命令違反」や「退去命令違反」で罰則が科される負の連鎖が起こらないように、事案ごとに在留特別許可を検討する必要性がますます高まったと言えよう（第11章参照）。

おわりに

　以上見てきたように、退去を拒む人に罰則を科すことは、収容・送還に関する専門部会で、長期収容を解決するために検討が始まった。最終的に、国会では、ほぼ専門部会の提案に沿うような形で法改正が行われた。しかし、退去強制をされる者にパスポート発給申請や日本からの退去を命ずる制度および命令違反に対する罰則の創設を検討する提言は、難民申請者を生命・自由が危険にさらされる国へ送還する引き金を引く危険性を秘めている。

　最初にすべきは「保護すべき者を確実に保護」する制度を構築することである。その運用が定着してから、難民申請者の「ごく一部の濫用者」を排除する制度を構築するべきであり、順序が逆である。真に「外国人への差別・偏見を無くし、人権を尊重する」ためには、外国人管理が先ではなく、難民保護が真っ先に来る必要があり、残念ながら2023年改正入管法の罰則化は難民保護に逆行している。

第8章
滞在する資格のない外国人はどうなる？
——入管収容

小坂田裕子

はじめに

　日本国籍を有する人は、当然に日本に滞在できる。しかし、日本に入国しようとする外国人は、短期滞在と永住者の場合を除いて、在留資格認定証明書を取得しなければならない（改正前の旧「出入国管理及び難民認定法」〔以下、「入管法」〕第7条の2）。日本に滞在する資格である「在留資格」のない外国人は、非正規入国者または非正規滞在者として退去強制事由に該当し（同第24条）、入国者収容所や地方入管局の収容所に原則として収容される。従来、日本では、逃亡の可能性の有無などを考慮した収容の必要性についての個別審査なく、在留資格のない外国人を原則として全て収容するという立場をとっており、それは全件収容主義とよばれ、人身の自由の重要性から収容は例外であることを求める国際人権法による批判にさらされてきた。

　また2019年末からの新型コロナウィルス感染症（COVID-19）流行前の日本では、6か月以上継続して収容されている長期収容者の数の増加が問題となっていた。入管法上、収容には、収容令書による収容と退去強制令書による収容がある[1]。収容令書によって収容できる期間は30日以内であるが、主任審査官がやむを得ない事由があると認めるときは、30日を限度として延長で

1）　収容令書による収容と退去強制令書による収容の違いについては、岸見＝髙谷＝稲葉、2023、47-48頁参照。

きる（同第41条）。これに対して、退去強制令書の場合は、「入国警備官は、……退去強制を受ける者を直ちに本邦外に送還することができないときは、送還可能のときまで」収容することができると規定していて、期限の定めがなく（同52条5項）、長期収容の原因となっている。

入管収容長期化の背景として指摘されるのが、近年における仮放免許可数の減少である。仮放免とは、請求又は職権により一時的に収容を停止し、身体の拘束を解く制度であるが、詳しくは第9章で見る。日本における長期収容問題は、被収容者が仮放免を求めて行うハンガーストライキを招き、その結果、2019年6月24日には、大村入国管理センターでナイジェリア国籍の男性が飢餓死する事件が起きた[2]。後で見るように、収容の期限を定めない日本の長期収容も、国際人権法に基づく批判の対象となってきた[3]。

こうした状況を背景に、法務大臣の私的懇談会である「第7次出入国管理政策懇談会」の第16回会合（2019年9月19日）で、「収容・送還に関する専門部会」の設置が決定された。同専門部会は収容の長期化の問題などを解決することを目的としており、この専門部会が2020年6月に出入国管理政策懇談会に提出した提言に基づいて、2021年および2023年に入管法改正案が作成、閣議決定を経て国会に提出された。本章では、まず入管収容で繰り返し行われてきた死亡・暴行事件と医療問題について概観した後、日本の入管収容制度および2021年と2023年の入管法改正案に対する国際人権法に基づく勧告などについて紹介する。これらの考察を通じて、改正入管法における収容制度の何が問題なのかを明らかにする。

1 繰り返される死亡・暴行事件および医療問題

(1) ウィシュマ・サンダマリさん死亡事件

被収容者に対する暴力、また死亡事件は古くから繰り返し行われている

---

2) 出入国在留管理庁『大村入国管理センター被収容者死亡事案に関する調査報告書』令和元（2019）年10月。

3) たとえば、大橋毅＝児玉晃一「『全件収容主義』は誤りである」移民政策研究創刊号（2009年）85-103頁。

が[4)]、その中には、入管職員による被収容者に対する暴力について国の責任を認める司法判断が出たものもある。たとえば、2017年7月12日に大阪入国管理局（現「大阪出入国在留管理局」）の職員たちが、トルコ国籍の被収容者男性に対して暴力を加えた事件で、2022年9月29日は、この事件の国家賠償請求訴訟（大阪地裁）で、国が謝罪し、和解金を支払う和解が成立した。また2018年4月17日には、東京入国管理局（現「東京出入国在留管理局」）の職員たちが、中国国籍の被収容者女性に対して暴力を加えた事件で、2020年12月3日、東京高裁は国賠法上違法な有形力の行使であると判示した。さらに2022年9月16日には、カメルーン国籍の被収容者男性が東日本入国管理センターで収容中に死亡したのは、体調不良を繰り返し訴えたのに入管側が放置したためだという国賠請求に対して、水戸地裁は「男性を緊急搬送すべきだった」と入管側の注意義務違反を認めた。

　入管収容での死亡・暴行事件については、現在、係属中の訴訟も複数あるが、中でも社会的な問題になったのは、スリランカ国籍女性であるウィシュマ・サンダマリさん（A氏）の名古屋出入国在留管理局（以下、名古屋入管）における死亡事件だろう。A氏の死亡事件の解明を求めた社会運動の盛り上がりもあり、2021年入管法改正案は、2021年5月に事実上の廃案となった。2021年8月に出入国在留管理庁が公表した調査報告書によれば[5)]、A氏は、「留学」の在留資格で入国したが、2019年1月に在留資格を失ってしまう。2020年8月19日に交際相手であるスリランカ人男性からドメスティック・バイオレンス（DV）の被害にあい、自ら交番に出頭して助けを求めたところ、不法残留により警察官に現行犯逮捕され、同月21日に退去強制令書の発布を受けて名古屋入管に収容された。当初、A氏はスリランカへの帰国を希望していたというが、元交際相手からスリランカでリベンジするという手紙（消印は2020年10月）が届き、日本在留を希望するようになった。2021年1月4

4）　東京弁護士会の外国人に関する委員会は、2022年1月に入管収容での死亡・暴行事件を含めた年表を公表している（東京弁護士会「入管収容問題に関する年表について」（2022年1月14日、https://www.toben.or.jp/know/iinkai/foreigner/news/post_17.html））。

5）　出入国在留管理庁調査チーム『令和3年3月6日の名古屋出入国在留管理局被収容者死亡事案に関する調査報告書』令和3（2021）年8月10日。

日にＡ氏は最初の仮放免許可申請書を提出したものの、同月16日に不許可処分がＡ氏に告知された[6]。１月中旬以降、Ａ氏は食欲不振、食後の胃痛、吐き気、しびれなどの体調不良を訴えるようになり、２月上旬以降は、自力では歩けないと訴え、車いすを利用したり、看守勤務者の介助を受けたりするようになった。2021年２月15日には、尿検査で「ケトン体３＋」という数値が出ており、これは「生体が飢餓状態にあること」を示唆したが、本人や支援者が求めていた点滴などの医療措置はとられなかった。その後、2021年３月６日にＡ氏が亡くなるまでに、Ａ氏が外部病院に運ばれたのは、同月４日の精神科受診の一度だけであった。

　ウィシュマさんの遺族は、国家賠償請求訴訟に加えて、名古屋入管の当時の局長をはじめとする複数の職員を殺人罪で起訴するよう求める告訴状を提出し、名古屋地方検察庁は殺人、保護責任者遺棄致死、業務上過失致死の三つの容疑で捜査したが、2022年６月に「死因や死亡に至る具体的な経緯を特定できなかった」などとしていずれも不起訴とした。遺族側は処分を不服として同年８月に検察審査会に審査を申し立て、同年12月26日に名古屋第一検察審査会は業務上過失致死容疑について不起訴不当とする議決書を公表した。議決書は殺人罪や保護責任者遺棄致死罪については検察の判断を妥当としたが、入管側が適切な対応を取っていれば救命できた可能性があるとし、業務上過失致死罪の成否を再検討するのが相当と結論づけた。これを受けて、名古屋地方検察庁は業務上過失致死容疑で再捜査していたが、2023年９月に当時の入管職員13人について再び不起訴処分（嫌疑なし）とすることが発表され、捜査は終結した。

(2)　入管収容施設における医療体制強化に関する提言と改正入管法

　Ａ氏の死亡事件に関する調査報告書は、医療体制についての問題点も指摘した。この調査報告書を受けて、「出入国在留管理官署の収容施設における

---

6)　DV 被害者であるＡ氏の仮放免不許可処分の問題については、安藤由香里「ウィシュマさんの死の背景と入管収容問題」国際法学会エキスパートコメント No.2022-7（2022年）3-4頁参照。

医療体制の強化に関する有識者会議」が設置され、2022年2月に同会議で取りまとめられた報告書「入管収容施設における医療体制の強化に関する提言」が出入国在留管理庁に提出された[7]。同報告書は、「入管収容施設における医療提供の在り方としては、庁内においては、初期診療に相当する医療を確実に提供し、それ以上の水準の医療を提供する必要が生じた場合には、適時に外部医療機関における診療を実施することにより、被収容者に対する医療を提供していくこととするべきである」と述べ、庁内診療体制の強化（常勤医師を中心に複数の医師による対応体制の構築、兼業を柔軟に可能とする法整備等による医師の待遇改善、看護師・准看護師の増員、医療従事者のための相談・フォロー体制の構築）、外部医療機関との連携体制の構築・強化、医療用機器の整備などを提案した。

　こうした提言もあり、改正入管法では、被収容者の健康および処遇改善の観点から、次のような規定が新たに導入された[8]。第1に、被収容者の健康及び収容施設内の衛生を保持するための措置を詳細に定めた（改正入管法第55条の37-46）。特に健康保持に関する規定が新設され、収容する側に対して、被収容者の心身の状況を把握する努力義務を課すとともに（同第55条の37）、被収容者に対する定期的な健康診断の機会の確保（同第55条の41）、医師による診療・医療上の措置に関する規定（拒食者に対する治療を可能にする規定を含む）が導入された（同第55条の42-43）。そして、これを実現するために、医師の兼業要件を緩和し、医師を確保しやすくした（同第55条の17）。第2に、健康状態を理由とする仮放免を明記した（同第54条）。第3に、収容施設内の規律・秩序を維持する権限の所在を明確化し、その限界点も定めた（同第55条の47-54）。第4に、人権尊重原則（同第55条の4）が明記され、処遇に関する不服申立て制度が新たに導入された（同第55条の68）。

　ただし、旧入管法においても適正処遇を定める規定は極めて簡潔であったものの存在していた（旧第61条の7）。問題はそれが十分に遵守されていなか

7）　出入国在留管理官署の収容施設における医療体制の強化に関する有識者会議「報告書『入管収容施設における医療体制の強化に関する提言』」令和4（2022）年2月28日。
8）　坂東雄介「書評 山村淳平『入管解体新書』（現代人文社、2023年）」法学セミナー826号（2023年）122-123頁。

ったことにある以上、本改正がなされたからといって、被収容者の置かれている劣悪な環境が直ちに改善されるという見方は楽観的に過ぎるだろう。いずれにせよ、この点に関する改正の効果を評価するには時期尚早である。

2　日本の入管収容制度に対する国際人権法に基づく問題指摘／勧告

(1)　人権条約機関による日本の入管収容に関する勧告

　以下では、日本が批准している主な人権条約の監視機関が入管収容の合法性についていかなる評価基準を有しており、政府報告書審査において日本に対してどのような勧告を行っているかについて概観する。政府報告書審査については、原則として最新分の勧告のみを引用する。

①自由権規約委員会

　自由権規約第9条は恣意的拘禁の禁止を規定する。自由権規約委員（以下、HRC）が2014年に採択した一般的意見35（CCPR/C/GC/35）は、第9条に関する解釈指針を示しており、次のように入管収容について言及している。

　　「入国管理の手続過程における拘禁は、それ自体が恣意的ではないが、当該拘禁は，諸事情に照らして合理性、必要性及び比例性があるとして正当性が認められなければならず、期間の延長の際には再評価されなければならない。違法に締約国の領域に入った庇護希望者は、その入国について記録し、主張を記録し、疑いがある場合には身元を特定するために、最初の短期間、拘禁されうる。彼らの主張の審理中もさらに拘禁することは、逃亡の個別的蓋然性、他者に対する犯罪の危険又は国家安全保障に反する行為の危険といった個人特有の特別な理由がない場合、恣意的になるだろう。決定に際しては、事案ごとに関連要素を考慮しなければならず、広範な類型の強制的なルールに基づくものであってはならない。また、決定に際しては、逃亡を防止するための報告義務、身元引受人又はその他の条件など、同じ目的を達成する上でより権利侵害の小

さい手段を考慮に入れなければならない。さらに、決定は、定期的な再評価及び司法審査を受けなければならない（para. 18）」。

　そして HRC による第 7 回日本政府報告書審査（2022年）では、「行政機関による収容に対する代替措置を提供し、入管収容における上限期間を導入するための措置を講じ、収容が、必要最小限度の期間のみ、かつ行政機関による収容措置に対して既存の代替措置が十分に検討された場合にのみ用いられるよう確保し、移住者が収容の合法性について判断する裁判所の手続に実効的に訴え出ることができるよう確保する措置を実施すること」という勧告を受けている（CCPR/C/JPN/CO/ 7 （2022), para. 33(e)）。

　また同審査において HRC は、「十分な医療支援へのアクセスを含む収容施設での待遇について、国際基準に従って、改善計画の策定を通じて、移住者が虐待の対象とならないことを保障するためにあらゆる適切な措置をとること」も求めた（*Ibid.*, para. 33(b)）。

②人種差別撤廃委員会

　人種差別撤廃委員会（以下、CERD）による第10・11回日本政府報告書審査（2018年）では、「委員会は、締約国が入管収容の上限期間を導入することを勧告し、庇護希望者の収容が最後の手段としてのみ、かつ可能な限り最短の期間で用いられるべきであり、収容以外の代替措置を優先するよう努力すべきとの、前回の勧告（CERD/C/JPN/CO/ 7‐9 、para. 23）を繰り返す」という勧告を受けた（CERD/C/JPN/CO/10-11 （2018), para. 36）。

③拷問禁止委員会

　拷問禁止委員会（以下、CAT）による第 2 回日本政府報告書審査（2013年）では、次のような勧告を受けた（CAT/C/JPN/CO/ 2 （2013), para. 9 ）。

　「(a)　移住者又は庇護希望者の収容および退去強制に関するすべての立法及び運用を条約第 3 条の下での絶対的な原則であるノン・ルフールマン原則に一致させる努力を継続すること。

　(b)　庇護希望者の収容は最後の手段としてのみ使われ、収容が必要な場合でも収容期間を可能な限り短くするようにし、退去強制を控えた収容の期間に上限を導入すること。

　(c)　出入国管理及び難民認定法に定められた収容以外の選択肢をさらに利用するようにすること。

　(d)　特に、収容所の効果的な監視ができるようにするための適切な資源及び権限を与え、収容された移住者又は庇護希望者からの不服申立てを受理し、審査することができるようにすることにより、入国者収容所等視察委員会の独立性、権限、効果をより強化すること」。

　なお、被収容者に対する暴力や医療措置へのアクセスの問題については、CAT の第 2 回審査では扱われていないが、第 1 回日本政府報告書審査（2007年）で CAT は、「上陸防止施設及び入管収容センターにおける収容の状況について、暴行、退去強制のための身体拘束装具の違法な使用、虐待、性的嫌がらせ、適切な医療措置へのアクセスの欠如に関し、数々の申立てがあること」、また「入管収容センター及び上陸防止施設に独立した監視制度が存在しないこと、特に、入管職員による侵害があった場合に被収容者が不服を申し立てる独立機関が欠如していること」に懸念を表明し、「入管収容施設における取扱いに関する不服申立てを二次的に審査する独立機関を、遅滞なく設置すべき」という勧告を行っていた（CAT/C/JPN/CO/ 1 (2007), para. 14）。

④子どもの権利委員会

　子どもの権利委員会（以下、CRC）による第 4 ・ 5 回日本政府報告書審査（2019年）では、次のような勧告を受けている（CRC/C/JPN/CO/ 4 - 5 （2019), para. 42）。

　「(a)　子どもに関連するすべての決定において子どもの最善の利益が第一に考慮され、かつノン・ルフールマン原則を守るよう確保すること。

　(b)　庇護希望者である親が収容されて子どもから分離されることを防

止するための法的枠組みを確立すること。

（c）　庇護希望者または移住者であって同伴者のいない子どもまたは保護者から分離された子どもの収容を防止し、このようなすべての子どもが入管収容施設から直ちに放免されることを確保し、かつこれらの子どもに保護施設、適切なケアおよび教育へのアクセスを提供するために、公的な制度の設置などを通じた即時的措置をとること」。

(2)　恣意的拘禁作業部会の意見書による日本の入管収容の問題指摘

　恣意的拘禁に関する作業部会（以下、WGAD）は、国連人権理事会の下に設置されているテーマ別手続の1つで、人権理事会の任命する5人の独立した専門家によって構成される。WGAD は、2020年9月25日付でトルコ国籍クルド男性のデニズさん（以下、B氏）とイラン国籍男性のサファリさん（以下、C氏）の拘禁に関する意見を公表した（A/HRC/WGAD/2020/58（2020））。本意見は、B氏とC氏の長期収容に関する通報に基づくもので、両氏に対する入管収容が自由権規約第9条などに違反する恣意的拘禁であるとの見解を示した。本意見は個別事例の判断に基づくものではあるが、日本の入管制度一般の問題も示唆しており注目される。

　第1に、本意見は、「『恣意性』の概念は、『法に反して』と同義に扱われるべきものではなく、より広範に解釈され、不適当、不公正、予測可能性の欠如、法の適正手続の欠如のほか、合理性、必要性、比例性の要素を含むものとされている」と述べ、「国内法で収容が認められていても、それが恣意的でありうる」ことを指摘する（para. 76）。その上で、本意見は、B氏とC氏に対する収容が、「収容の必要性を個別に評価した上での例外的な最終手段でなければならない」が、入管が両氏についていずれの評価も行っていないこと、また「国際法の下で義務づけられている収容の代替措置を検討したこともなかった」ことを問題にした（para. 76）。これらはB氏とC氏の収容に限定される問題ではなく、日本の入管収容一般の問題である。

　第2に、本意見は、B氏とC氏が「強制的な無期限収容に服することになる」が、「移住（出入国管理）手続中の個人の無期限収容は正当化できず、恣意的であること」を強調し、WGAD が「移住（出入国管理）手続の過程の

収容の最長期間は法律で定められなければならず、法律で定められた収容期間が満了すると、収容された者は自動的に放免されることを要求してきた」ことを確認する（para. 91、（　）内筆者）。先に見たように、退去強制令書による収容については、法律で収容の期限が定められていないが、無期限収容は自由権規約第 9 条 1 項で禁止される恣意的拘禁に該当することが明示された（para. 92）。

　第 3 に、本意見は「国際法で求められているように、時の経過による状況の変化に留意しながら、収容の合法性を継続的に確保するための定期的な司法審査も行われていない」ことも問題にしている（para. 89）。定期的な司法審査については、先に見た HRC の一般的意見35でも要求されているが、日本の入管収容では、B 氏と C 氏の例に限らず、一般的に行われていない。

　なお入管当局は、2021年 3 月31日に「令和 2 年 9 月28日付け送付の国連の恣意的拘禁作業部会による意見書に対する日本政府の対応」を公表し、WGAD の意見を事実誤認と主張している。

(3)　2021年および2023年入管法改正案に対する国際人権法に基づく問題指摘
①2021年入管法改正案に対する国連特別手続共同書簡

　移住者の人権に関する特別報告者、WGAD、宗教又は信条の自由に関する特別報告者、ならびに拷問及び他の残虐な、非人道的な又は品位を傷つける取り扱い又は刑罰に関する特別報告者が、2021年 3 月31日付で2021年入管法改正案（以下、2021年法案）に関する書簡を公表した（以下、2021年書簡）[9]。以下では、本書簡のうち、入管収容制度に関する指摘を概観する。なお、2021年入管法改正案で新たに導入された「監理措置」についての指摘は、全件収容主義の見直しといえるか、という論点にも関連するが、この点は次章第 9 章で扱うため、ここでは扱わない。

---

9)　The Special Rapporteur on the human rights of migrants; the Working Group on Arbitrary Detention; the Special Rapporteur on freedom of religion of belief and the Special Rapporteur on torture and other cruel, inhuman or degrading treatment or punishment, "Comments on Amendment Bill to the Immigration Control and Refugee Recognition Act of Japan", Reference: OL JPN 3 /2021, March 31, 2021.

第1に、2021年書簡は2021年法案が「移住（出入国管理）における収容令書の発付に対する司法審査を想定」していないことを問題視し（（　）内筆者）WGAD の改定審議結果第5号（A/HRC/39/45（2018），pp. 31-37）を引用して、「出入国管理手続の過程における拘禁を含むあらゆる形態の拘禁は、裁判官あるいはその他の司法当局によって指示および承認されなければならない」と述べている（p. 3）。また本書簡は、収容の合法性について被収容者に「自動的で定期的な審査へのアクセスが与えられるべき」とする（p. 3）。2 (1)で見たように、HRC は収容の合法性に関する定期的な司法審査を求めているが、WGAD はそれ以上に、収容の決定自体が裁判官または裁判所によって指示および承認されることを求めており、本書簡もその立場に依拠している。

　第2に、2021年書簡は2021年法案に収容期間の上限が明確に規定されていないことを指摘し、WGAD の改定審議結果第5号を引用して、「出入国管理手続の過程における拘禁期間の上限は法律で定められなければならない」、また、退去命令の対象者の責に帰すことができない理由により退去命令が履行できない場合には、「恣意的とされる無期限の拘禁が発生する可能性を避けるために、被拘禁者は放免されなければならない」と述べている（p. 4）。

　第3に、2021年書簡は2021年法案が「同伴者のいない、あるいは保護者から分離された子ども、家族と一緒にいる子どもなど、子どもの入管収容の明確な禁止規定がないこと」を問題視し、CRC が「いかなる子どもの入管収容も子どもの権利の侵害であり、常に子どもの最善の利益の原則に反するものである」と述べていることを確認している（p. 4）。

②2021年入管法改正案に対する UNHCR の見解

　国連難民高等弁務官事務所（以下、UNHCR）も、2021年4月9日付で2021年法案に対する自らの見解を公表した[10]。UNHCR の見解も入管収容制度の問題に言及しており、具体的には、収容期間の上限および収容（継続）決定についての独立した審査が2021年法案に規定されていないことを問題視していた（paras. 69~71）。UNHCR の拘禁ガイドライン（2012年）を引用し[11]、「庇護希望者の収容は最後の手段であるべきであり、収容代替措置を検討し

た上で、正当な目的に照らして必要性・合理性・比例性があると個別に認定された場合でなければ行うべきではない」という立場であることを確認する（para. 70）。そして、収容期間の上限の設定と、収容の決定について独立機関が迅速に審査する制度および収容継続の必要性に関する規則的かつ定期的な再審査が必要であることを指摘した（para. 70）。

③2023年入管法改正案に対する国連特別手続共同書簡

　移住者の人権に関する特別報告者、WGAD、及び、宗教又は信条の自由に関する特別報告者は、2023年4月18日付で2023年入管法改正案（以下、2023年法案）に関する書簡を公表した（以下、2023年書簡）[12]。以下では、本書簡のうち、入管収容制度に関する指摘を概観する。なお、2021年入管法改正案で新たに導入された「監理措置」についての指摘は、全件収容主義の見直しといえるか、という論点にも関連するが、この点は第9章で扱うため、ここでは扱わない。

　2023年書簡は、2023年法案が「2021年の旧法案に若干の修正が加えられているものの、提案された諸条項は基本的に変更されておらず、国際人権基準を下回る」という前提に立ち、「人権は、国籍、性別、在留資格、その他の属性に関わらず、すべての移住者を含むすべての人に適用される」ということを強調し（p. 6）、次のような懸念を表明していた。

　第1に、2023年書簡は「監理措置の適用がない場合には常に収容が優先」され、「収容が最後の手段としてのみ行われることを保障する規定が含まれ

---

10)　UNHCR, "UNHCR comments on the Bill for partial amendments to the Immigration Control and Refugee Recognition Act submitted to the 204th Diet session of year 2021 Based on the Recommendations of the Sub-Committee on Detention and Deportation (SCDD), 7th Immigration Control Policy Discussion Panel", April 9, 2021.

11)　UNHCR, Guidelines on the Applicable Criteria and Standards relating to the Detention of Asylum-Seekers and Alternatives to Detention, 2012.

12)　The Special Rapporteur on the human rights of migrants; the Working Group on Arbitrary Detention and the Special Rapporteur on freedom of religion of belief, "Comments on Amendment Bill to the Immigration Control and Refugee Recognition Act of Japan", Reference: OL JPN 1 /2023, April 18, 2023.

ていない」ことを問題視していた。そして、「国際人権基準によれば、出入国管理を目的とした収容は最後の手段であるべきで、成人に対してのみ、最も短い期間、より制限の少ない手段が利用できない場合にのみ許容」されると述べ、「合理性、必要性、正当性、比例性の観点から正当化されない場合」、入管収容は世界人権宣言第9条および自由権規約第9条が禁止する恣意的拘禁となりうることを指摘する（pp. 1-2）。さらにCATでは、「移住者の地位のみに基づく拘禁が、特に、非正規移民やその家族に対する抑制、威迫や処罰、または庇護、補完的保護その他の滞在の要求の撤回、または自発的送還への同意、または情報や指紋の提供、または金銭や性的行為の強要を目的として、もしくは移住者の地位に基づく差別を含むあらゆる形態の差別に基づく理由によって、故意に行われ、あるいは永続化されている場合は、拷問に相当しうる」としていることを確認する。（下線筆者）。その上で、このような状況において移住者を拘束することは、拷問等禁止条約第1条、第2条、第16条、および自由権規約第7条に抵触すると指摘する（p. 2）。

　第2に、2023年書簡は、2023年法案第39条の2が「依然として収容令書に対する司法審査を想定しておらず、収容令書を発付する権限が行政当局に属している」ことを問題視している。そして2023年法案の第52条の8が、「主任審査官は収容後3か月ごとに監理措置の必要性を検討しなければならないことを規定していることに留意する」としつつ、「これは司法審査にはあたらない」と強調し、2(3)①で見た2021年書簡の第1点目を再確認する（p. 3）。

　第3に、2023年書簡は、2023年法案が「収容の期間の上限も、収容の継続についての定期的な司法審査」も定めていないことを指摘し、「出入国手続における個人の無期限収容は正当化できず、恣意的であることを強調」する（p. 4）。

　第4に、2023年書簡は、2023年法案が子どもの収容を禁止する規定を盛り込んでいないことに遺憾を表明している。そして「子どもの権利委員会は、いかなる子どもに対する入管収容も子ども権利の侵害であり、常に子どもの最善の利益の原則に反するものであると明確に述べている」ことを確認する（p. 4）。

おわりに

　以上に見たように、条約機関や国連特別手続によって、入管収容の合法性の判断基準は若干のばらつきがあるものの、いずれも日本の入管収容制度を問題視していることで一致している。改正入管法は、1で見たように被収容者の健康および処遇改善の観点から複数の新規定を導入したが、日本の入管収容制度の問題を医療体制の問題に矮小化してはならない。改正入管法における入管収容制度のどのような点が国際人権法から問題とされるのかについて、以下、まとめる。

　第1に、HRC、WGAD、UNHCR、国連特別手続共同書簡によれば入管収容は、個別事情に照らして合理性、必要性、比例性があるとして正当性が認められなければならず、全件収容主義は認められない。改正法で導入された監理措置によって全件収容主義が見直されたといえるかについては、第9章で検討する。いずれにせよ、WGAD、UNHCR、特別手続共同書簡によれば、人身の自由が原則とされ、入管収容は最後の手段であるべきとされるが（HRC、CERD、CATによれば、庇護希望者の収容は最後の手段）、改正法ではこの点が明記されておらず、問題は残されている。またCATによれば、「庇護、補完的保護その他の滞在の要求の撤回、または自発的送還への同意」を目的とした拘禁は拷問に相当しうるとされるが、その観点からは今回の法改正の目的の正当性自体が問われる必要があるだろう。

　第2に、HRC、WGAD、国連特別手続共同書簡によれば収容の合法性について被収容者に自動的で定期的な司法審査が求められているが、改正法はこの点を規定していない。改正入管法は、3か月ごとに必要的に収容の要否を見直し、収容の必要がない者は監理措置に移行する仕組みを導入したが（改正入管法第52条の8）、主任審査官による報告を受けた出入国在留管理庁長官が移行決定を行うことになっており、司法審査とは言えないばかりか、UNHCRの言う独立の機関による再審査でもない。なおHRCなどの人権条約機関の要求を超えて、WGADではそもそも収容の決定自体が裁判官または裁判所によって指示および承認されることを求めているが、改正法はこのような要求もしていない。

第3に、HRC、CERD、CAT、WGAD、特別手続共同書簡は収容期間の上限を定めることを求めているが、改正法はこの点を規定してない。

　第4に、CRC、国連特別手続共同書簡は子どもの収容の禁止を求めているが、改正法はこの点も規定していない。ただし日本では未成年者を原則として収容しない方針を採っており[13]、この点は積極的に評価しうる。しかし改正法は、CRCが求めるような、親が収容されて子どもから分離されることを防止するための法的枠組みを規定していない。

　伝統的国際法の下では、領域主権の帰結として、国家は外国人の出入国管理および在留中の処遇に関してほとんど自由裁量の権限を有すると主張されていた。しかし現代の国際人権法では、個人の人身の自由は、あらゆる自由の前提となる重要な基本的権利として、その制限には特に慎重であることが求められており、入管収容は以上に見た条件を満たす場合にのみ認められうる。「ヒトの移動を規律する国際法は、いまや、人権という〈人類の共通規範を中核とする法〉という実質」をもっているのだ[14]。日本の入管法もこの国際法の審級による審判に耐えうるものでなければならない[15]。

---

[13]　次の平成31年（2019年）4月19日付の参議院答弁書によれば、日本では未成年者を原則として収容しない方針を採っている。
　　「出入国在留管理庁においては、退去強制手続に際し、原則として、児童は収容しないこととしているのみならず、その児童の監護に必要な親がいる場合にはその親も収容することなく手続を行っており、また、例外的に、児童を収容する場合であっても、その期間は必要最小限にするとともに収容時の児童の処遇についても児童の最善の利益をも考慮して対応しているところである」。

[14]　小畑郁「人類関心事項としての日本の『入国管理』法制」法律時報95巻9号（2023年）3頁。

[15]　齋藤民徒「国際人権法の審級論──日本国裁判所と仮想の『第四審』」法律時報94巻4号（2022年）34-39頁。なお、韓国憲法裁判所は、2023年3月23日に、収容期間の上限を設けない出入国管理法（第63条1項）に対して違憲判断を下したが、その際、国際基準や外国の立法例にも言及した。詳しくは、具良鈺「韓国の入管法 憲法裁判所で違憲判断──『無期限収容』の是正へ」世界972号（2023年）24-27頁。

第 9 章
収容されない場合もある？
――仮放免・監理措置

小坂田裕子

はじめに

　第 8 章で見たように、従来、日本では在留資格をもたない外国人は、原則として退去強制事由（改正前の旧「出入国管理及び難民認定法」〔以下、入管法〕第24条）に該当し、難民申請中であるといった個別事情や逃亡の可能性の有無に関わりなく収容されうる。これを全件収容主義とよぶ。国外への退去命令が出ると、多くの人は帰国するが、帰らないことを選択する人もいる。その理由は様々だが、長年日本で暮らして国籍国に戻る場所がない、子どもや配偶者が日本にいる、難民申請中で国籍国に帰ると迫害のおそれがあるということも多い。こうした在留資格をもたない外国人が収容を免れうる場合としては、仮放免と改正入管法で導入されることになった監理措置がある。

　仮放免とは、請求または職権によって、一定の条件の下、被収容者の身柄の拘束を解く制度で、入国者収容所長または主任審査官が決定をおこなう（同第54条）。仮放免が認められる場合であっても、退去強制令書の効力は失われず、本国送還の前提は変わらない。仮放免の基準や要件は入管法に明記されておらず、仮放免の対象などは入管の運用によって変化してきた。

　もう 1 つは、改正入管法で導入されることになった監理措置である（改正入管法第44条の 2、同第52条の 2）。監理措置とは、親族や知人など、本人の監督などを承諾している人を「監理人」として選び、その監理の下で、逃亡などを防止しつつ、収容しないで退去強制手続を進める制度である。出入国

在留管理庁のウェブサイトによれば、「『原則収容』である現行入管法の規定を改め、個別事案ごとに、逃亡等のおそれの程度に加え、本人が受ける不利益の程度も考慮した上で、収容の要否を見極めて収容か監理措置かを判断する」とあり、全件収容主義を見直す改正案の目玉とされた。ただし、監理措置の導入により全件収容主義が見直されたのかについては、争いがある。

　本章では、まず仮放免の運用実態と国際人権法に基づく問題指摘や勧告について確認した後、改正入管法における監理措置の規定内容と国際人権法に基づく問題指摘を概観する。これらの考察を通じて、改正入管法における仮放免と監理措置の何が問題なのかを明らかにする。

1　仮放免

(1)　仮放免の運用と実態
①入管による仮放免の運用変化
　仮放免の入管による運用は、時期により変化してきた。以下では、仮放免の運用がどのように変化してきたのかを概観する。2010年7月30日、法務省入国管理局は、「収容が長期化する被収容者の増加」を踏まえ、「被収容者の個々の事情に応じて仮放免を弾力的に活用することにより、収容長期化をできるだけ回避するよう取り組む」との方針を発表した[1]。しかし、2015年9月18日の通達で、「訴訟の提起・継続、難民認定申請中、旅券取得困難など送還に支障のある事情を有するために、送還の見込みが立たない者については……仮放免の活用を図る」とし、仮放免の対象を限定した運用に変更した。その背景として、2015年9月15日に出された第5次出入国管理基本計画が「退去強制令書が発付されているにもかかわらず、送還に応じない者の収容が長期化し、さらに、仮放免中の者が増加していることから、これらの者の早期送還に向けた更なる取組が必要」としたことが指摘されている。

　実際、2016年4月7日には、法務省入国管理局長による法務省管警第56号

---

1 ）　法務省入国管理局「退去強制令書により収容する者の仮放免に関する検証等について」平成22年（2010年）7月30日。

「安全・安心な社会の実現のための取組について（通知）」が出され、「安全・安心な社会の実現のためには、国内の安心を確保することが重要な要素となるところ、近年増加傾向にある不法残留者及び偽装滞在者……のほか、退去強制令書が発布されても送還を忌避する外国人……など我が国社会に不安を与える外国人を大幅に縮減することは、……当局にとっての喫緊の課題となっています」と述べ、「我が国社会に不安を与える外国人の効率的・効果的な排除に、具体的かつ積極的に取り組んでいくこと」を入国者収容所長と地方入国管理局長に求めた。

　その後、2018年 2 月28日には、法務省入国管理局長による法務省管警第43号「被退去強制令書発布者に対する仮放免措置に係る適切な運用と動静監視強化の更なる徹底について（指示）」が出される。そこでは「仮放免を許可することが適当とは認められない者」を次のように列挙し、「収容に耐えがたい傷病者でない限り、原則、送還が可能となるまで収容を継続し送還に努める」とする。「①殺人、強盗、人身取引加害、わいせつ、薬物事犯等、社会に不安を与えるような反社会的で重大な罪により罰せられた者、②犯罪の常習性が認められる者や再犯のおそれが払拭できない者、③社会生活適応困難者（DV加害者や社会規範を守れずトラブルが見込まれる者など）、④出入国管理行政の根幹を揺るがす偽装滞在・不法入国等の関与者で悪質と認められる者、⑤仮放免中の条件違反により、同許可を取り消し再収容された者、⑥難民認定制度の悪質な濫用事案として在留が認められなかった者、⑦退去強制令書の発付を受けているにもかかわらず、明らかに難民とは認められない理由で難民認定申請を繰り返す者、⑧仮放免の条件違反のおそれ又は仮放免事由の消滅により、仮放免許可期間が延長不許可となり再収容された者」。特に①から④については、「重度の傷病等、よほどの事情がない限り、収容を継続する」との運用方針が示された[2]。そのため訴訟中、難民申請中であっても、①から⑧に該当する場合は、仮放免が認められにくくなった。

---

2)　　入管法上の収容の目的は強制送還の実施の確保に限定されるとの立場から、治安維持のための収容は目的外利用との指摘がある（児玉晃一「まず、人間として迎えよ──難民の置かれた最悪の人権状況とその打破のために」世界927号〔2019年〕207-208頁）。

	2014年	2015年	2016年	2017年	2018年	2019年	2020年	2021年
収容令書によるもの	1,293	1,293	1,491	922	812	1,052	3,375	3,506
退去強制令書によるもの	926	1,063	1,160	822	523	725	3,013	4,275

注）出入国在留管理庁編『2019年版出入国在留管理』（2019年）及び同2022年版（2022年）を基に筆者作成

こうした方針の変化を受けて、仮放免者数は2016年以降、2018年まで減少、その結果、長期収容が大幅に増加し、2018年と2019年には、収容期間が6か月以上の被収容者が約半数を占めていた。しかし、2019年後半に始まった新型コロナウィルス（COVID-19）の感染拡大を受け、収容施設内での感染拡大を防ぐために、2020年4月27日、出入国在留管理庁長官は「現下の新型コロナウイルス感染症に係る状況を踏まえた仮放免の運用について、各国の入国制限等により送還による出所が減少することも鑑みて、収容人員抑制のための方策として、仮放免をより積極的に活用すること」とした指示を出した。その結果、仮放免の数は激増、被収容者数は2021年11月15日時点で、全国134人まで激減した[3]。

②仮放免の実態

次に仮放免の実態について見ていく。仮放免の許可に際しては、300万円以下の保証金の納付、住居および行動範囲の制限、呼び出しに対する出頭義務などの条件が課される（旧入管法第54条2項）。保証金は、100万円を超えることは少なく、30万円から50万円程度が多いという。仮放免の期間は、運用上、従来、原則1か月以内、最長3か月であり、定期的に入管に出頭し更新手続を行うことが必要になる。

仮放免者は在留資格がないことを理由に、就労が認められておらず、生活保護の受給も受けることができない。2021年に特定非営利活動法人北関東医療相談会（AMIGOS）が行った仮放免者生活実態調査では、生活状況をとて

3）　出入国在留管理庁「難民認定申請，在留許可等の人数について等に対する回答について」令和3（2021）年12月1日。

も苦しい・苦しいと答えた人は89％であり、厚労省調査の2.1倍、食事状況をとても苦しい・苦しいと答えた人は65％であり、厚労省調査の6.1倍、食事回数を 1 回と答えた人は16％で、厚労省調査の 8 倍となっている[4]。さらに家賃の負担感をとても苦しい・苦しいと答えた人は82％であり、国交省調査の1.5倍、家賃滞納をしている人は40％であり、公益財団法人調査の19倍である[5]。これらの数値から、仮放免者の多くが生きていくのに不可欠な食料・住居の確保に困難をきたしていることがわかる。

　さらに仮放免者は国民健康保険にも加入できず、無保険であれば、全額自己負担の医療費を支払われなければならない。AMIGOS による調査では、医療費の負担感をとても苦しい・苦しいと答えた人は87％、経済的問題により医療機関を受診できないと答えた人は84％であり、厚労省・研究所調査の4.2〜105 倍となっている[6]。仮放免者は、医療を受けられず、病気や怪我に苦しみ、命の危機に瀕する危険性がある。実際、『カトリック新聞』2022年 4 月24日号に掲載された「人間の大地で、今──「仮放免者」の生活実態調査」によれば、難民認定申請をしていた仮放免者が、2020年11月に末期がんの病状でホームレスになり、その後、複数の支援者につながったものの、手の施しようがなく翌年 1 月に死亡したという。

　仮放免者は、居住地の都道府県を越えて移動する場合、入管への届け出が必要である。『カトリック新聞』2020年10月11日号に掲載された「人間の大地で、今──『仮放免』生活の実態」によれば、茨城県在住の難民申請者である仮放免者が、電車で30分ほどの千葉県在住の友人に会いに行くためには、2 時間以上かけて東京入管に出向き、千葉県の友人宅訪問に関して「日付・場所・目的」を届け出て、「一時旅行許可」を申請する必要がある。仮放免者にとって往復約 4 千円の交通費は重い負担であり、しかも許可が下りないことも珍しくないとされる。

　在留資格のない両親に連れられて来日し、自らの意思とは無関係に仮放免

4 ）　特定非営利活動法人北関東医療相談会（AMIGOS）『──生きていけない──追い詰められる仮放免者　仮放免者生活実態調査報告』2022年 3 月、32頁。
5 ）　AMIGOS・前掲注 4 ）32頁。
6 ）　AMIGOS・前掲注 4 ）32頁。

者となった子ども、あるいは日本で誕生して生まれながらに非正規滞在となった未成年の仮放免者の立場は、非常に不安定だ。日本はすべての子どもに対する教育の権利を保障する子どもの権利条約（第28条）を批准していることから、在留資格がなくても小中学校や高校に通える（平野、2020年、172頁）。しかし、就労禁止条件があるため、進路は狭められ、将来の夢ももてなくなる。さらに、AMIGOS による調査では、子どもの教育費の負担感をとても苦しい・苦しいと答えた人は90％で、民間調査の1.4 倍となっており[7]、法律上は受けることができるはずの教育も危ぶまれる。

(2)　仮放免に対する国際人権法に基づく問題指摘および勧告

　1 (1)で見たような仮放免者の苦境は、一般にはあまり知られていなかったこともあり、人権条約機関が仮放免者に注目した勧告は必ずしも多くない。そのような中、自由権規約委員会（以下、HRC）による第7回日本政府報告書審査（2022年）は、"karihomensha" という用語を用いて、その「不安定な状況に関する憂慮すべき諸報告」について懸念を示し、次のように勧告をしたことは注目に値する（CCPR/C/JPN/CO/ 7 （2022), para. 33 (c)）。「『仮放免』中の移住者（immigrants）に対して必要な支援を提供し、収入を得るための活動に従事する機会の確立を検討すること」。

　また子どもの権利委員会（以下、CRC）は、第4・5回日本政府報告書審査（2019年）において、「庇護希望者または移住者であって同伴者のいない子どもまたは保護者から分離された子どもの収容を防止し、このようなすべての子どもが入管収容施設から直ちに放免されることを確保し、かつこれらの子どもに保護施設、適切なケアおよび教育へのアクセスを提供するために、公的な制度の設置等も通じた即時的措置をとること」という勧告を行っている（CRC/C/JPN/CO/ 4 - 5 （2019), para. 42.(c)）。

(3)　改正入管法における仮放免[8]

　改正入管法では、2 で見る監理措置制度の創設に伴って、仮放免制度の在

---

7)　　AMIGOS・前掲注4) 33頁。

り方が見直された。具体的には、仮放免が健康上又は人道上の理由などにより収容を一時的に解除する措置であることが条文上明確にされ（改正入管法第54条2項）、仮放免の理由が限定された。そして健康上の理由による仮放免請求については、医師の意見を聴くなどして、健康状態に配慮すべきことが新たに規定された（同条8項）。

　改正により仮放免制度に一定の改善も認められる。たとえば、改正法第54条には、旧法第54条2項にあった「保証金」についての記載がなくなり、保証金なしで仮放免が認められることになった。また、これまでは仮放免の不許可とする場合でも理由は明示する必要がなかったが、理由を付した書面で通知することが明記された（改正入管法54条4項）。

　他方で、1(2)で見たHRCからの仮放免者の生活などに関する勧告はほぼ無視されている。また、これまでは仮放免者が逃亡した場合、仮放免取消、保証金没収という対応であったのが、改正法では刑事罰の対象となり、「一年以下の拘禁刑若しくは二十万円以下の罰金に処し、又はこれを併科する」ことになった（同第72条6号）。

　なお、監理措置との関係で、仮放免がどのように運用されることになるのか、また現在、仮放免中の人たちは、仮放免が継続するのか、それとも監理措置に切替になるのかについては、まだ不透明である。

2　監理措置

(1)　監理措置に対する国際人権法に基づく問題指摘
①2021年入管法改正案に対する国連特別手続共同書簡
　移住者の人権に関する特別報告者、恣意的拘禁に関する作業部会（WGAD）、宗教又は信条の自由に関する特別報告者、ならびに拷問及び他の残虐な、非人道的な又は品位を傷つける取り扱い又は刑罰に関する特別報告者が、2021

8）　1(3)については、2023年8月24日に開催された移住連主催のセミナーにおける児玉晃一弁護士の報告「改定された入管法〜実務のどこが変わるか②　収容・監理措置・処遇」から多くの情報を得た。

年3月31日付で2021年入管法改正案（以下、2021年法案）に関する書簡を公表した（以下、2021年書簡）[9]。以下では、本書簡のうち、監理措置に関する指摘を概観する。

　2021年書簡は、2021年法案が仮放免に加えて、「拘禁によらない代替措置が導入されていることに留意」すると述べる。その上で、「収容が依然として義務的であること、および、退去強制を受ける者の送還が可能になるときまで収容しないことが「相当」であると、主任審査官の裁量で認められた場合に限り、法案が新設を提案する「監理措置」が例外的に適用されるであろうことに懸念を表明」した（2021年法案第52条の2）。この点に関して、2021年書簡は、世界人権宣言第3条および自由権規約第9条が身体の自由を保障していることを確認し、個人の自由が原則であり、収容や身体の自由に対する制限は例外であることを指摘する。さらに、WGADの改定審議結果第5号（A/HRC/39/45（2018），pp. 31-37）と「安全で秩序ある正規移住のためのグローバル・コンパクト（A/RES/73/195（2019））」目的13に言及し、出入国管理における収容は最後の手段としてのみ使用されるべきであり、収容代替措置が追及されることを確認する（pp. 1-2）。

　2021年法案における「監理措置」では、300万円を超えない保証金の支払いに加え（同第52条の2第1項）、親族や支援者の中から「監理人」を指定し、対象者の日常生活を監視・報告する義務を負うことになっており（同第44条の3、第52条の3）、監理人が報告義務に違反した場合には10万円以下の過料が科される（同第44条の3、同第52条の3、同第77条の2）。2021年書簡は、このような監理措置は「過度に制約的であり、社会的経済的地位に基づく差別になること」に懸念を表明した。また、保証金および監理人の要件を満たすことは、移住者や庇護希望者の多くにとって実質的に不可能であることを指摘する。そして、監理人の報告義務が、「移住者とその監理人双方のプライ

9）　The Special Rapporteur on the human rights of migrants; the Working Group on Arbitrary Detention; the Special Rapporteur on freedom of religion of belief and the Special Rapporteur on torture and other cruel, inhuman or degrading treatment or punishment, "Comments on Amendment Bill to the Immigration Control and Refugee Recognition Act of Japan", Reference: OL JPN 3/2021, March 31, 2021.

バシーの権利の享受に悪影響を及ぼす」ことにも懸念を表明した（p. 2）。

②2021年入管法改正案に対する UNHCR の見解

　国連難民高等弁務官事務所（UNHCR）も、2021年 4 月 9 日付で2021年法案に対する自らの見解を公表した[10]。UNHCR は収容代替措置の利用を拡大する意図および努力自体は歓迎すべきこととしつつ（para. 65）、2021年法案で示された監理措置には次のように多くの問題があることを指摘した。

　第 1 に、監理措置の対象とされた者の中には、「就労許可をされず、困窮しかねない者（すでに退去強制令書を発付された者を中心に）もいる可能性があること」を明らかにする。その上で、「今のところ、「監理人」に対して日本政府が資金を提供するという情報はないため、当該個人を援助するための努力は監理人自身の資源を用いて行わなければならないと推測される。しかし、民間人による善意／自発的努力を頼りにするだけでは、持続性を欠く可能性がある」と懸念を示した。そして、「どのような受入れ態勢を設けるかについて柔軟な選択の余地はあるものの、人々が十分な生活水準（難民認定に関する最終的決定が行われていない庇護希望者の生計手段を含む）を保てるようにすることは最終的には国の責任であり、就労の権利が認められていない場合に国の資金による生活扶助を行うことはそのための手段の 1 つである」と指摘した。さらに、監理措置の対象者に、「国際人権基準に従って、基礎的保健ケア（予防接種を含む）および基礎教育等の公共サービスへのアクセスを確保する必要性を強調」した（para. 66）。

　第 2 に、監理人の報告義務に違反した場合に行政罰の対象となり、過料が科されることを問題にし、「支援者・代弁者としての役割から生ずる利益相反／信頼醸成面での困難の可能性と相まって、庇護希望者・難民・無国籍者のために活動している一部の NGO および法律専門家に「監理人」の役割を担うことをためらわせる可能性があり、この新たな収容代替措置の実施の成

---

10)　UNHCR, "UNHCR comments on the Bill for partial amendments to the Immigration Control and Refugee Recognition Act submitted to the 204th Diet session of year 2021 Based on the Recommendations of the Sub-Committee on Detention and Deportation (SCDD), 7th Immigration Control Policy Discussion Panel", April 9, 2021.

功を脅かしかねない」と指摘する（para. 67）。

第3に、監理措置の対象者が逃亡した場合に、1年以下の懲役または20万円以下の罰金という刑事罰を定めていることを問題として指摘する（2021年法案第72条4号）。UNHCR は、「逃亡に対して罰則を科すことは目的に照らして比例性を欠くのみならず、必ずしも、逃亡に関する政府の懸念への対応に必ずしもつながらないおそれもある」と述べる。そして、「収容・送還に関する専門部会」で表明された反対意見を引用し、「現状のいわゆる全件収容主義が改められ、また、収容が最終的な手段になれば、逃亡や不出頭は極めて限定的になると思われ、そうした法整備をしない状態で罰則を創設すべきではない」とした（para. 73）。

③2023年入管法改正案に対する国連特別手続共同書簡

移住者の人権に関する特別報告者、WGAD、及び、宗教又は信条の自由に関する特別報告者が、2023年4月18日付で2023年入管法改正案（以下、2023年法案）に関する書簡を公表した[11]。以下では、本書簡のうち、監理措置に関する指摘を概観する。

第1に、2023年書簡は、「依然として監理措置の適用がない場合には常に収容が優先される点を懸念」し、「収容が最後の手段としてのみ行われることを保障する規定が含まれていないことに留意」している。この点に関して、人身の自由が原則であり、収容や人身の自由に対する制限は例外であることを強調し、「出入国管理を目的とした収容は最後の手段であるべき」で、「合理性、必要性、正当性、比例性の観点から正当化されない場合」、入管収容は自由権規約9条で禁止される恣意的拘禁となりうることを再確認する。さらに、WGAD の改定審議結果第5号と「安全で秩序ある正規移住のためのグローバル・コンパクト」目的13に再び言及し、出入国管理における収容は最後の手段としてのみ使用されるべきであり、収容代替措置が追及されるこ

---

11) The Special Rapporteur on the human rights of migrants; the Working Group on Arbitrary Detention and the Special Rapporteur on freedom of religion of belief, "Comments on Amendment Bill to the Immigration Control and Refugee Recognition Act of Japan", Reference: OL JPN 1/2023, April 18, 2023.

とを確認する（pp. 1 - 2）。

　第 2 に、2023年法案では保証金の納付が原則として監理措置の適用条件とされなくなったことを歓迎しつつ、主任審査官が監理措置の対象者の逃亡、違法な就労を防止するために必要と認めるときは、この条件を課すことができる点に留意する（2023年法案第44条の 2 第 2 項ないし第 6 項、同第52条の 2 第 2 項ないし第 5 項；p. 2）。

　第 3 に、監理人の報告義務は2021年法案と比して軽減されたように見えるとしながら、今回の法案も、主任審査官が必要と認めるときは、監理人に対して被監理者の日常生活を報告する義務を課すことができる点（同第44条の 3 第 5 項、同第52条の 3 第 5 項）、さらに監理人がこの義務に違反した場合に10万円以下の過料を科すとしている点に懸念を示している（pp. 2 - 3）。

　2023年書簡は、第 2 および第 3 の点を踏まえ、「監理措置の適用は過度に制限されたままであり、監理措置が社会経済的地位を理由とする差別に該当する可能性があること、監理人と移住者双方のプライバシーの権利の享受に悪影響を与える可能性があることを憂慮」していると述べる。さらに監理措置の適用を受けるために「監理人を自らの知人の中から指定しなければならないという条件」を満たすことは、「ほとんどの移住者と難民申請者にとって特に困難であり、搾取のリスクを伴う」ことを指摘する（p. 3）。

(2)　改正入管法における監理措置[12]

　改正入管法における監理措置は、2 (1)に見た国際人権法に基づく問題指摘を無視し、懸念が表明された点を修正することなく採択された。改正入管法における監理措置の概略は以下のとおりである。

　退去強制令書発付前は、請求または職権で、逃亡、「証拠隠滅」、収容により容疑者が受ける不利益の程度、「その他の事情」を考慮し、主任審査官が「相当と認めた」場合に監理措置に付すことが決定される（改正入管法第44条の 2 ）。退去強制令書発付後は、請求または職権で、逃亡、「不法就労のおそれ」、収容により容疑者が受ける不利益の程度、「その他の事情」を考慮し、

---

12)　2 (2)についても、注 8 ）であげた児玉晃一弁護士の報告から多くの情報を得た。

主任審査官が「相当と認めた」場合に監理措置に付すことが決定される（同第52条の2第1項）。いずれの場合も保証金は、主任審査官が被監理者による逃亡または証拠隠滅を防止するために必要と認める場合に、300万円を超えない範囲で条件とすることができる（同第44条の2、同第52条の2）。

監理人は、逃亡や不法就労の事実や疑いについて届出義務がある（同第44条の3第4項1号、同第44条の4第2項、同第52条の3第4項1号、同第52条の4第2項）。被監理者の生活の報告義務は一般的にはなくなったが、主任審査官が相当と認める場合には監理者に報告義務を課すことができる（同第44条の3第5項、同第54条の3第5項）。監理人が届出義務または報告義務に違反した場合は、行政罰の対象となり10万円以下の過料が科される（同第77条の2）。

被監理者は、退去強制令書発付前に限り、主任審査官により「報酬を受ける活動」を許可されうる（同第44条5第1項）。無許可での就労は刑事罰の対象となる（3年以下の拘禁刑もしくは300万円以下の罰金、またはこれを併科。同第70条1項9号）。退去強制令書発付後について被監理者の就労制度はなく、違反した場合は同様の罰則がある（同第70条1項10号）。被監理者は、監理措置条件の遵守状況、退去強制令書発付前で許可がある場合には就労状況について届出義務がある（同44条の6、同第52条の5）。被監理者は逃亡した場合に刑事罰の対象となる（1年以下の拘禁刑もしくは20万円以下の罰金、またはこれを併科。同第72条3号、4号、6号）。

おわりに

以上に見たように、仮放免および監理措置のいずれについても、国際人権法に基づく問題指摘は、ほとんど受け入れられることなく、改正入管法は強行採決された。具体的には、仮放免についてはHRCから「必要な支援を提供し、収入を得るための活動に従事する機会の確立」を求められていたが、改正入管法でこの点の見直しは行われなかった。監理措置についても、次のような問題が残っている。第1に、UNHCRが指摘するように、退去強制令書発付後は就労が許可されず、被監理者が困窮しかねないこと。第2に、監

理人の届出義務および報告義務の違反は行政罰の対象となり過料が科され、UNHCR や特別手続共同書簡が指摘するように、監理人を見つけることが非常に困難になるおそれがあること。第 3 に、被監理者が逃亡した場合、刑事罰の対象となるが、UNHCR の指摘するように、目的に照らして比例性を欠くおそれがあること。

　さらに監理措置の導入により、出入国在留管理庁が言うような全件収容主義の見直しとなるのかについても、争いがある。国連特別手続共同書簡は、2021 年法案に対して、「退去強制を受ける者の送還が可能になるときまで収容しないことが「相当」であると、主任審査官の裁量で認められた場合に限り、法案が新設を提案する「監理措置」が例外的に適用」されるにすぎないことを指摘していた。その後、2023 年法案では、主任審査官が「監理措置に付すか収容するかを審査しなければならない」という条項が加えられ（第 39 条 2 項）、原則収容が改められたようにも読める。しかし、国連特別手続共同書簡は、「依然として監理措置の適用がない場合には常に収容が優先される点を懸念」し、「収容が最後の手段としてのみ行われることを保障する規定が含まれていないことに留意」した。

　全件収容主義が改められたかは、運用次第と言えなくもないが、監理措置の決定において逃亡おそれなどの個別事情は考慮されるようになったものの、考慮要素として「その他の事情」という文言が入れられており（改正入管法第 44 条の 2、同第 52 条の 2 第 1 項）、主任審査官の裁量は極めて広く設定されている。国際人権法からは個人の身体の自由は、あらゆる自由の前提となる重要な基本的権利として、その制限には特に慎重であることが求められており、改正入管法における主任審査官の広い裁量は、国際人権法の要請にかなうものとは言えず、問題は残されている。

　最後に 2023 年 5 月 23 日に阿部浩己参考人が参議院法務委員会で 2023 年法案に関して述べた次の言葉で本章を終えたい[13]。

　「身体の自由や移動の自由、労働、社会保障、健康への権利といった人間の尊厳を支える基本的人権の最低限の保障は、国家の出入国管理権限を理由

---

13)　第 211 回国会参議院法務委員会第 16 号令和 5 年 5 月 23 日会議録。

に免除されることはありません。国家の利益を中心に据えた二十世紀の国際法ではなく、人間の利益を中心に据えた二十一世紀の国際法の在り方をしっかり反映させた形で入管法が見直されることを念じています」。

第10章
難民申請中の暮らしはどうなる？
──難民申請者の待遇

安藤由香里　中坂恵美子　小坂田裕子

はじめに

　日本における難民申請中の者の生活はどのようなものなのだろうか。難民申請者の待遇について「出入国管理及び難民認定法」（以下、入管法）には規定がない。本章1で見るように、現在、難民申請者には限定された就労許可と給付金しかなく、特に複数回申請を行う者については、いずれも認められていない。この点、難民と認定された人についても入管法上、待遇の規定はないが、難民条約では条約難民に対して内国民待遇（第24条）を付与することが明記されている。これを受けて、日本でも難民条約に加入するあたり、社会保障の国籍条項が撤廃されるなどの措置が取られた。現在、日本で難民認定を受けた人は、入管法別表第二の「定住者」の在留資格が認められ、就労が認められるほか、各種の社会保障を受けることもできる[1]。他方で、難民申請者については、難民条約の解釈上、労働の権利などが保障されるかについて争いがあり、日本での法的地位も非常に不安定なものになっている。しかし、国際的には、本章2と3で見るように、難民申請者についても一定の待遇が求められるようになっている。

　本章では、まず日本における難民申請者の待遇とその問題について概観す

1）　一般に自国民に与えられる待遇と同一の待遇のこと。田中宏『在日外国人──法の壁、心の壁〔第3版〕』（岩波新書、2013年）171-186頁。

る。その後、難民申請者の待遇について、国際的な水準について検討する。まず非常に詳細かつ高度な法システムを有している EU における難民申請者の待遇について概観する。さらには、欧州人権裁判所と自由権規約委員会（以下、HRC）の事例から現在の国際人権法が庇護申請者（asylum seekers）についてどのような待遇を求めているかを明らかにする。これらの考察を通じて、改正入管法の下での難民申請者および補完的保護申請者に対して、どのような待遇が認められる必要があるのかについて示す。

1　日本の現状

　難民申請をしている間の生活はどうなるのか疑問に思う人もいるだろう。人間として「健康で文化的な最低限度の生活」（日本国憲法25条）を維持するためには、居食住の保障が必須である。人間は霞を食べて生きていくことはできない。難民申請中の在留資格は、その人の状況によって異なる。大別すると、「特定活動」等の在留資格がある人と在留資格がない人に分かれ、在留資格はある人は、さらに働くことができる人と働くことができない人に分かれる。働くことができる人は「就労資格」を付与されている人である。

(1)　就労資格

　2010年3月から2015年8月は、在留資格がある人が、難民申請をすれば、申請6か月後から一律に、働くことができた。法務省「難民認定制度の運用の更なる見直し後の状況について」（平成30〔2018〕年9月）によれば、この運用により、難民申請者が急増し、2017年には対前年比で約80％増の19,629人と過去最高を記録した。これを受けて運用が変更された。この頃、『読売新聞』（2015年2月4日朝刊）では、難民申請の「偽装」「悪用」「濫用」等に関して報道された。しかし、かならずしも難民申請者の多くが偽装難民であるとは断定できず、こうした報道は入管当局の見解に基づくものであり、申請者の実情を表してはいないように思われる[2]。

　法務省は、2015年9月から濫用・誤用的な難民認定申請については迅速に処理するとともに、濫用・誤用的な複数回申請者に対しては、申請の内容に

応じて在留や就労を認めない取扱いを開始し、Ａ～Ｄの振り分けを開始した。Ａ案件とは、難民条約上の難民である可能性が高い申請者又は出身国が内戦状況にあることにより人道上の配慮を要する申請者で、振り分け後、従来のように6か月就労資格を待つことなく、速やかに、働くことができる特定活動6か月が付与される。Ｂ案件とは、難民条約上の迫害事由に明らかに該当しない事情を主張している申請者（人道配慮案件は除く）で就労は許可されない。Ｃ案件とは、難民申請は再申請であり、正当な理由なく前回と同様の主張を繰り返している者（人道配慮案件は除く）であり、就労は許可されない。Ｄ案件とは、上記Ａ～Ｃ以外であり、事前の在留資格によって、3か月又は6か月働くことができる特定活動または働くことができない特定活動が付与される。さらに、法務省「就労制限の対象となる難民認定申請者について」によれば、2018年1月15日から難民認定の振り分けが見直され、初回申請者にも分類に応じて、就労制限・在留制限を実施し、再申請者は基本的に就労資格が付与されない。

(2)　保護費

　それでは、働くことができない難民申請者は、どのように暮らしていけるのだろうか。難民申請者は、外務省の外郭団体のアジア福祉教育財団難民事業本部（RHQ）に保護措置を申請することができる。ただし、再申請者は原則として受給できない。RHQは、税金によって運営されており、毎年予算の上限があるため、申請した人すべてが受給できるわけでない。2023年10月20日の認定NPO法人難民支援協会（JAR）レポートによると、2020年357人、2021年250人、2022年204人が保護費受給者である。2023年1月～9月の難民認定申請者は、1万1千人を超え、過去最多に迫る勢いと報道された（共同通信2023.10.23）。しかし、ことは人間の生死にかかわる問題だけに、たとえ予算額までいったとしても、真に保護費が必要な場合は、補正予算が組まれる等何らかの対応が必要であろう。保護費の申請が受理されると、「2023難

2）　認定NPO法人難民支援協会（JAR）のHPでは、「難民申請の『偽装』『悪用』『濫用』等に関する報道について」（2015年2月13日）のコメントにより報道への懸念を伝えている。

民認定申請者に対する支援（案内）日本語版」によれば、(1)生活費は、大人12才以上日額1,600円、子供12才未満日額1,200円、(2)住宅費は、支給される家賃に上限があり、家賃や居住人数により、支給額が異なる。また、支給は家賃のみで、諸経費は除く。(3)医療費は、原則保険適用内の治療の実費。高額となる見込みのもの等、支給できない場合もある。なお、支給期間は原則4か月間である。つまり、生活費は、大人で月額48,000円程度であるが、それでは生活は困難である。

　この保護費の日額については、ウクライナ避難民との待遇の差はなぜかと疑問があがっている。ウクライナ避難民は大人が日額2,400円であるからだ。NHK「ウクライナ避難民　国からの支援受け取れないケースも　課題は？」2022年4月15日によれば、2,400円の根拠は、生活保護制度を参考にしたとのことである。そうだとすると、日額1,600円は生活保護の2/3の金額であり、健康で文化的な最低限度の生活保障を満たしていない可能性が高い。

(3)　フードバンク

　不足する生活費を補うために、フードバンク等から食料支援を受けている人が多い。フードバンクとは、農林水産省「フードバンク」によれば、食品企業の製造工程で発生する規格外品などを引き取り、福祉施設等へ無料で提供する団体・活動である。必要な物を必要な人に届け、かつ、まだ食べられ

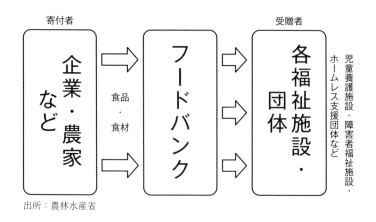

出所：農林水産省

出所：富山県生活環境文化部環境政策課『フードドライブ運用マニュアル』

るにもかかわらず廃棄されてしまう食品、すなわち、「食品ロス」削減につながる重要な活動である。2023年5月31日現在、農林水産省に日本全国のフードバンク233団体が掲載されている。

　しかし、フードバンクのニーズはコロナ禍や物価高で非常に高まっており、需要と供給が追い付いていないのが現状である。一般社団法人全国フードバンク推進協議会によれば、相対的貧困率が進む日本では、子ども食堂等の活動も同様に重要となっている。「食へのアクセス」は「生命に対する権利」と直結し、基本的な権利として、日本人であろうと外国人であろうと、また、在留資格があろうとなかろうと、日本の領域内にいるすべての人にとって健康で文化的な最低限度の生活のために、なくてはならないものである。それを支えているのが、フードバンクである。代表的なフードバンクは、たとえば、セカンドハーベストである。スーパーマーケット等で集めているフードドライブもある。フードドライブとは、家庭で余っている食品を集めて、食品を必要としている地域のフードバンク等の生活困窮者支援団体、子ども食堂、福祉施設等に寄付する活動のことである。

(4)　就労支援

　就労資格を持っており、働くことができる人も、言葉の壁で働く場所が簡単に見つからないことが少なくない。日本企業は、日本語能力試験2級（N2）を求めている場合が多い。N2とは、日常的な場面で使われる日本語の理解に加え、より幅広い場面で使われる日本語をある程度理解することができるレベルである。現在の介護の技能実習生は、N4合格が必須条件となっ

ていることからすると、それよりも2段階高いレベルを求めていると言えよう。そして、たとえ英語がどれだけ堪能であったとしても、日本語ができなければ就職につながらないことが多く、英語能力はあまりプラスにならないと言う人もいる。

　また、資格や今までの職務経験を活かしたくても、希望している職種がみつからないことがよくある。たとえば、母国で医師として働いていた人は、日本で医師資格を持っていないため医師として働くことはできない。医師以外でも医療関連の職場は、命をあずかっているため、日本語能力が通常の仕事よりも高く求められ日本語が必須となる。他の事例では、母国で大学教員として働いていたとしても、日本で教員の仕事を探すことは、外国語講師などの一部の例外を除いて容易ではない。その結果、今までとは全く異なる仕事につかざるを得ないことが多い。たとえば、日本語が話せなくても可能な皿洗いなどである。しかし、今までと全く異なる職場環境に対し、自己肯定感を持つことができずに、精神的に病んでしまう人もいる。

　こうした仕事を探している難民申請者と雇いたい企業をマッチングしているのが、特定非営利法人WELgeeの就労伴奏事業である。WELgeeは、難民申請者と企業を個別にマッチングをしているほか、ジョブフェアーのような催しを企画している。また、認定NPO法人難民支援協会（JAR）の就労支援、NPO法人名古屋難民支援室（DAN）コーディネーターのトヨタ財団による調査等、難民支援の市民団体による活動が目を引く。シリアやアフガニスタン留学生の伴奏支援をしようとする大学教員や学生が中心の難民就労伴奏プロジェクトも動き出している。さらに、東京四谷の一番高いビルにある外国人在留支援センター（FRESC）では、日本で暮らし、活躍する外国人の在留を支援する政府の窓口が集まり、外国人からの相談対応、外国人を雇用したい企業の支援、外国人支援に取り組む地方公共団体の支援などの取組を行っている。法務省出入国在留管理庁の中に、在留支援課が創出されたことは、今まで外国人の「管理」しか考えてないかったことから外国人「支援」へ舵をとった画期的な転機である。FRESCの相談窓口では、在留資格について質問することはないということである。外国人支援の転機を是非、今後活かしていくことが真の多文化共生につながっていくのであろう。

（5）　仮滞在による就労

　2023年改正入管法で、仮滞在が認められた人は働くことができる規定が以下のように創設される（61条の2の7第2項）。

　「法務大臣は、第六十一条の二の四第一項の規定による許可を受けた外国人が生計を維持するために必要な範囲で行う報酬を受ける活動について、その者の申請があつた場合に、相当と認めるときは、これを行うことを許可することができる。この場合において、法務大臣は、当該許可に必要な条件を付することができる。」

　仮滞在制度は、2004年改正入管法によって、在留資格がない人の難民申請者の法的地位の安定を図る目的で創設された（村上、2006、142-149頁）。2003年12月24日第四次出入国管理政策懇談会難民問題に関する専門部会（横田洋三会長）『難民認定制度に関する検討結果（最終報告）』によれば、「仮滞在許可制度によって、在留資格未取得外国人からの申請があったときは、その者の法的地位の安定を図るため、一定の要件を満たす場合には仮滞在を許可することとし、その間は退去強制手続が停止」する。この仮滞在許可が得られるには3つの要件がある。その要件とは、①日本に入国した日（日本滞在中に、難民となる理由ができた者は、その事実を知った日）から6か月以内に難民申請をして、仮滞在許可を申請すること。その難民申請者は迫害のおそれのあった領域から「直接」入国した必要がある（現行入管法61条の2の4第1項6号）。②退去強制令書が発付されていないこと（現行入管法61条の2の4第1項8号）。③逃亡するおそれがないこと（現行入管法61条の2の4第1項9号）である。表10-1仮滞在許可数が示すように、これらの要件を満たす人は多くはない。特に、6か月が経過した後に申請したため不許可になる者が多い。仮滞在の許可率は低い傾向にあったが、2021年の許可率4.6%から2022年は許可率9.8%に増加しており、この傾向が今後も続くことが望まれる。

　2023年入管法改正の前は仮滞在が認められたとしても、就労許可は得られずに、働くことができなかったため、働くことが可能になったことは、一歩前進である。しかし、現時点において、仮滞在が認められる要件を満たす人が非常に少ない問題がある。そのため、仮滞在許可の要件を見直さない限り、

表10-1　仮滞在許可数

年	仮滞在許可数	判断数	許可率	不許可理由		
				6ヵ月後申請	退去強制令書発付済	逃亡のおそれ
2022	59	600	9.8%	448	198	78
2021	29	625	4.6%	478	120	101
2020	15	440	3.4%	245	193	94
2019	25	733	3.4%	450	206	284
2018	38	977	3.9%	665	378	301
2017	35	784	4.5%	426	214	330
2016	58	930	6.2%	487	317	345
2015	83	919	9.0%	468	440	
2014	111	901	12.3%	562	438	
2013	95	736	12.9%	490	372	
2012	74	701	10.6%	410	320	
2011	71	689	10.3%	455	337	
2010	65	558	11.6%	374	246	

出所：出入国在留管理庁プレスリリースから筆者作成

結局、仮滞在で保護される者がおらず、制度が骨抜きになる懸念がある。「難民申請者の法的地位の安定を図る」という、せっかくの仮滞在許可制度を、より効果的に運用することが必要である。

2　EUにおける申請者の待遇

　次に、目を転じてEUについて取り上げる。EUでは、ある人が難民申請の審査を受ける国は、自分の家族が難民認定を受けている国や自分が非正規にEU領域内に入国した国など、「ダブリン規則」（Regulation（EU）No 604/2013）が定めるルールによって特定の一か国に決まっている。しかしながら、難民申請中の人の待遇に関して構成国間で顕著な差があると、申請者はよりよい待遇を求めて自分が審査されるべき国ではない国に申請を出すかもしれない。その防止のため、申請者の受入れについて各国の法を調和させようと2013年の「受入れ指令」（Directive 2013/33/EU）[3]が制定された。ただ

し、構成国は、本指令よりも申請者にとって好条件の規定を導入したり維持したりすることはできる（第4条）ので、この指令が示すのは統一基準ではなく、最低基準である。普遍的な条約によるものではなく、EUという特殊な地域機構の構成国が義務を負う基準ではあるが、申請者の待遇を法的に明確にしている点で非常に参考になるところがあるので、本節ではこの内容をみておきたい。

　同指令では、第2章の第5条ないし第19条で種々の事項が取り上げられているが、最も多くの条項が割かれているのは第8条ないし第11条の「収容」（detention）に関する部分である。収容は本書の第8章テーマであるので、ここでは、それ以外の部分について、条文にそって概略を見ていく（全訳ではない）。その後、現状における課題を簡単に確認する。

(1)　「受入れ指令」で求められる申請者の待遇

　まず、第5条と第6条は、それぞれ「情報」と「証明書」についての規定である。構成国は、国際的保護（難民としての保護と補完的保護を合わせた呼び方）の申請後、15日を超えない範囲での合理的な期間内で、最低限、申請者に受入れ条件に関して確定している利益と従わなければならない義務について知らせなければならない（第5条1項）。そして、それは、申請者が理解するまたは理解すると合理的に思われる言語で、文書においてなされなければならない（3項）。

　証明書については、申請から3日以内に、申請者としての地位または申請が未決定の間もしくは審査中に滞在を許可されていることを証明する文書が自己の名において発行されること（第6条1項）などが求められている。

　第7条は「住居および移動の自由」について規定する、申請者は受入れ国の領域内またはその国により彼らに指定された地域内を自由に移動できる（1項）。構成国は、公共の利益もしくは公の秩序を理由として、または、必要な場合は申請の迅速な処理および実効的な監視のために、申請者の住居を

3）　これは、2003年の指令（Council Directive 2003/9/EC）を改正したものである。後述するように2016年に改正案が出されたが未採択である。

決定することができる（2項）が、構成国は申請者に住居所を一時的に離れる許可を与える可能性を提供しなければならない（4項）。構成国は、申請者に、現住所の通知および可及的速やかな住所変更の届出を権限ある当局へ行うことを求める（5項）。

第12条は家族に関して、申請者が構成国から住居を提供される場合は、構成国は申請者の同意の上に、可能な限り家族の一体性の現状を維持する適切な措置をとること、第13条では、構成国が公衆衛生を理由に申請者に医療スクリーニングを求めることができることが規定されている。

第14条は「未成年の学校および教育」に関する規定で、構成国は、未成年には退去強制措置が執行されるまで、国民と同様の条件で、教育制度へのアクセスを申請から3か月以内に与え、教育制度へのアクセスおよび参加を容易にするため必要な場合は、言語クラスを含めた準備クラスの提供も行う（1項、2項）。また未成年の特別の状況により、国内法および慣行にしたがって他の教育の便宜もはかる（3項）。

第15条は雇用について、第16条は職業訓練についての規定である。構成国は、1度目の決定がまだされておらず、遅延が申請者のせいではない場合、遅くとも申請から9か月後までには労働市場へのアクセスが可能となることを保証する（第15条1項）。構成国は、国内法にしたがって申請者の労働市場へのアクセスの付与条件を決定するが、申請者が労働市場に効果的なアクセスをもつことを保証する。労働市場政策を理由に、構成国は連合市民および欧州経済地域の国民ならびに合法的な第三国国民である居住者を優先することができる（2項）。労働市場へのアクセスは、通常の手続の中で否定的な決定に対する上訴が停止効を有するとき、それに対する否定的な決定が通知されるときまで、上訴手続の間取り消されてはならない（3項）。職業訓練へのアクセスは、申請者が労働市場へのアクセスをもつかどうかにかかわらず構成国は与えることができるが、雇用契約に関する職業訓練は第15条にしたがって申請者が労働市場へのアクセスを有する範囲に依拠する（第16条）。

第17条ないし第19条は物質的な受入れ条件とヘルスケアについてである。物質的な受入れ条件とは、住居、食料および衣服ならびに生活費のことである（第2条(g)）。構成国は、申請者が物質的受入れ条件を利用できること

（第17条1項）、それは、申請者にとって生存を保証し身体的および精神的健康を保護する適切な生活水準を与えること、生活水準は脆弱な人の特別な状況に適合するものであること（2項）を保証する。申請者の資力状況などにより、構成国は、給付条件の設定（3項）、申請者の負担や払い戻し（4項）を取り入れることが可能である。構成国は、物質的受け入れ条件を金銭給付またはバウチャーの形で提供するときは、その額は当該構成国により、国民に適切な生活水準を保証するための法または慣行によって確立されたレベルを基礎に決定されるが、とりわけ、物質的支援が部分的に現物でなされる場合、または国民に対して適用する生活水準のレベルが本指令よりも高い保証を目指している場合は、申請者に対して自国民に比べて条件がよくない待遇を与えることができる（5項）。

　第18条は「物質的受入れ条件の種類」についてで、住居が現物支給の場合は、国境またはトランジット・ゾーンでの審査のための建物、適切な生活水準を保証するアコモデーション・センター、申請者の住居に適応した個人住宅、アパート、ホテル、その他の建物であり（1項）、家族生活の保護、親類やリーガル・アドバイザー等との通信の可能性やリーガル・アドバイザー等の支援者によるアクセスが保証される（2項）。また、構成国は、ジェンダー、年齢に特有な問題および脆弱な人の状況に関して考慮をし（3項）、暴行ならびに性的暴行およびハラスメントを含んだジェンダーに基づく暴力を防止する措置をとり（4項）、特別の受入れの必要がある被扶養者である成人は、可能な限り、すでに構成国内にいる責任を負う成人の近親者と一緒に宿泊させ（5項）、住宅施設の移動は必要な場合のみに限り、申請者にリーガル・アドバイザーまたはカウンセラーに移動を知らせる機会を与え（6項）なくてはならない。アコモデーション・センターの職員は適切に訓練をうけ、任務中に得た情報に関して国内法に規定される守秘義務を負う（7項）。構成国は、センターでの生活の物質的資源および非物質的な側面の運営に、住民を代表する諮問会議または理事会を通じて申請者を含ませることができ（8項）、例外的に、申請者の特別のニーズを評価するとき、または、通常利用可能な住居が一時的に収容力を超えているとき、十分に正当化できる場合は、構成国は、可能な限り最短の期間で、本条の定めとは異なる物質的受入

れ条件の様式をとることができるが、いかなる時も基本的なニーズはカバーする（9項）。ヘルスケアについては、構成国は、申請者が、最低限、緊急のケアならびに病気および重大な精神疾患に必要不可欠な治療を含んだ必要なヘルスケアを受けられることを保証し（第19条1項）、特別な受入れの必要がある申請者には、必要な場合は適切なメンタルヘルスケアを含んだ必要な医療的または他の援助を与える（2項）。

(2) 申請者の待遇に関する EU の課題

　「受入れ指令」は上記のように詳細な規定を設けているが、課題もある。それは、これだけ詳細に規定をしていても、「指令は、何が尊厳をともなった生活水準か、そして、どのようにそれは達成されるべきかを決める相当の裁量を構成国に委ねている」[4]ため、構成国間での待遇の違いが依然として残されることである。2014年の EU 司法裁判所の判決（Case C 79/13）は、物質的受入れ条件をカバーする金銭的な支給の総額は、申請者の尊厳のある生活水準を保証するのに十分で、かつ、健康にとって適切で、彼らの生存を保証し、とりわけ、必要ならば特別のニーズを有する人の利益を維持することができる住居を見つけ、未成年の子どもが両親とともに暮らせるのに十分なものでなければならないと述べた（para. 52）。しかし、尊厳のある生活水準とはどのようなレベルのものならよいのだろうか？

　2016年に欧州庇護支援事務所（現在の欧州庇護庁）は「受入れ条件に関するガイダンス」[5]を表した。同文書は、住居、食料、衣類と食料以外の他の品目、生活費、ヘルスケア、情報とカウンセリングの提供、特別な必要、スタッフの訓練の各項目に関して、基準や指針、付言を示すなど詳細かつ具体的な説明がされている。

　委員会は、さらに、欧州共通庇護制度改革のためのパッケージ提案の中の1つとして2016年に「受入れ指令」の改正提案（COM（2016）465 final）[6]を

4） European Asylum Support Office, 'EASO guidance on reception conditions: operational standards and indicators' September 2016, p.1.

5） Ibid.

提出した。その目的は、受入れ条件のさらなる調和化、二次的移動のインセンティブの減少、申請者の自立および統合可能性の見通しの増加、の3つである。現指令には全くない新たな措置の導入としては、過度な申請者数に直面した場合に適切な受入れを確保できるようにするための計画（コンティンジェンシー・プラン）の作成を、構成国に義務付ける制度をつくろうとしている。2015年から2016年の多数の申請者の受入れの際にはいくつかの国では、指令で例外的に認められている緊急的な宿泊施設としてシェルターやテントなどを利用した経験があるからである[7]。

その他、迅速な審査手続の場合は労働市場へのアクセスは付与されないなど、厳格化の方向性を明文化する提案もされている。しかし、現指令の定める申請者の待遇の種類や内容はほぼそのままのものとして維持されている。逆に、申請者の自立という観点から、労働市場へのアクセスについては申請から9か月以内から6か月以内へと変更、労働条件、結社の自由、教育および職業訓練、学位や資格の承認および社会保障に関連する事項で申請者へ構成国国民との平等の待遇を付与することを明記するなど、申請者の立場をより強化しようとしている部分もある。

このように、EUでは、欧州難民危機をへてもなお申請者の待遇レベルの低下をさせず、さらに、不測の事態でも受入れができるように準備をしておこうという姿勢がみられる。そこには、ダブリン・システムの効率的な機能の確保のためという特殊な理由があるにしろ、申請中の人々の人権保障の必要性と重要性への意識を感じる。

3　人権条約における庇護申請者の待遇

最後に、人権条約における庇護申請者の待遇について検討する。まず、日

6）　理事会は2016年から委員会の提案の審議を開始し、2022年12月20日に修正案（Council of the European Union, 20 December 2022, 16282/22 Inter institutional File：2016/0222（COD））を表し、現在、欧州議会の第一読会に回される段階である。

7）　European Council of Refugees and Exiles, 'Housing out of reach? The reception of refugees and asylum seekers in Europe' 2019, p.6.

本が批准する国際人権条約の条約機関から、難民申請者について受けている勧告を概観する。そして、庇護希望者の待遇に関する欧州人権裁判所の判決とHRCの見解を見る。その上で、庇護申請者の待遇の問題を発端に生じてきた構造的ルフールマンの議論を紹介する。

(1) 国際人権条約機関からの勧告

　本章1(1)で見たように、2010年3月以降、正規滞在者から難民申請があった場合は、難民認定手続が終了するまでの間、原則として6か月毎の在留期間の更新を認めるとともに、難民申請から6か月を経過した後は就労を認める運用が行われてきた。2010年3月の運用の見直しの前には、HRCによる第5回日本政府報告書審査（2008年）において、次のような懸念が表明され、勧告が出されていた。「難民認定手続にしばしばかなりの遅延があり、その間申請者は就労を禁じられ、かつ、限られた社会扶助しか受けられないことに、懸念を持って留意する」。「全ての難民申請者に対し、…（略）…手続の全期間にわたる適切な国庫による社会扶助あるいは雇用へのアクセスを確保すべきである」（CCPR/C/JPN/CO/5（2003), para. 25）。

　就労できない申請者は、外務省が生活困窮者と認める場合、保護費（生活費・住居費・医療費）の支給を受けられるが、2010年からは再申請者は支給の対象外とされている。そのため、2018年1月の運用見直しにより、就労ができない上に、保護費も受給できない再申請者が増加する可能性が指摘されていた[8]。実際、2018年1月の運用見直し後に行われた人種差別撤廃委員会（以下、CERD）による第10・11回日本政府報告書審査（2018年）では、「難民申請者が通常は就労することも社会保障を受けることもできず、過密状態の政府施設への依存または虐待および労働搾取のおそれにさらされていること」が懸念され、「難民認定申請者に対し、申請から6か月後の就労を認めること」が勧告されている（CERD/C/JPN/CO/10-11（2018), para. 36）

---

8)　赤阪むつみ「難民申請者の生存のために──新たな運用の見直しで何が起こるか」Migrants
　Network198号（2018年）22-23頁。

(2)　人権条約機関における庇護希望者の待遇

　近年、欧州人権裁判所やHRCは、庇護希望者が就労のみならず、住居、配給や社会保障を得られず、路上生活を余儀なくされているような環境におくこと、あるいはそのような受入国に送還することを「非人道的もしくは品位を傷つける取扱い」を構成するという判断をおこなうようになっている。以下、関連事例を紹介する。

①欧州人権裁判所の判例

(a)　M.S.S. 対ベルギーおよびギリシャ（大法廷2011年1月21日判決）[9]

　リーディング・ケースとなるのが欧州人権裁判所によるM.S.S. 対ベルギーおよびギリシャである。申立人はアフガニスタン国籍で、アフガニスタン駐留軍の通訳を務めたことによりタリバンに殺害されるおそれがあると主張していた。申立人はギリシャに不法入国し、1週間拘留された後、国外退去命令を受けた。その後、申立人は2009年2月にベルギーで庇護申請を行ったが、指紋照合により、彼の指紋がギリシャで登録されていることが判明した。EUでは、第三国国民が複数のEU加盟国に重ねて庇護申請をすることは認められず、1人の申請者の難民資格は1つの加盟国でのみ審査されることになっており、どの加盟国が審査の責任を負うかはダブリン規則で定めている。それによれば、難民庇護申請者が過去にEU加盟国に不法に上陸したことが証明される場合、原則として申請が行われる国ではなく、過去に上陸した国が審査の責任国となる（第10条1項）。2009年3月、ベルギー当局はダブリン規則に基づきギリシャに対し庇護申請の責任を負うよう要請したが、ギリシャ当局が規則第18条1項に定める2か月の期間に回答しなかったので、黙示の受諾と見なし、同5月に国外退去処分を決定して、申立人を収容施設に拘禁した。6月15日に予定された送還を前に、申立人は同処分の取消しを

---

9)　戸田五郎「判例紹介　ダブリン規則の適用事案に関する欧州人権条約違反認定 ―― M.S.S. 対ベルギー・ギリシャ事件（ヨーロッパ人権裁判所大法廷　2011年1月21日判決）」国際人権22号（2011年）177-179頁；大藤紀子「EUに対する『同等の保護』推定の限界　EUダブリン規則の人権条約適合性 ―― M.S.S. 事件 ―― 」小畑郁他編『ヨーロッパ人権裁判所の判例 II』（信山社、2019年）80-84頁。

求めて、ギリシャでは庇護申請が適切に審査される可能性が極めて低いこと、ギリシャにおける庇護申請者の待遇が劣悪であることなどを主張し、併せて欧州人権裁判所に対し、ギリシャへの移送を停止する仮保全措置申請を行った。同裁判所は、ギリシャが欧州人権条約やEU法を遵守するであろうとの信頼を理由に仮保全措置の申請を却下した。

　予定通りギリシャに送還された申立人は、アテネ国際空港到着後、庇護申請を行ったが直ちに収容された後、6月18日に釈放され、庇護申請者カード（ピンクカード）を交付された上、ギリシャにおける住所を2日以内に警察に申告するよう書面で指示された。しかし住所を期日までに決定できなかったため、申告は行わず、他のアフガニスタン人庇護申請者と共に公園で生活をするようになり極貧状態に陥った。生活の窮状から逃れるため、申立人は、2度にわたり、ギリシャからの出国を試みたが、逮捕されて警察官の暴行を受け、7日間拘禁される等、アフガニスタンへの強制送還の危険に晒された。

　M.S.S.事件の論点は多岐にわたるが、ここでは本章のテーマである庇護申請者の待遇に焦点をあてて、以下、判決のポイントを概観する。本件では、庇護申請者である申立人のギリシャ到着後の極端な貧困の状況が欧州人権条約（以下、条約）第3条の非人道的および品位を傷つける取扱いにあたるかが問題になった。裁判所は、条約第3条は締約国の管轄下にいる人に住居提供義務を課すものでも、一定の生活水準を維持できるよう難民に財政的支援を与える一般的義務を課すものでもないことを確認する。その上で、裁判所は、申立人が特別な保護を必要とする特に脆弱な集団といえる庇護希望者であることを重視し、さらに「締約国の支援に全面的に頼るしかない申立人が、人間の尊厳に反するほどの深刻な生活苦や貧困を経験しているにも関わらず、当局の無関心に直面している場合、この「取扱い」が（第3条の下での）締約国の責任となりうる」可能性を排除していないと述べ、申立人がギリシャで置かれていた状況は特に深刻なものであったと認定した。また裁判所は、法律上、ピンクカードを保持する庇護希望者は就労の機会が与えられることを指摘しながら、「実際には雇用市場へのアクセスは行政的な欠陥に満ちており、現実的な選択肢とは考えられない」と述べた。そして裁判所は、「受入指令に基づくギリシャ当局の義務を考慮し、ギリシャ当局が申立人の庇護

希望者としての脆弱性を十分に考慮せず、当局の不作為が原因で、申立人は数か月生活物資や衛生設備へのアクセスがなく、生活必需品を手に入れる手段が全くない状態で路上生活を送らなければならなかったことに、当局は責任を負うと考える。裁判所は、申立人はその尊厳の尊重を欠く屈辱的な取扱いの被害者であること、そしてこの状況が彼を絶望に陥れるほどの恐怖、怒りまたは劣等感を間違いなく引き起こしたと考える。裁判所は、このような生活状況は、彼がおかれている長引く不確実性と、彼の状況がよくなる兆しが全く見えないことも考慮すると、条約第３条の適用範囲に該当するのに必要な深刻さの水準に達していると考える」として、第３条違反を認定した。

　さらに裁判所は、ベルギーについて、ギリシャにおける第３条に反する生活状況等は、「申立人が送還される前に十分に知られており、多くの情報源により自由に確認できた」こと、さらに「ベルギー当局が計画的にダブリン規則を適用した」ことを指摘し、「申立人をギリシャに送還したことにより、ベルギー当局は品位を傷つける拘禁状態と生活状況に、申立人を故意に晒した」として、第３条違反を認定した。

(b)　N.H. 等対フランス（2020年７月２日判決）

　M.S.S. 事件判決は、庇護希望者の待遇が問題となったその後の判決でも引用され、それに沿った判断がなされている。N.H. 等対フランスでは、独身男性である５人の庇護申請者である申立人が、フランス法の下で受ける資格のある物的および財政的支援を受けることができず、その結果、数か月間、非人道的で品位を傷つけるような環境で寝泊まりすることを余儀なくされたと主張した。本件で裁判所は、「条約も議定書も政治的庇護を受ける権利を規定しておらず、締約国は、本条約の義務を含む、自国の条約義務に服しながら、外国人の入国、滞在、退去を管理する権利をもつ」としながら、「しかし国家は、…（略）…あらゆる民主的な社会の基本的価値の一つを規定する条約第３条を考慮しなければならない。条約第３条が規定する非人道的または品位を傷つける取扱いの禁止は、条約の本質である人間の尊厳の尊重と密接に結びついた文明的価値である」と明言した。また裁判所は、「条約第３条の絶対的性質からすれば、移民の流入増加から生じる要素は、当該条項

の下での義務から締約国を免除しない」ことを確認する。そして裁判所は、基本的には M.S.S. 事件判決の流れに沿って判断をおこない、庇護申請者が一般的には就労を許可されておらず[10]、フランス法で規定される現物支給や経済支援に完全に依存していたにも関わらず、N.H. ら 3 名の申立人は、独身男性で優先度が低いと判断されたため、それらを受給できず、河原でのテント生活等を苦しい生活を余儀なくされたことについて、第 3 条の趣旨に必要な深刻さの水準に達しているとして、同条違反を認定した。

②自由権規約委員会の見解

HRC でも、個人通報制度において、欧州人権裁判所と類似の見解が出されている。(a)ウォーダ・オスマン・ジャシン(Warda Osman Jasin) など対デンマーク（CCPR/C/114/D/2360/2014 (2015)）と(b)O.A. 対デンマーク（CCPR/C/121/D/2770/2016 (2017)）だ。(a)はソマリア国籍のシングルマザーとその 3 人の未成年の子どもが申立人である。本件で申立人は、最初の上陸国であるイタリアで路上生活を余儀なくされていて、その後、デンマークで庇護申請したが、ダブリン規則に基づいてイタリアへの送還が決定したことを不服として通報した。HRC は、申立人のイタリアへの送還を自由権規約第 7 条（残虐な、非人道的もしくは品位を傷つける取扱いの禁止）違反と認定した。

(b)の申立人はシリア国籍の未成年者で、同伴者なくギリシャに不法入国した。申立人は21歳と嘘をついた状態で、ギリシャで難民の地位を取得したが、その決定の公式通知を受けていなかった。申立人はギリシャで路上生活を余儀なくされ、その後、デンマークで庇護申請を行ったが、ギリシャが第一庇護国であることを理由に棄却された。その後、申立人は彼の弁護士に正しい誕生日を通知したが、難民不服委員会も申立人の訴えを棄却した。申立人は、ギリシャでのホームレス化と拘禁のリスクを指摘して、デンマークが自らをギリシャに送還することは規約第 7 条および第24条（子どもの権利）

---

10) 当時のフランス法によれば、フランスの庇護認定機関である OFPRA が、申請者の過失がないにもかかわらず、申請の登録から 1 年以内に庇護申請を決定しなかった場合にのみ、就労許可が認められることになっていた。

を侵害するとして通報した。HRC は第 7 条および第24条の違反を認定した。

(3)　構造的ルフールマン

　庇護希望者が就労のみならず、住居、配給や社会保障を得られず、路上生活を余儀なくされているような環境におき、庇護希望者が迫害のおそれのある国に自ら帰還せざるを得ない状況に追い込まれることもノン・ルフールマン原則違反になることが複数の学者により主張されてきた[11]。元々は、庇護希望者を貧困に追い込む政策をめぐって、このような「構造的ルフールマン」（constructive refoulement）の議論は展開してきたが、現在では、より広く、国家が難民または庇護希望者の人生を非常に困難にしたため、彼または彼女が自ら帰還することを選択せざるを得ない状況に追い込むこと全般が問題にされるようになっている。

　構造的ルフールマンに関する先例としてあげられる M.S. 対ベルギー事件（欧州人権裁判所2012年 1 月31日判決）では、無期限収容の状態に置かれたことにより、ベルギーで自由に暮らす希望もなく収容され続けるか、逮捕され虐待を受ける危険を知りながらイラクに帰還するかしか選択肢がなくなったが、このような状況下では「自由な同意」という条件を満たさないとして、第 3 条違反が認定された。また N.A. 対フィンランド事件（欧州人権裁判所2019年11月14日判決）では、申立人の父が、最高行政裁判所が退去強制の執行停止を認めなかったことを受けて、イラクに自発的に帰還した後に殺害されたことが問題になった。欧州人権裁判所は、在留許可を得る希望のない状態で、フィンランドで退去強制のために収容され、帰国後、イラク当局の関心を引くのか、それともリスクを知りながら自発的にフィンランドを離れるかしか選択肢がなかったが、それは真の選択とは言えないとして、第 2 条（生命に対する権利）および第 3 条に基づく国家の義務を免除しないとした。

---

11)　詳しくは、小坂田裕子「難民及び庇護希望者の労働の権利──難民条約と社会権規約の比較検討」錦田編、2020年、71頁。

おわりに

　以上に見たように、日本では難民申請者が就労できる場合は非常に限定されており、再申請者については原則として認められない。保護費を受けることが出来るが、金額は非常に限定的で、さらに再申請者は原則として受給できない。これに対して、EU では、明確な法的義務として各国に難民申請者に一定の待遇を求めている。欧州人権裁判所の判決と HRC の見解では、EU 基準のような待遇までは要請されていないが、就労も給付も認めず、路上生活を余儀なくされるような状況については、非人道的または品位を傷つける取扱いとして違反認定が出されるようになっている。国際人権法におけるこのような発展からすれば、もちろん EU レベルの待遇が与えられることが将来的には理想であるが、少なくとも現状においても、就労も給付も認められず、路上生活を余儀なくされるような状況は改善される必要がある。このことは、改正入管法の下での難民申請者と補完的保護申請者についても当然、あてはまる。

第11章
家族との「きずな」などのため帰国できない人は？
──在留特別許可

北村泰三

はじめに

　直木賞作家の中島京子さんの小説『やさしい猫』（中央公論新社）では、主人公のスリランカ人の男性は、日本人のシングルマザーの女性と震災ボランティアで知り合い、付き合い始め結婚を約束していた。しかし、いろいろな事情により在留期限を越えて在留してしまったことから、入管に収容され、強制送還されそうになってしまった。家族として一緒に暮らしたいという当然の希望が切り刻まれそうな状況で、どうすればそれが叶えられるのか。ここから入管との法廷闘争が人間ドラマ化して描かれている。家族を想う人間的な情愛よりも、入管法の規定は一律厳格に適用されるべきものなのだろうかという疑問が立ちはだかる。

　入管法は決して優しくないが、事情により在留資格を失った外国人であっても、家族との「きずな」などのために在留が認められる場合もある。それは、入管法上では「在留特別許可」（以下、「在特」という場合がある）という制度である。難民認定が棄却されたり、その他の何らかの事情により在留資格を失ったりした場合でも、法務大臣が在特を認めれば、在留が可能となる制度だ。ただし、これは法的な権利として外国人に認められる訳ではなく、許可するかどうかは法務大臣の裁量によって決定される。法務省は、「在留特別許可に係わるガイドライン」を在留許可の判断の目安として公表している。それによると積極的要素としては、当該外国人に配偶者がいる場合や日

本で育った実子がいる場合などを挙げ、また消極的要素としては重大な犯罪歴がある場合や不法入国である場合などを挙げている。

　今回の入管法改正では、これまで不透明との批判が強かった在特制度について、考慮要素を列挙し（第50条1項5号）、在特許可の申請手続規定を創設した。ただし、たとえば「1年を超える実刑判決を受けた者」ついても原則として排除することにしている点などでは、現行基準と比べて、かなり厳格化した面がある。犯罪歴のある者であっても、日本で生まれた子どもがいるような場合も、子どもを含めて、在留を認められず退去強制処分に付すこともやむを得ないのだろうか。

　また在特に関連して、2023年8月4日法務大臣は、在留資格のない外国人の子どもが日本生まれで小中高の学校教育を受けている場合には、家族一体で在留を許可する方針を発表した[1]。在留資格のない外国人の子どものうち、日本で生まれ育ち、親に犯罪歴がなくかつ不法入国ではない者を対象とする方針が示された[2]。しかし、子が成人に達した場合や外国生まれで日本育ちの子どもは除外され、親に帰責性がないこと（犯罪歴や不法入国者でないこと）を条件としている。すなわち、一律救済ではなく、親の素行によって、子どもが在留できるかどうかが決まることを意味しており、選別化して、基準に該当しない者をあぶり出して送還するという飴と鞭の方針でもある。

　他方で、国家の出入国に関する裁量的権利は、今日、国際人権条約の規定により、一定の制限に服するものと考えられ、決して無制約ではない（第1章参照）。在特との関連で想起すべき点は、国際人権法は家族の統合の権利および子どもの権利として親と分離されない権利を明記していることである。すなわち、自由権規約第23条は、家族生活に対する権利を、第24条では子どもの権利を定めており、さらに子どもの権利条約は[3]、児童に関するすべての措置をとるにあたって、関係諸機関は「子どもの最善の利益」（the best

---

1）　　法務省ウェッブサイト参照。https://www.moj.go.jp/hisho/kouhou/hisho08_00435.html
2）　　基本的には、子どもには「留学」資格を付与し、親には「子どもを養育監護する活動」を指定する就労可能な「特定活動」資格を付与する在留特別許可を一定条件のもとで一律に適用する方向のようである。
3）　　1989年11月20日、採択。日本は1994年に国会承認、同年5月22日発効。

178

interest of the child）を考慮すべきことを求めており、家族統合の権利（10条
1項）を含めて認めている。したがって、在留資格を何らかの理由で失った
外国人であっても、これらの国際人権条約の規定を考慮して、家族統合の権
利を保護する必要がある。

　以上の背景の下で、本章では、1において在特制度の概要について検討し
ておく。2では、在留資格のない外国人が家族滞在の権利を主張して争った、
日本の裁判例を紹介する。3では、国際人権法の観点から、自由権規約第23
条、24条に関する自由権規約委員会（以下、HRC）の個人通報例を取り上げ
て見たい。

1　在留特別許可とは

(1)　入管法の関連規定と在留特別許可に係わるガイドライン
①従来の在留特別許可制度

　一般的には、在留資格のない外国人であっても正規化（アムネスティ）と
いう方法によって在留を許可されれば、退去強制を免れることができる。ま
たアムネスティには、一般的アムネスティと個別的アムネスティという2種
の方法がある。前者は、一定の基準（たとえば、在留期間やその間に罪を犯し
たことがないなど）を満たしている非正規滞在者について、在留を許可する
方法である。後者は、対象者の個別の事情を判断して、在留を許可する方法
である。諸外国では、一般的アムネスティが行われることがあるが[4]、日本
では、個別的なアムネスティのみが行われており、従来一般的なアムネステ
ィが行われたことはなかった。上記の日本で生まれた在留資格のない外国人
の子の正規化の方針は、対象を絞った小規模の一般アムネスティに当たると
考えられる。

　在特許可の方式については、法務大臣の裁量により決定するものであるか
ら、現行入管法にその手続や条件等に関する規定は無く、法務省令である在

4）　瀬戸一郎＝鈴木絵里子＝ A.P.F.S. 編著『在留特別許可と日本の移民政策』（明石書店、2007
年）。本書の44-45頁には、諸外国の一般アムネスティの実施状況表が掲載されている。

留特別許可ガイドラインによって一応の判断基準を示してきた。しかし、この制度は、法務大臣の大幅な裁量に委ねられており、透明性について種々の批判があった。それらも考慮した上で、今回の入管法改正では、在特許可に関する規定を大幅に改定したが、従来よりも制限的な規定となっている。

②改正入管法上の在留特別許可

改正入管法第50条は、法務大臣は、在留資格のない外国人が、退去強制の対象とされた場合であっても、当該外国人が、①永住許可を受けているとき、②かつて日本国民として日本国内に本籍を有したことがあるとき、③人身取引等により他人の支配下に置かれて本邦に在留するものであるとき、④難民の認定又は補完的保護対象者の認定を受けているとき、⑤その他法務大臣が特別に在留を許可すべき事情があると認めるときには、当該外国人からの申請により又は職権で、在留を特別に許可すべき事情があるかどうかを判断して、在特を認めると定めた。これらのうち①、②は、日本人との縁の深い者を対象にした規定であり、③は、自らの意思で日本に滞在している者ではないという事情を考慮した規定であり、④は難民認定を受けた者または補完的保護認定者が、何らかの事情により、退去強制の対象になった場合であっても、在留特別許可の対象となりうるとしたものである。最後の⑤は、いわゆる人道的な配慮に基づく在留特別許可に相当する。④との関係では、当該外国人が無期若しくは１年を超える拘禁刑に処せられた者、テロ関連犯罪、薬物犯罪、偽造旅券などで不正な手段で入国した場合、不法就労助長罪で有罪判決を受けていた場合には、原則的に在特許可はされず、「在留を許可しないことが人道上の配慮に欠けると認められる特別の事情があると認めるときに限る。」としている。後段の意味は、これらの犯罪者であっても、人道上の配慮が必要であると認められる場合には、在留を認める場合があることを示唆している。

また改正入管法第50条５項では、「法務大臣は、在留特別許可をするかどうかの判断に当たっては、当該外国人について、在留を希望する理由、家族関係、素行、本邦に入国することとなった経緯、本邦に在留している期間、その間の法的地位、退去強制の理由となった事実及び人道上の配慮の必要性

を考慮するほか、内外の諸情勢及び本邦における不法滞在者に与える影響その他の事情を考慮するものとする。」と定めている。

(2)　在留特別許可に係るガイドラインの問題点

　上記の諸事項は、従来の「在留特別許可に係るガイドライン」（平成18年、平成21年改訂）によって触れられている事項を簡潔に表記したものである。このガイドラインは、実際の判断基準というよりも、判断に際して考慮すべき諸要素を列記したものであると言われている。在留特別許可は、特例として認められるに過ぎず、外国人の側から、人道的な見地から在留特別許可を主張することはできても、外国人には在留特別許可を求める実体法的な請求権があるわけではない（多賀谷＝髙宅、2015、474頁）。

　現行のガイドラインでは、以下のように積極的要素と消極的要素を上げている。

　積極要素としては、上記の①から④の場合のように当該外国人の身分関係が日本との結びつきが強いことが一般に考慮される要素となっている。その他、「本邦での滞在期間が長期間に及び、本邦への定住性が認められること」なども要素として挙げられている。特に、当該外国人が、日本人の子又は特別永住者の子であること、当該外国人が、日本人又は特別永住者との間に出生した実子（嫡出子又は父から認知を受けた非嫡出子）を扶養している場合であって、（ア）未成年で未婚の子があること、（イ）親権者であること、（ウ）子と相当期間同居の上、監護及び養育していることが挙げられている。外国人が、日本人（又は特別永住者）と結婚していている場合も配慮されうるが、ただ結婚しているという形だけでは十分ではなく、相当期間共同生活をし、相互に協力して扶助していること、夫婦の間に子がいるなど、婚姻が安定かつ成熟していることなど細かな条件があり、偽装結婚である場合は除くとされている。また、当該外国人が、日本国内の小中高等学校に在学し、実子と同居し、監護養育していること、難病等により本邦での治療を必要としていること、又はこのような治療を要する親族を看護することが必要と認められる者であることも考慮の対象となる。

　消極要素としては、特に考慮すべき点として、当該外国人が、違法薬物及

び拳銃等、いわゆる社会悪物品の密輸入・売買などの重大犯罪により刑に処せられたことがあることおよび旅券の偽造や集団密航、不法就労助長罪など出入国管理行政の根幹にかかわる違反又は反社会性の高い違反をしていることを挙げている。

在特の許否判断は、「積極要素及び消極要素として掲げている各事項について、それぞれ個別に評価し、考慮すべき程度を勘案した上、積極要素として考慮すべき事情が明らかに消極要素として考慮すべき事情を上回る場合には、在留特別許可の方向で検討することとなる。」（多賀谷＝髙宅、2015, 483頁）。これらの諸要素を総合して判断するのであるから、積極的要素が認められるからといって、在特が認められる方向で検討されるというものではない。

これらのガイドラインの適用は、かなり厳格になされており、難民不認定になった場合に、子どもが幼い場合には、「可塑性」が認められるとして一緒に送還されてしまうのが普通である。可塑性とは、送還された場合に、送還先の国の言語、教育、社会習慣等に困難なく適用する可能性が見込めるかどうかをいう。子が幼児であれば可塑性が認められ親とともに送還されるが、13歳程度に達している場合には、可塑性が乏しく、子どもの希望や監護者がいる場合には、子どもだけ在留が認められるが、親は送還という扱いがなされているのである（多賀谷＝髙宅、2015、496頁）。

またガイドラインにはないが、性的多様性の観点から、家族のあり方が変化している現在、LGBTIの日本人または永住外国人と外国人パートナーとの関係等についても、同居・同一生計を営む関係等がある場合には、在留特別許可が考慮されてしかるべきであろう[5]。

退去強制の件数を年度別、事由別にまとめたものが、表11-1である。表11-2は、退去強制事由別在特件数の年度別の推移を表にしたものである。表にみるように、退去強制件数に比べて、在特件数は10分の1以下である。退去強制令の対象となった者のすべてが在特を申請する訳ではないが、年間

---

[5] LGBTIの外国人パートナーに在留特別許可が認められたケースはあるが、ガイドラインにはない。

表11-1　退去強制事由別入管法違反事件の推移

退去強制事由 ＼ 年	2017	2018	2019	2020	2021
総　　　　　　数	13,686	16,269	19,386	15,875	18,012
不　法　入　国	577	409	349	225	182
不　法　上　陸	151	140	134	56	50
資　格　外　活　動	648	476	255	96	37
不　法　残　留	11,502	14,353	17,627	14,465	16,638
刑　罰　法　令　違　反	470	460	448	504	574
そ　　の　　他	338	431	573	429	531

表11-2　退去強制事由別在留特別許可件数の推移

退去強制事由 ＼ 年	2017	2018	2019	2020	2021
総　　　　　　数	1,255	1,371	1,448	1,478	8,793
不　法　残　留	868	970	1,051	1,142	8,271
不法入国・不法上陸	128	143	128	104	132
刑　罰　法　令　違　反　等	259	258	269	232	390

表11-2、表11-2ともに、出入国在留管理庁『出入国在留管理（2022年度版）より

千人台で推移しており、また在特が認められる率は、退去強制対象者の10%に満たない。難民認定率に比べれば高いが、申請者にとってはかなり厳しい。2021年に在特許可件数が前年度の6倍近くに増えたのは、コロナウィルス感染対策のため出入国が規制されて帰国できなという事情が反映したものである。在特許可者の国籍別の内訳は、ベトナム、フィリピン、中国、タイなどが多い。

2　在留特別許可に関する判例——家族統合との関係

　在留特別許可が認められずに裁判に及ぶ例は非常に多い。たとえば、大きく報道でも取り上げられた事件として、フィリピン人家族の事案（カルデロン事件）がある。本件では、両親は、偽造パスポートで入国して非正規のまま生業に就いていたところ、日本で生まれた子どもが中学生となり、在特を

求めて出頭したが、許可されず、退去強制処分が決定されたため、同処分の取り消しを求めて法廷で争った。本件に関する第１審判決（東京地判2008〔平成20〕年１月17日、民事第２部）は、次のように述べていた。

「児童の権利に関する条約、Ａ規約及びＢ規約（社会権規約および自由権規約のこと：筆者）は、外国人を自国内に受け入れるかどうか、また、これを受け入れる場合にいかなる条件を付するかを、専ら当該国家の立法政策にゆだねており、これらを自由に決定することができるとする国際慣習法上の原則を排斥する旨の明文の規定を設けておらず、（中略）かえって、児童の権利に関する条約９条４項が、退去強制の措置に基づき、父母と児童が分離される場合があることを予定していること、Ｂ規約13条において、合法的に締約国の領域内にいる外国人について、法律に基づいて行われた決定によって当該領域から追放することを容認していることからすれば、上記国際慣習法上の原則を前提としており、これを基本的に変更するものではないと解すべきであって、『児童の最善の利益』及び『家族の権利』も在留制度の枠内で考慮されるにすぎないというべきである。また、社会権の保障は、本来、各人の属するそれぞれの国の責務というべきであり、（中略）、同規約上の権利を理由として外国人が本邦に在留できることを権利として保障したものと解することもできない。（傍線筆者）」

　「これらの条約の規定が、退去強制事由のある外国人を国籍国等に送還することについての法務大臣等の裁量権を制限するものということはできない。そして、在留特別許可が付与されなかったために、国籍国等に送還される結果が生じたとしても、それが直ちに児童の権利に関する条約９条４項、Ａ規約13条、Ｂ規約17条及び23条に違反することにはならないと解するのが相当である。」

　要するに、在留の許否に関する法務大臣の裁量的権限は、国際慣習法上の原則に由来する広範なものであるから、児童の最善の利益、家族の保護も在留制度の枠内で考慮されるにすぎないとしているのは、マクリーン事件の最

高裁判決を根拠にしているように思われる。ここで問題は、マクリーン判決
では、出入国の許否に関する国際慣習法上の原則も「特別の条約」がある場
合にはこれに従うべきことを認めているにもかかわらず、本判決では、子ど
もの権利条約の規定によっても国際慣習法の規定は変更されないと言ってい
る点である。すなわち、マクリーン判決を拡大解釈して、子どもの権利条約
上の子どもの最善の利益も在留制度の中に押し込めることによって法務大臣
の裁量の幅を大きく認めた判決である。本件では、控訴審、上告審でも敗訴
し[6]、その後、再審請願[7]という手続により13歳の中学生の子については、
在特が認められたが、両親はフィリピンに帰国せざるをえなかった。家族の
統合や子どもの最善の利益の考慮は、認められなかったのである。

　これに似たケースはほかにも少なくない[8]。たとえば、母親はタイ国籍の
オーバースティであったところ、日本で生まれ育ったタイ人の高校生のウテ
ィナンさんが母親とともに在留特別許可を申請したところ、これが認められ
ず、退去強制処分が言い渡された。そこで、母親とともに同不許可処分の取
消を求めて提訴したが、第1審（東京地判、2015年6月30日）は訴えを棄却し
た。母親はやむを得ずに帰国したが、高校生のウティナンさんはタイに帰っ
ても言葉も分からず順応するのは困難であるから、ガイドラインの積極的要
素に合致しているとして控訴して争ったが、やはり敗訴した（東京高判、
2016年12月6日）。本件でも、最終的に入管は、再審請願によりウティナンさ
んについては在特を認めた。

6）　最判2008（平成20）年9月26日、渡邊彰悟「カルデロン事件が明らかにしたもの」国際人権
　　21号（2010年）80頁。馬場里美「フィリピン人一家退去強制事件」国際人権21号（2010年）86頁。
7）　退去強制手続によって「退去強制令書」を発付された外国人が、なおも在留特別許可を希望
　　する場合に行う手続のことである。
8）　戸田五郎「在留特別許可における『児童の最善の利益』の考慮［東京地裁平成25.4.11判
　　決］」新・判例解説 Watch14号（2014年）331-334頁。

3 国際人権法における家族統合の権利

(1) 家族の権利、子どもの権利に関する国際人権法

本章の冒頭で触れたように、非正規滞在外国人の在特に関連して国際人権条約が定める家族の保護および親と分離されない子どもの権利を考慮する必要がある。具体的には、自由権規約第17条は、「何人も、その私生活、家族、住居若しくは通信に対して恣意的に若しくは不法に干渉され又は名誉及び信用を不法に攻撃されることはない。」と定めている。また、同第23条1項「家族は、社会の自然かつ基礎的な単位であり、社会及び国による保護を受ける権利を有する。」と定めている。さらに、第24条は、「すべての児童は、人種、皮膚の色、性、言語、宗教、国民的若しくは社会的出身、財産又は出生によるいかなる差別もなしに、未成年者としての地位に必要とされる保護の措置であって、家族、社会及び国による措置についての権利を有する。」と定めている[9]。

また、子どもの権利条約は、第3条1項において、「児童に関するすべての措置をとるにあたっては、公的若しくは私的な社会福祉施設、裁判所、行政当局又は立法機関のいずれによって行われるものであっても、児童の最善の利益が主として考慮されるものとする。」と定める。また、第9条は、子どもの権利として「締約国は、児童がその父母の意思に反してその父母から分離されないことを確保する。」と規定している[10]。これは、子の親からの分離を権限ある当局が決定できるのは、子の最善の利益において必要な場合に限ることを意味している[11]。

子どもの権利委員会と移住労働者権利委員会[12]は、共同して「国際的移住

---

9) 社会権規約10条も、「この規約の締約国は、できる限り広範な保護及び援助が、社会の自然かつ基礎的な単位である家族に対し、特に、家族の形成のために並びに扶養児童の養育及び教育について責任を有する間に与えられるべきである。」と定める。

10) 日本政府は、第9条1項について、「出入国管理法に基づく退去強制の結果として児童が父母から分離される場合に適用されるものではない」との解釈宣言を付している。

11) Sharon Detrick, A Commentary on the United Nations Convention on the Rights of the Child, 1999, p.172.

12) 国連が、1990年に採択した移住労働者権利条約に基づいて設置された履行監視機関である。

の文脈にある子どもの人権についての一般的原則」に関する一般的意見を採択した（CMW/C/GC/3-CRC/C/GC/22, 16 November 2017）。同意見では、在留資格を理由とする親の拘禁または退去強制につながる可能性がある移住・庇護手続の諸段階で、子どもの最善の利益を評価・判定を実施することを求めている。また、最善の利益の判定手続は、家族からの子どもの分離につながるいかなる決定においても実施されるべきであり、かつ、子どもの最善の利益が第一次的に考慮される、としている（para. 32）。

　国連国際法委員会の「外国人の追放に関する条文草案」の第15条2項でも、「追放対象となるものに関するすべての措置において、子どもの最善の利益が優先的に考慮される。」と定めている[13]。

　今回の入管法改正を機に法務省は、在特に係わるガイドラインを改訂する方針であると伝えられているが、その際には、これらの国際人権基準に従って、家族統合の権利や子どもの最善の利益が十分に保護されることを明記するべきだろう。

(2)　家族生活の権利に関するHRCの個人通報事例

　HRCは、同規約（第1）選択議定書に基づき、規約上の権利の侵害に関する個人からの通報を受理し、審査し、規約の違反があるいなかに関する「見解」（Views）を述べる権限を有している。この見解は、法的拘束力はないが、「自由権規約を解釈する際の有力な根拠となりうる。選択議定書に基づいて出されるHRCの見解は、「規約そのものによって設置された規約の解釈に責務を負う機関による権威ある決定を表すものである。」（HRC、一般的意見33、2008年）。

　HRCは、退去強制または送還が上記の自由権規約第17条および第23条に違反するという訴えを受理し、審査してきた[14]。

　HRCの初期の個人通報事件において、自由権規約第17条等によって保護

---

13)　　北村泰三＝安藤由香里＝佐々木亮「国際法委員会『外国人の追放に関する条文草案』の研究（2）」比較法雑誌第55巻4号（2022年）69-104頁。

14)　　村上正直「外国人の追放と家族の利益の保護」世界人権問題研究センター・研究紀要7号（2002年）145-174頁。

される「家族」の範囲は、同居や同一生計または経済的支援などの要素が伴うことを条件としていること、また、外国人の退去強制（追放）は、家族構成員間の分離を生じさせ、家族生活を実質的に変更させる場合には、規約17条にいう「干渉」に当たりうること、村上正直教授が詳しく分析しているように、HRC は、家族の権利の解釈において、「子どもの最善の利益」の概念を援用していることが確認されている。

　問題は、親に帰責性のあるケースである。国家は、治安の確保、社会の安全の維持のために犯罪者（特に重大な犯罪を犯した者）を国外に追放する権利があるとされる。これは、国家の権能として一般国際法上当然に認められる原則であると考えられる。しかし、他方で個人の権利としての家族の統合の尊重を求める権利や親との同居するための子どもの権利との兼ね合いが問題となることがある。

①スチュアート対カナダ事件

　先駆的な例である[15]。通報者は、スコットランド生まれで7歳の時に母親とともにカナダのオンタリオ州に移住し、以後成人し、結婚して2人の子どもを設けていた（通報時には、元妻とは離婚し、子どもらは母親と同居していた）。しかし、通報者は、大麻吸引および暴行などの罪により何度も逮捕された犯歴があり、アルコール中毒でもあった。カナダの移民当局は、犯罪を理由として当人を国外追放し、再入国を認めないと決定した。そこで、通報者は、本件追放は、規約第17条および第23条に反すると主張して、HRC に通報を提出した。しかし、HRC は、カナダの移民控訴審は、本件追放が通報者の家族生活の権利に対する干渉には当たらないとの決定を下していたことに鑑みて、合法的な国益の促進のために採られた追放措置は、自由権規約の各条の違反には当たらないとの見解をとった。この背景には、カナダと英国のスコットランドとは言語、文化等の違いが相対的にみて少ないことも影響していると思われる。ただし、再入国を認めない判断まで規約違反なしとしたこ

---

15)　Stewart v. Canada, Communication No. 538/93 CCPR/C/58/D/538/1993,16 December 1996.

とについては反対意見を主張した委員がいた。

　追放措置が、国益的な観点から追放措置を適法とする判断は、カネパ対カナダ事件[16]でも踏襲されたが、以下にみるように、2000年代になってからは家族の権利や子どもの権利を重視して、追放措置が自由権規約に違反するとの見解も採られるようになった。以下では、特に親に犯罪歴等により在留資格が認められなかったケースで、追放が決定された場合に、家族の統合に対する権利および子どもの権利の観点からどのような判断がなされているかを見ておこう。

②マダフェリ他対オーストラリア事件

　通報者（マダフェリ氏、以下M）は、1989年10月、イタリアから観光ビザでオーストラリアを訪れ、そのまま在留し続け、オーストラリア人女性と結婚して4児を設けたところ、過去のイタリアでの犯罪歴や「悪い性質」（bad character）などを理由にイタリアへの追放が決定された事案である[17]。1996年に配偶者ビザの申請をしたところ、当人が欠席裁判でイタリアの裁判所から有罪判決が下されていたことが判明したために、素行を理由にビザの申請は却下された。さらに、2000年には、オーストラリア移民相は、Mがオーストラリアに「深く根ざした」つながりを持つマフィアとの関係が疑われたため、国外退去を命じた。その6か月後、Mは、追放（removal）を待って入管収容された。収容中にMは長期拘禁によるストレス障害を発症し、精神病院に強制的に6か月間入院させられた。そこで、強制送還が違法であると主張して国内裁判所で争ったが、最終的には認められなかったので、HRCに個人通報を提出したところHRCは、見解において以下のように述べた。

　委員会は、4人の未成年の子を持つ家族の父親を国外退去させ、家族に同伴するか締約国に留まるかを選択するよう強制する締約国の決定は、家族に対する「干渉」とみなされるので、規約第17条に反する恣意的な干渉である

---

16)　Canepa v. Canada, Communication No. 558/1993, CCPR/C/59/D/558/1993

17)　Francesco Madafferi and Anna Maria Immacolata Madafferi, Communication No. 1011/2001, CCPR/C/81/D/1011/2001, 26 August 2004.

か否かが問題となる。さらに、家族の一部が締約国の領域から退去しなければならない状況で、他の一部が留まる権利を有する場合、家族生活に対する具体的な干渉が客観的に正当化されるか否かを評価するための関連する基準は、当該者の退去に関する締約国の理由がどれほど重要であるかに照らして、退去の結果、家族のメンバーが遭遇すると予想される苦難を考慮しなければならないとした。さらに委員会は、締約国がMのオーストラリアにおける不法滞在、移民多文化局との関係における不誠実な対応、および20年前のイタリアでの犯罪に由来する「悪い性質」などによって、Mの送還を正当化していることに留意して、次のように述べた。

> 「委員会はまた、イタリアでの有罪判決が取り消された点も考慮して、14年間連れ添った家族に課せられる相当な苦難にも留意する。M夫人と子供たちが、一家離散を避けるためにイタリアへの移住を決断した場合、彼らは知らない国に住み、子供たち（うち2人はすでに13歳と11歳）が未修得の言語を話さなければならないだけでなく、彼らにとって異質な環境の中で、精神衛生が深刻に悪化している夫（父親）の面倒を見なければならない。このような極めて特殊な状況において、委員会は、行政控訴裁判所の決定を覆してMの送還を決めた大臣決定に関して締約国が提出した理由は、本件において、家族に対するこの程度の干渉と、未成年者としての地位によって要求される保護措置を受ける子どもたちの権利の侵害を正当化するほど十分に緊急なものではないと考える。（中略）委員会は、特に、採用された手段と主張される正当な目的との間の合理性、必要性、比例性に関して、通報者の主張に対する個別の評価がなされていなかいようであったと考える。（para. 9.8）」

以上により、HRCは、締約国によるMの送還は、仮に実施された場合、家族全員に関して、規約第17条第1項、第23条および第24条に反する、家族に対する恣意的な干渉を構成するとして、これらの条項に違反するとした。オーストラリア政府は、以上のHRCの意見を容れて、2005年に新しい担当大臣が「人道的理由」により強制送還命令を撤回する決定を行った[18]。HRC

は、同種の事案の再発を防止するように求めた。

③グネイスワラン対オーストラリア事件

　通報者は、スリランカの反政府武装組織「タミル・イーラム解放の虎」（LTTE）との関連のある男性である[19]。LTTE は、2009年の和平後も政府から敵視されているので、スリランカを逃れてオーストラリアで難民申請をした。その主張によれば、2012年に、自宅に数人の男がやってきて治安機関に連行され、殴打暴行された上、LTTE との関連を自白するように迫られ、数日後に路上に目隠しをされて放置され、その2日後に友人の援助によりスリランカを脱出した。2012年、海上ルートでオーストラリアに不法入国し、2012年11月2日に難民認定を申請したところ、2013年1月11日、供述の信憑性が疑われたため難民認定は棄却された。不服申立でも、やはり認定はされず、難民再審裁判所への提訴も棄却された。その間、通報者は、2016年9月8日にスリランカ人女性と結婚し、妻は、一時保護ビザ（難民申請中の者に認められる在留資格）を申請していたところ、2017年3月27日には、女児が生まれた。

　2017年11月には、妻のビザの申請が許可されるまではオーストラリアを出国することはできないと主張して、大臣の裁量的介入（日本の在特に相当）を求めた。2018年7月に、妻に一時保護ビザが発給されたので、オーストラリアに家族とともに残りたいと希望したが、移民国境保護局は、7月13日に大臣介入の指針を満たしていないと決定した。以上の経緯を経て、通報者は、代理人を通じて、自由権規約第17条および23条の家族生活の権利の侵害であることを主張して、HRC に通報を宛てた。

　HRC は、7月18日、委員会手続規則第93条に従って暫定措置として、最終見解を提出するまでの間、追放命令の執行を停止するよう求めた。しかし、政府は、7月18日にこの要請を受けとる6時間前に飛行機に乗せて追放して

---

18)　Remedy Australia, Follow-up Report on violations by Australia of ICCPR in individual communications（1994-2017）, 2017.

19)　Thileepan Gnaneswaran v. Australia, Communication No. 3212/2018, CCPR/C/133/D/3212/2018, 8 February 2022.

しまった。その結果、通報者は、スリランカのコロンボ空港に到着するなり、警察に逮捕されて、その後訴追されたことが確認された[20]。

　本見解が採択されたのは、2021年10月であるから、それより3年も前にスリランカへの追放が実施されていたのである。したがって、以下のHRCの見解は、「後の祭り」ではあるが、実質的に重要なのは、末尾において身柄の返還と難民認定のやり直しおよび補償を求めた部分である。

　以上のような経緯を前提として、HRCは、次のように述べた。

> 「締約国が移民政策を実施し、不法滞在者の出国を要求する裁量権は大きい。また、子どもの出生または子が出生または法の運用により後の段階で国籍を得るという事実は、両親またはそのいずれか一方の追放（deportation）を恣意的なものとはしない。したがって、国家は出入国政策を実施し、不法滞在者の出国を求めるために広範な裁量権がある。しかし、その裁量は無制限ではなく、状況によっては恣意的に行使される可能性がある。委員会は、恣意性の概念には、適切性、公正性、予見可能性、法の適性手続き、必要性および比例性などの要素が欠ける場合も含まれることを想起する。（para. 9.4）」

> 　さらに、「（中略）委員会は、オーストラリアの移民法の運用を考慮すると、通報者のケースでは家族再統合がオーストラリアでもスリランカでも近い将来に不可能であることを締約国が実際に認めているという事実および通報者の妻が当分の間スリランカに安全に戻ることができないという締約国の認識（para. 4.4）とを併せて考えると、……（追放の）決定における理由の欠如は特に懸念すべきものであると考える。……以上のことから、委員会は、特に、合理性、必要性および採られた措置との比例性との関連において、通報者の主張に対する個別の評価がなされていないなかったと考える。（para. 9.5）」

---

20) The Guardian, Wife's despair as asylum seeker deported by Australia is arrested in Sri Lanka, 18 July 2018.

結論としては、第23条1項と関連して解釈することにより、第17条の侵害を認めた（para. 10）。これらの自由権規約の解釈適用論に加えて、HRC は、オーストラリア政府に対して本見解を考慮して通報者の置かれた事情を再考し、本人が希望する場合には身柄の返還（現状回復）と補償の支払を一括して求めた。

HRC の暫定措置要請が間に合わなかったのは残念ではあるが、同委員会の審議が行われていることを無視して、オーストラリア政府が通報者を拙速に送還してしまい、家族統合を破綻させてしまったことへの責任が問われた。なお UNHCR の難民認定基準ハンドブックでは、一般に家族の長が難民の定義に該当するならば、その扶養家族は、通常家族統合の原則に従って、難民の家族の統合が維持されることを確保するように求めているが（para. 184）、今日では、「家族の長」とは、夫または妻のいずれか一方と考えるべきであろう。本件では、妻が認められた在留資格には家族呼び寄せの権利が認められていないという問題がある。

本件で通報者をスリランカに送還してしまったのは、オーストラリア当局による出身国情報の分析が甘かったことがひとつの原因であろう。オーストラリア海外貿易省が公表している出身国情報は、情報の出所が入国審査にあたる調査官に依存していて公式ルートの情報を偏重しているとも指摘されている[21]。UNHCR やヒューマン・ライツ・ウォッチは、元 LTTE のメンバーに対しては警察・治安機関による恣意的逮捕拘禁が行われ、尋問手段として拷問が常習的に行われ、レイプも繰り返し発生していることを伝えており[22]、政府情報は、実際のタミル人が経験した内容とは異なっているとも言われている。

④ムネル・アーメド・フセイニ対デンマーク事件[23]

通報者は、1986生まれのアフガニスタン人男性で、累犯者である。1997年

---

21)　Sri Lankan asylum seekers are being deported from Australia despite fears of torture. Global English（Middle East and North Africa Financial Network）. August 1, 2018.

22)　ヒューマン・ライツ・ウォッチ「スリランカ：苛酷な治安法の廃止を」https://www.hrw.org/ja/news/2018/01/29/sri-lanka-repeal-draconian-security-law

7月に通報者は、デンマークに入国して、先んじてデンマークに居住していた父と再会した。その後はデンマークに滞在許可を得て居住し、2006年には結婚して、2009年には離婚したが、子どもが2人いた。

通報者は、2002年9月に、強盗、詐欺、武器の不法所持等により有罪（追放の命令はない）の宣告を受けたのを皮切りに、2005年3月に強盗、2010年4月には監禁、暴行事件で有罪判決を受けるなどの犯罪歴があった。その間、追放処分が決定され、2013年に、追放の件で当局より事情聴取を受けた際に、自主出国を拒否したところ、収容された。こうした経緯の下で、通報者は、アフガニスタンへの追放は、自由権規約第2条、第23条、第24条の権利の侵害に当たり、家族生活に対する権利に対して十分な考慮が払われていないと主張してHRCに通報を提出した。デンマーク政府は、自由権規約では、外国人が特定の国に入国し在留する権利を保障していないし、国家は、有罪の宣告を受けた外国人を追放する権利があると主張した。

HRCは、見解において通報者を子どもと他の家族から引き離すことは、規約第23条第1項に基づく問題を生じさせる可能性があると認めた。さらに通報者が収監され、その後、強制送還を待って勾留されている間、通報者の家族生活は大きな制限を受けているが、通報者は、子供と前妻との定期的な面会を通じて、家族との親密な関係を維持できていることを指摘し、以下のように述べた。

「本委員会は、この通報が、通報者の代理人として提出されたこと、また、通報者を追放する決定が確定した後に生まれた通報者の子どもたちの代理人として提出されたことに留意する。また、締約国は、これらの新たな状況を検討しておらず、特に、通報者の退去強制が、未成年者としての地位によって要求される保護措置に対する通報者の子供たちの権利（規約第24条）とどの程度両立するかについて検討していないことに留意する。本委員会は、さらに、本件において、提出された資料からは、

23）Muneer Ahmed Husseini v. Denmark, Communication No. 2243/2013, 24 October 2014, CCPR/C/112/D/2243/2013.

194

社会および国家による保護を受ける家族の権利および特別な保護を受ける子どもの権利について、締約国によって十分な配慮がなされたと結論づけることはできないことに留意する。このような状況の下で、本委員会は、それらの新たな個人的状況を検討することなく、通報者を強制退去させて、子どもたちを父親から引き離すことは、規約第24条と合わせて読むと、第23条第1項の違反に相当すると考える。（para. 9.6)」

　以上により、通報者をアフガニスタンに追放することは、規約第24条と併せて読んだ場合に、第23条に基づく通報者と子どもの権利を侵害するとした。

　本件の通報者は、前出のスチュワート事件と同様に、幼いときに母国を離れて他国に移住し、母国とは異なる環境下で成人した経歴を持っていた。それにもかかわらず両者で結論が異なったのは、スチュワート事件では、追放先と現住国との間の言語、文化、宗教、社会習慣、政治体制などの面でさほど大きな困難な問題は生じないと考えられるが、フセイニ事件ではアフガニスタンに追放すれば、言語、宗教、文化、社会習慣などの点で適応に相当の困難を生じさせると予想される。これを人道上の考慮ということもできるだろう。

　HRC は、本見解によって犯罪歴があるからといって、退去強制処分が常に正当化される訳ではないことを再確認した。すなわち、退去強制の可否の判断において、「未成年者としての地位によって要求される保護措置に対する子どもの権利」に対して適切な考慮がなされていなかったと判断したのである。言葉を換えれば、犯罪歴のある外国人を退去強制に付す国家の権利の行使においては、個人の権利、特に家族生活の権利との比例性への配慮が求められる。HRC は、子どもの最善の利益の観点から比例原則（退去強制を実施することによる国家の利益・治安の確保）を適用したものと思われる。

(3)　小 括

　HRC は、これらの個人通報に関する見解において、国家は出入国に関する裁量権を有しているが、その裁量は無制限ではないことを繰り返し確認している。その国家の裁量は恣意的に行使されてはならないのであって、追放

措置と家族の統合に関する自由権規約第23条および子どもの権利に関する第24条の権利との比例性を考慮しなければならない。

　この比例性原則を斟酌する際には、犯罪の性質および重大性、送還先の国における滞在期間、犯罪の実行時からの時間の経過、関係者の国籍、婚姻期間およびその他の家族生活の絆を示す諸要素、配偶者が家庭を構築する際に犯罪について知っていたかどうか、婚姻による子どもの有無および子の年齢などが判断の要素になりうる。

　なお、紙幅の制約により省略したが、欧州人権裁判所の判例でも子どもの権利、家族統合との関係で、送還に制限が及ぶ場合を認めている[24]。1点ふれておくと、親の有責性が理由で家族全員の追放処分とする決定は、比例性原則に反して条約違反とする判決が見られることであるが、詳しい検討は別の機会に行いたい。

おわりに

　在留特別許可は、難民不認定の場合を含めて、何らかの事情で在留資格を失った外国人について請求によるか又は職権により認められる（入管法第50条）。在特が認められれば、退去強制を免れることができる。在留特別許可の可否の判断については、従来のガイドラインはあるが、その運用は法務大臣の広範な裁量の下で入管の判断に委ねられていて、申請者側からみて十分予見可能な判断基準とはいえなかった。改正入管法の施行に併せて新しくガイドラインが改訂されることになっているが、その際には、特に家族の統合および子どもの最善の利益の考慮を積極的に図る必要があるだろう。

　本章の検討をまとめておくと、在特の判断の際の法務大臣の裁量は、以下のような国際人権法により制限されており、それらの考慮を怠った場合には恣意的な追放となるおそれがある。

　　①　自由権規約第23条、第24条の解釈および、子どもの権利条約第9条

---

24)　たとえば、Unuane v. the United Kingdom, 24 February 2021.

　１項は、親からの子どもの分離を決定することができるのは、子どもの最善の利益において必要な場合に限るとしている。その意味で家族統合の権利は、国家の退去強制権を制約する根拠となる。

②　親に特に重大な犯罪歴または不法入国等の帰責性が顕著である場合には、在留特別許可の消極的要素となるが、国家の安全に危険をもたらすほどではない限りこれらの場合であっても、家族の統合の権利や親と分離されない子の権利との関係で比例性を考慮するべきであり、その結果、子どもの権利条約第10条１項を考慮して在留特別許可を積極的に認めるべきである。

③　子どもが日本生まれの場合だけでなく、幼児のころに来日し、その後日本育ちである場合には、可塑性の判断において、子どもの最善の利益と福祉、特に子どもが追放先の国で遭遇する可能性のある困難および送還先の国との社会的、文化的、その他家族の連帯の諸要素を考慮すべきである。

④　家族統合の原則および他の家族のメンバー（特に、配偶者と子ども）も一体として保護されるという難民法の原則は、基本的に在特許可の場合もあてはまる。したがって、日本生まれの子どもの在留を認める場合には、外国生まれの同居する兄弟姉妹も、家族統合の原則により一体として保護を図るべきである。

⑤　重大な犯罪を理由とする追放は原則として認められるが、何が重大な犯罪がなんであるかを一律に線引きすること困難である。改正入管法では、１年を超える拘禁刑に処せられた者については原則的に在特を認めないとしている点は、安心・安全を考慮しても尚厳し過ぎるので、家族統合の権利や子どもの最善の利益を考慮して人道的、弾力的な運用が必要である。

⑥　同性のカップルの場合は、現状では、在特のガイドラインには明記されていないが、在特の判断においても家族の統合の権利として配慮されるべきである。

あとがき

　本書では、11章の構成により改正入管法の問題点について、できるだけ初学者にとっても分かりやすい内容で解説し、問題点を論じることを心がけたつもりではある。しかし、入管・難民法の内容は、決してとっつきやすい問題ではない。というのも、入管法自体、大学の法学部の講義で取り上げられることも稀であり（というか、ほとんど無いと言える）、したがって法律学を一応修めた人であっても、入管法の内容を知っている訳ではない。したがって、入管法の内容について知ろうとすれば、自学自習するしかないと言って良いだろう。失礼ではあるが、弁護士のような法律の専門家であっても、一部のエキスパート以外には、入管・難民法は日常の業務には関わりがない分野であろう。また、本書では、国際的人権条約の視点を入管・難民法の解釈、適用において考慮すべきことを繰り返し強調してきたが、人権条約も決して身近に意識できる問題ではない。したがって、筆者らの意図がどこまで、読者に伝えられるか一抹の不安がないわけではない。

　国民が良く知らないか無関心であることほど、制度改正を目論む側にとって都合の良いことはない。しかし、今回の入管法改正に際しては、マスコミ、報道機関にも度々大きく伝えられ、問題点が一般市民にもかなり浸透してきたように思われる。その結果、繰り返し行われた反対集会やデモに見られたように、入管法の改正に批判的な意見もかつてなく昂揚したように思われる。結果的には、入管法改正案は、政府案どおりに可決されたが、それが施行された後にも継続的に関心を持ちながら、問題点を明らかにして、今後の是正に向けて建設的な議論に繋げていくことが必要であろう。本書の出版に至る動機は、国際人権法および難民法の研究者として、そのような議論を深めるために何らかの役割を果たすべきであると考えたことにある。

　そこで本書の出版計画について振り返っておくと、今回の入管法の改正案が国会で取り沙汰されていたころより、問題の多い法案であるとの認識は筆

者間で共有していた。具体的に23年6月に国会で入管法改正案が可決成立した後、本書の出版をLINE上で私から持ちかけ相談を進めたところ、他の執筆者との間で基本的な計画について合意がえられた。そこで、7月初旬には日本評論社の小野さんとコンタクトをとり、出版計画について働きかけたところ、総論としは賛意を示していただいた。ただし、出版の時期については早めが望ましく遅くても23年内には刊行という注文であった。

　日本評論社からの同意を取り付けたことにより、私たち執筆陣の学問的なモチーフは大いに鼓舞された。その後は、オンラインにより原稿の打合せ会合を幾度も重ねてきた。ただし、(私個人としては、大学を引退した身なのでいつでも良かったのだが) 私以外は現役バリバリの大学教授であるため、なかなか忙しく土日や夜の9時、10時にズーム画面を開きながらの検討会を繰り返してきたが、若干当初の予定よりも遅れ気味になった。とはいえ、1冊の本を出すスケジュールとしてはそれほど大きく遅れることなく刊行できることとなったのは、時間を割いて執筆に尽力していただいた同僚執筆者のお陰である。加えて、本書の帯に中島京子先生から的を射た推薦文を頂戴できたことを特記しておく。中島先生には諸事ご多忙の中、勝手なお願いを快く引き受けて頂いたことに対してこの場を借りて深く感謝申し上げたい。

　最後に、本書がどのように受け止められるかは、読者の皆さまの評価を待たなければならない。入管・難民法に関する意見は対立する点を多く含んでいるために、厳しい見方もあると思われる。しかし、私たちの伝えたい問題意識を盛り込むことができたという点では少々自負したい思いもある。本書が多くの読者、とりわけ、これからの将来を担う若い世代の読者を得て、筆者らの意図を汲んでいただけると幸いである。

冬の寓居にて

著者を代表して

北村泰三

文献一覧

阿部浩己　2004：「難民問題と日本——瀋陽総領事館事件をきっかけに」青山法学論集44巻3／4号、58-61頁

阿部浩己　2014：「『国際的保護』の境界」（特集「国際的保護」をめぐる新たな潮流——難民、無国籍者、補完的保護）法律時報86巻11号、4-9頁

阿部浩己　2017：「難民認定の現代的位相——『難民認定制度の運用の見直し』に寄せて」神奈川法学49巻1-3号、73-100頁

阿部浩己　2019：「難民認定における『国内保護可能性（IPA）』」大阪市立大学法学雑誌65巻3-4号、870-845頁

阿部浩己　2020：「恣意的拘禁作業部会——身体の自由を守る国連の砦」法学セミナー65巻2号、16-21頁

阿部浩己　2021：『国際法を物語る 4 ——難民の保護と平和の構想』朝陽会、99頁

阿部浩己　2023(1)：「入管法改定という暴戻／変容する国際法」法と民主主義579号、3-5頁

阿部浩己　2023(2)：「庇護の域外化——グローバル・ノースの抑止策」人権判例報6号、3-20頁

阿部浩己　2023(3)：「一般化した暴力状況にある国への送還——スフィおよびエルミ判決」人権判例報3号、31-37頁

浅川晃広　2019：『難民該当性の実証的研究　オーストラリアを中心に』日本評論社、268頁

アムネスティ・インターナショナル　1993：『日本における難民の保護——国際的な義務を果たさない日本政府［日本政府に対する勧告］』日本評論社、85頁

新井信之　2008：『外国人の退去強制と合衆国憲法——国家主権の法理論』有信堂、343頁＋索引

新垣修　2014：「無国籍者地位条約の成立と展開」難民研究ジャーナル4号、3-5頁

新垣修　2016：「現代の難民レジームにおける武力紛争と国際人道法—— 一時避難民と条約難民」論究ジュリスト19号、83-90頁

新垣修　2022：『フリチョフ・ナンセン極北探検家から「難民の父」へ』太郎次郎社エディタス、317頁

アラン・マッキー（中村勇輝訳）　2021：「特別講演　国際移民難民法の本質的諸要素」国際人権32号、28-30頁

有馬みき　2015：「補完的保護の概念化と主要判断要素」難民研究ジャーナル5号、50-57頁

安藤由香里　2016：「法務大臣が難民の認定をする義務［東京地裁平成27.8.28判決］」新・判例解説 Watch18号、315-318頁

安藤由香里　2019：「留学在留資格認定証明書を仮に交付する入管局長の義務（教育を受ける権利）［名古屋高裁平成31.3.27決定］」新・判例解説 Watch25号、297-300頁

安藤由香里　2021：「難民申請者の裁判を受ける権利——司法審査を受ける実質的な機会の保障」新・判例解説 Watch29号、319-322頁

安藤由香里　2023：「送還停止効の例外・送還忌避罪とノン・ルフルマン原則」法と民主主義579号、13-15頁

安藤由香里　2022(1)：『ノン・ルフルマン原則と外国人の退去強制——マクリーン事件の『特別の条約』の役割』信山社、331頁

安藤由香里　2022(2)：「国際人権条約における補完的保護——日本における『補完的保護』の乖離」法学新報128巻10号、55-82頁

生田志織　2021　：「難民行政40年——日本における難民保護の変遷と課題」難民研究ジャーナル11号、4 -22頁

泉徳治　2011：「マクリーン事件最高裁判決の枠組みの再考」自由と正義62巻2号、19-26頁

泉徳治　2020：「統治構造において司法権が果たすべき役割　第2部（第6回）マクリーン判決の間違い箇所［最高裁昭53.10.4判決］」判例時報2434号、133-145頁

岩沢雄司　2006：「日本における国際難民法の解釈適用」ジュリスト1321号、16-25頁

浦城知子　2015：「日本における補完的保護のこれまでと今後——難民認定制度に関する専門部会の提言を題材として」難民研究ジャーナル5号、69-79頁

大川秀史　2014：『法律家による難民支援』日本評論社、232頁

大津留（北川）智恵子　2020：「アメリカと難民」難民研究ジャーナル10号、31-45頁

大野友也　2018：「難民申請者に対する退去強制と裁判を受ける権利——試論」法学論集（鹿児島大学）52巻2号、15-29頁

大茂矢由佳　2022：「日本人の対難民意識とメディア報道接触に関する実証研究」難民研究ジャーナル11号、130-145頁

大沼保昭　1993：『単一民族社会の神話を越えて——在日韓国・朝鮮人と出入国管理体制〔新版〕』東信堂、496頁

小坂田裕子　2017：「UNHCR ハンドブックを引用し立証責任の分担と立証程度の緩和を認めた事例［名古屋高裁平成28.7.13判決］」新・判例解説 Watch21号、293-296頁

小坂田裕子　2020：「入管収容の現在——企画趣旨説明も兼ねて（国際人権法から入管収容を考える〔小特集〕）」法律時報92巻4号、58-62頁

小坂田裕子　2023：「難民認定の域外効力と除外条項——シクサイトフ事件」人権判例報

6号、102-108頁

小坂田裕子　2022(1)：「欧州人権裁判所による入管収容の合法性審査の発展と限界——自由権規約委員会との比較を通じて」国際法外交雑誌121巻3号、290-310頁

小坂田裕子　2022(2)：「COVID-19を理由とする国境封鎖とノン・ルフールマン原則」法学新報128巻10号、171-184頁

小坂田裕子　2022(3)：「国際人権法から見た日本の難民行政の40年」難民研究ジャーナル11号、23-24頁

小田川綾音　2004：「フィリピンの難民・無国籍認定手続」難民研究ジャーナル4号、34-44頁

小田川綾音　2023：「『改正』入管法が成立、露呈した難民認定制度の構造的な課題」法学セミナー68巻8号、42-49頁

小畑郁　2021：「戦後日本外国人法史のなかのマクリーン『判例』——自由な入国権から自由な在留管理権への『命がけの飛躍』」法律時報93巻8号、81-85頁

小畑郁　2022：『地球上のどこかに住む権利——現代公法学へのエチュード』信山社（新書）、176頁

小畑郁　2022(2)：「日本における『難民』受入れをめぐる規範意識のこれまでとこれから」難民研究ジャーナル11号、50-63頁

小畑郁　2022(3)：「越境移動の時代における国籍と人間——無国籍者・『難民』の取扱いを中心に」法学教室498号、18-23頁

加藤雄大　2004：「ノン・ルフルマン条項の構造と適用手続」難民研究ジャーナル4号、122-130頁

加藤雄大　2015：「『補完的保護』論の『補完』性——難民法史における再定位の試み」難民研究ジャーナル5号、31-49頁

加藤雄大　2021：「ミャンマー・カチン族出身者の難民該当性」新・判例解説 Watch29号、315-318頁

川崎まな　2022：「出入国管理行政及び入管法における同性カップル——ヨーロッパ人権裁判所の判例を素材として」北海道大学博士（法学）論文

川島慶雄　1981：「難民条約への加入と当面の課題」ジュリスト747号、246-254頁

川村真理　2003：『難民の国際的保護』現代人文社、228頁

川村真理　2019：『難民問題と国際法制度の動態』信山社、261頁＋索引

岸見太一＝髙谷幸＝稲葉奈々子　2023：『入管を問う——現代日本における移民の収容と抵抗』人文書院

北村泰三　2020：「入管収容における法の支配と国際人権法——ヨーロッパ諸国間における実践を中心に」法律時報92巻4号、63-68頁

北村泰三　2021：「外国人の追放に関する国家の主権的裁量と国際人権法——難民法への人権アプローチ」国際人権32号、31-36頁

北村泰三＝安藤由香里＝佐々木亮　2022：「国際法委員会『外国人の追放に関する条文草案』の研究（3・完）」比較法雑誌56巻1号、27-60頁

北村泰三　2023：「トルコ国籍クルド人の難民該当性を認容した判決」新・判例解説Watch32号、315-318頁

北村泰三＝村上正直＝児玉晃一＝宮崎真＝高橋済＝安藤由香里＝坂東雄介＝小坂田裕子2020：「収容・送還に関する専門部会による提言の検討（特別企画）」法律時報92巻11号、56頁

木下洋一　2023：『入管ブラックボックス──漂流する入管行政・翻弄される外国人』合同出版、232頁

工藤晴子　2022：『難民とセクシュアリティ──アメリカにおける性的マイノリティの包摂と排除』明石書店、253頁

久保敦彦　2006：「難民認定手続と申請者の権利」芹田健太郎＝棟居快行＝薬師寺公夫＝坂元茂樹（編）『講座国際人権法2　国際人権規範の形成と展開』信山社、461-491頁

久保忠行＝阿部浩己　2020：「序論──難民研究の意義と展望」難民研究ジャーナル10号、2-16頁

熊澤新　2015：「日本における難民認定と人道配慮の位置付け」難民研究ジャーナル5号、58-68頁

小池克徳　2018：「難民問題解としての労働について」難民研究ジャーナル7号、34-51頁

小泉康一　2018：『変貌する「難民」と崩壊する国際人道制度──21世紀における難民・強制移動研究の分析枠組み』ナカニシヤ出版、356頁

小泉康一　2023：『「難民」とは誰か──本質的理解のための34の論点』明石書店、259頁

個人通報研究会（編）　2023：『個人通報150選』現代人文社、356頁

児玉晃一（編）　2004：『難民判例集』現代人文社、99頁

児玉晃一　2021：「入管法における適正手続の要請」法学館憲法研究所ジャーナル25号、119-138頁

児玉晃一＝関聡介＝難波満　2012：『コンメンタール出入国管理及び難民認定法』現代人文社

古手川正二郎　2020：「難民の哲学──定義や条文解釈をめぐる議論に何が欠けているか？」難民研究ジャーナル10号、74-87頁

駒井知会　2023：「収容と監理措置」法と民主主義579号、16-19頁

駒井洋（監修）、加藤丈太郎　2023：『入管の解体と移民庁の創設──出入国在留管理から多文化共生への転換』明石書店、297頁

小宮理奈　2021：「ジェンダーの視点を取り入れた難民認定審査を考える──DVをめぐる国際人権法と国際難民法の関係を中心に」難民研究ジャーナル11号、107-128頁

近藤敦　2019：『多文化共生と人権──諸外国の「移民」と日本の「外国人」』明石書店、307頁

近藤敦　2020：「憲法と難民保護——憲法上の庇護権の根拠規定と内容」難民研究ジャーナル10号、17-30頁

近藤敦　2021：「マクリーン判決を超えて——国際慣習法の新地平と入管法等改正案の問題点」法律時報93巻7号、54-59頁

近藤敦　2021：『移民の人権——外国人から市民へ』明石書店、208頁

近藤敦　2023：『国際人権法と憲法』明石書店、296頁

坂元茂樹　2017：『人権条約の解釈と適用』信山社、364頁

佐々涼子　2022：『ボーダー——移民と難民』集英社インターナショナル、267頁

志葉玲　2023：『難民鎖国ニッポン——ウィシュマさん事件と入管の闇』かもがわ出版、150頁

島田征夫　1983：『庇護権の研究』成文堂、429頁

島田征夫（編著）　2005：『国内避難民と国際法』信山社、271頁

出入国管理法令研究会　2023：『出入国管理実務六法——注解・判例』日本加除出版、1900頁

申惠丰　1999：『人権条約上の国家の義務』日本評論社、424頁

申惠丰　2002：「退去強制手続における収容と難民条約」ジュリスト1224号、310-311頁

申惠丰　2020：『国際人権入門』岩波書店（新書）、192頁

申惠丰　2021：「移民・難民の受け入れと人権——憲法と国際人権法からみた諸問題」法学館憲法研究所ジャーナル25号、102-118頁

菅充行　2006：「外国人の入国・在留と退去強制」芹田健太郎＝棟居快行＝薬師寺公夫＝坂元茂樹（編）『講座国際人権法2　国際人権規範の形成と展開』信山社、439-460頁

杉木明子　2018：『国際的難民保護と負担分担——新たな難民政策の可能性を求めて』法律文化社、196頁

鈴木江理子　2021：「『送還忌避者』を生み出す移民／外国人・難民政策——問題の所在を問う」部落解放806号、12-22頁

鈴木江理子　2022：「外国人政策・難民政策における『送還忌避者』——2021年改定入管法案は何が問題であるか」多文化共生研究年報19号、1-8頁

鈴木江理子　2023：「二〇二三年改定入管法案における『送還忌避者』——保護されない『保護すべき者』たち」法と民主主義579号、6-9頁

鈴木江理子＝児玉晃一（編）　2022：『入管問題とは何か——終わらない密室の人権侵害』明石書店、304頁

鈴木達也、前山幸一　2023：「入管法等の一部改正——難民、収容、送還等」立法と調査、460号、35-48頁

関聡介　2012：「続・日本の難民認定制度の現状と課題」難民研究ジャーナル2号、22-23頁

芹田健太郎　2000：『亡命・難民保護の諸問題I——庇護法の展開』北樹出版、285頁

園部裕子　2022：「欧州共通庇護政策とジェンダー主流化——ヴァルネラブルな移民・難民の救済をめぐる言説と実践」難民研究ジャーナル12号、24-37頁

髙佐智美　2023：「出入国管理法制における憲法的統制の必要性——日米比較の観点から」法と民主主義579号、20-22頁

高橋済＝山口薫　2018：「ブルガリア現地視察報告——シリア難民のEU流入の最前線ブルガリアで起きたこと」難民研究ジャーナル7号、67-79頁

高橋済　2023：「入管行政に対する司法審査と立法的課題」法と民主主義579号、23-25頁

多賀谷一照＝高宅茂　2015：『入管法大全・立法経緯・判例・実務運用Ⅰ逐条解説、Ⅱ在留資格』日本加除出版766頁（Ⅰ）、382頁（Ⅱ）

髙谷茂　2020：『入管法概説』有斐閣、373頁

滝澤三郎（編集）、山田満（編集）、佐藤滋之＝佐原彩子＝橋本直子＝堀江正伸＝人見泰弘他　2017：『難民を知るための基礎知識』明石書店、376頁

竹内昭太郎　1995：『出入国管理行政論』信山社、317頁

立松美也子　2023：「ウクライナ侵攻と越境移動する人々」国際法研究11号、95-106頁

立松美也子　2018：「難民をめぐる国際制度——UNHCRと難民条約」国際法外交雑誌117巻3号、597-622頁

寺尾美子　2004：「イギリスにおける難民認定に関わる不服審判制度」ジュリスト1267号、174-182頁

東京弁護士会外国人の権利に関する委員会、行政訴訟研究部会編著　2017：『入管訴訟マニュアル〔第2版〕』現代人文社、214頁

戸田五郎　2020：「イスラム教からキリスト教への改宗者の難民該当性〔判決／東京地方裁判所令和1.9.17〕」新・判例解説Watch26号、319-322頁

戸田五郎　2022：『国際人権法・庇護法研究』信山社、338頁

戸田五郎　2023：「国境での庇護申請拒否とノン・ルフールマン—M.K.対ポーランド判決」人権判例報6号、52-59頁

内藤正典　2018：「難民危機の構造——ヨーロッパ難民危機とシリア戦争」難民研究ジャーナル7号、21-33頁

中坂恵美子　2010：『難民問題と「連帯」——EUのダブリンシステムと地域保護プログラム』東信堂、184頁

中坂恵美子　2017：「難民該当性の判断において供述の信憑性を認めた事例〔名古屋高裁平成28.7.28判決〕」新・判例解説Watch20号、323-326頁

中坂恵美子　2018：「難民等の受入れにおける負担および責任の分担——諸理論とEUの試み」国際法外交雑誌117巻2号、365-394頁

中坂恵美子　2019：「EUと難民問題」論究ジュリスト30号、51-58頁

中坂恵美子　2022：「EUにおける人の自由移動の制限——パンデミック1年目の対応」法学新報128巻10号、509-526頁

中坂恵美子　2021（1）:「COVID-19と国境を越えた人の移動」国際法外交雑誌120-1／2、201-211頁

中坂恵美子＝池田賢市　2021（2）:『人の移動とエスニシティ——越境する他者と共生する社会に向けて』明石書店、256頁

前田直子　2020:「難民認定事由としての宗教の自由に対する迫害——イラン人キリスト教改宗者に関する事例」京女法学17号、1-21頁

前田直子　2023:「入管法改正と日本の難民認定制度の現在——国際人権法の視点から」ジュリスト1591号、72-77頁

難波満　2019:「シリア難民不認定処分無効確認等請求訴訟［東京地裁2018.3.20判決，東京高裁2018.10.25判決］」国際人権30号、77-81頁

難波満　2023:「韓国憲法裁判所入管収容憲法不適合判決」法と民主主義579号、33-34頁

難民問題研究フォーラム　2001:『難民と人権——新世紀の視座』現代人文社、222頁

新島彩子　2023:「入管法改定案の課題——難民支援団体の立場から」法と民主主義579号、26-29頁

新津久美子　2004:「欧州における出入国管理施設での収容と視察——その現状と実践」難民研究ジャーナル4号、81-89頁

錦田愛子（編著）、小坂田裕子＝近藤敦＝佐伯美苗＝白川俊介＝陳天璽＝床呂郁哉＝飛内悠子＝錦田愛子＝堀拔功二＝柳井健一　2020:『政治主体としての移民／難民——人の移動が織り成す社会とシティズンシップ』明石書店、288頁

錦田愛子　2020:「難民研究における人類学的アプローチの効用－スウェーデンとドイツのアラブ系移民／難民研究の事例から」難民研究ジャーナル10号、60-73頁

日本弁護士連合会（編）　2016:『国際人権（自由権）規約第6回日本政府報告書審査の記録——危機に立つ日本の人権』現代人文社、222頁

野村昌二　2022:『ぼくたちクルド人——日本で生まれても、住み続けられないのはなぜ？』合同出版、157頁

墓田桂　2016:「難民問題——イスラム圏の動揺、EUの苦悩、日本の課題」中央公論社（新書）、246頁

ハサウェイ，ジェームズ・C（鈴木雅子＝平野裕二〔訳〕）　2008:『難民の地位に関する法』現代人文社、275頁

ハサウェイ・ジェームズ・C（佐藤安信＝山本哲史〔共訳〕）　2014:『難民の権利』日本評論社、353頁

橋本直子　2023:「難民・避難民」法学教室509号、35-40頁

長谷川貴陽史　2021:「日本における移民・難民の包摂と排除——序論的考察」法律時報93巻8号、66-70頁

長谷川貴陽史　2022:「わが国の移民・難民の包摂に向けた動向——難民関係訴訟及び入管法改正案にみる包摂への試み」立教法学105号、172-189頁

羽場久美子　2021：『移民・難民・マイノリティ　欧州ポピュリズムの根源』彩流社、414頁

早川智津子　2020：「外国人労働者と法――入管法政策と労働法政策」信山社、331頁

ゾラフ・バルハフティク（滝川義人訳）　2014：『日本に来たユダヤ難民――ヒトラーの魔手を逃れて約束の地への長い旅』原書房、348頁

東野真　2003：『緒方貞子――難民支援の現場から』集英社、224頁

平野雄吾　2020：『ルポ入管――絶望の外国人収容施設』ちくま新書、314頁

広渡清吾＝大西楠テア（編）　2022：『移動と帰属の法理論――変容するアイデンティティ』岩波書店、310頁

付月　2004：「フィリピンにおける無国籍の保護の歴史と現状」難民研究ジャーナル4号、16-33頁

藤田早苗　2022：『武器としての国際人権――日本の貧困・報道・差別』集英社、320頁

藤田早苗　2023：「国際人権から見た日本の入管収容政策と国連人権勧告に対する政府の対応」法と民主主義579号、30-32頁

アレクサンダー・ベッツ＝ポール・コリアー（金井健司他訳）　2023：『難民――行き詰まる国際難民制度を超えて』明石書店、334頁

本間浩　1985：『個人の基本権としての庇護権』勁草書房、362頁

本間浩　1990：『難民問題とはなにか』岩波書店（新書）、226頁

本間浩　1991：「東南アジア難民と国際法――日本の対処と問題点」国際法外交雑誌90巻3号、347-380頁

本間浩　2005：『国際難民法の理論とその国内的適用』現代人文社、238頁

本間浩　2005：「破綻国家からの難民に関する諸問題――難民認定における迫害主体をめぐる諸問題を中心にして」国際法外交雑誌104巻1号、22-48頁

水鳥能伸　2019：「フランス憲法における亡命権（庇護権）保障」日仏法学30号、1-34頁

宮崎繁樹　1971：『亡命と入管法――各国における法的処遇』築地書店、280頁

宮島喬　2022：『「移民国家」としての日本――共生への展望』岩波書店、208頁

宮本征　2023：「入管法の一部を改正する法律（令和5年入管法改正）の概要」法律のひろば、76巻7号、42-48頁

村上正直　2019：「裁判所により難民不認定処分が取り消された者の難民該当性判断［東京高裁平成30.12.5判決］」新・判例解説 Watch25号、293-296頁

村上正直＝安藤由香里＝有江ディアナ＝栗山智帆＝伊崎翔　2016：「アラン・マッキー判事の難民法講座（講義1）」法律時報88巻7号

村西良太　2023：「外国人の退去強制と適正手続の保障をめぐる事例分析［判例解説編］――難民不認定処分を受けた不法滞在者の裁判を受ける権利［東京高判2021.9.22］」法学セミナー68巻8号、64-68頁

望月優大　2019：『ふたつの日本――「移民国家」の建前と現実』講談社、224頁

森恭子＝南野奈津子　2023：『いっしょに考える難民の支援——日本に暮らす「隣人」と出会う』明石書店、224頁

薬師寺公夫　2019：「ノン・ルフールマン原則に関する拷問禁止委員会および自由権規約委員会の先例法理」『国際法のフロンティア（宮崎繁樹先生追悼論文集）』日本評論社、101-152頁

山神進　1982：『難民条約と出入国管理行政』日本加除出版、233頁

山岸素子　2021：「当事者の声を聞く——日本で生きる！　移民難民とその家族に在留資格を！」部落解放806号、37-45頁

山下梓　2023：「性的指向を理由とした庇護申請者の送還——ＢおよびＣ対スイス判決」人権判例報6号、89-95頁

山村淳平　2023：『入管解体新書——外国人収容所、その闇の奥』現代人文社、230頁

山本哲史　2014：「難民認定審査の多段階的構造と各段階における判断の性質——『灰色の利益』論の位置づけと機能」国際法外交雑誌112巻4号、651-675頁

山本哲史　2015：「補完的保護の理論枠組の批判的検討——その国際的保護における位置づけ、アクセスおよび審査方法をめぐって」難民研究ジャーナル5号、4-30頁

山本哲史　2016：「二つの国際的保護——難民保護と補完的保護の比較から」国際人権27号、39-44頁

山本哲史　2018：「日本におけるシリア人の難民認定基準から見る難民認定制度の実態——国際法学の視点から」難民研究ジャーナル7号、52-56頁

山本哲史＝有馬みき（東京大学・難民移民ドキュメンテーションセンター製作・監修）2012：『難民保護を知る一問一答——難民認定・信憑性評価篇』人間の安全保障フォーラム、105頁

山本哲史＝有馬みき（東京大学・難民移民ドキュメンテーションセンター製作・監修）2013：『難民保護を知る一問一答——補完的保護篇』人間の安全保障フォーラム、107頁

山本哲史＝三浦純子（東京大学・難民移民ドキュメンテーションセンター製作・監修）2013：『難民保護を知る一問一答——第三国定住篇』人間の安全保障フォーラム、106頁

山脇康嗣　2013：『入管法判例分析』日本加除出版、459頁

李英美　2023：『出入国管理の社会史——戦後日本の「境界」管理』明石書店、288頁

和田浩明＝毎日新聞入管難民問題取材班　2022：『彼女はなぜ、この国で——入管に奪われたいのちと尊厳』大月書店、245頁

渡邊彰悟　2023：「『補完的保護』制度の導入は保護の拡大か？」法と民主主義579号、10-12頁

渡邉彰悟＝大橋毅＝関聡介＝児玉晃一（編）　2010：『日本における難民訴訟の発展と現在（伊藤和夫弁護士在職50周年祝賀論文集）』現代人文社、322頁

Costello, Cathryn, Foster, Michelle, and McAdam, Jane eds., The Oxford Handbook of International Refugee Law, Oxford, 2020

Goodwin-gill, Guy S. and McAdam, Jane, The Refugee in International law, fourth edition, Oxford, 2021

Hathaway, James C., and Foster, Michelle, The Law of Refugee Status, second edition, Oxford, 2014

Storey, Hugo, The Refugee Definition in International Law, Oxford, 2023

Zimmermann, Andreas, ed., The 1951 Convention Relating to the Status of Refugees and its 1967 Protocol, Oxford, 2011

入管・難民法関係年表

1939年	外国人の入国、滞在及び退去に関する件　内務省令警察による入管所掌が極めて鮮明な形で現れていた
1947年5月	外国人登録令制定、指紋押捺制度
1949年	外務省管理局入国管理部という内部部局から、「出入国管理庁」を外局として設置
1951年7月28日	国連で難民条約が採択される
1951年9月8日	サンフランシスコ平和条約締結
1951年11月1日	出入国管理令公布、施行（ポツダム政令として法律の効力）
1952年4月28日	サンフランシスコ平和条約効力発生、公布
1952年8月	入管行政が外務省より法務省に移管
1976年1月26日	ユン・スウギル事件最高裁判決（政治犯不引渡しの原則は確立した国際慣習法上の原則ではない）
1978年10月4日	マクリーン事件最高裁大法廷判決（外国人の権利も在留制度の枠内でのみ保障されると判示し、法務大臣の在留の許否に関する裁量権を広く認めた）
1979年	インドシナ難民問題が顕在化、ボートピープルが多数日本に到着
1979年11月	インドシナ難民受入のためアジア教育福祉財団内に難民事業協力本部が発足
1979年9月21日	自由権規約が効力発生、日本が同規約の締約国となる
1981年10月15日	難民条約公布
1982年1月1日	難民条約が発効し、同時に出入国管理及び難民認定法が施行、難民認定手続を制定
1982年10月	難民条約上の難民26人が初認定される
1990年6月1日	入管法改正、在留資格に日系人、就学を追加
1993年	在留資格に技能実習を追加
2002年5月	中国瀋陽の日本総領事館に庇護を求めて駆け込んだ北朝鮮家族を中国官憲が逮捕
2004年	入管法改正、難民申請中の送還停止効を明記。難民審査参与員制度を導入（2005年5月発足）
2009年	留学・就学を一本化、技能実習を創設
2009年7月15日	入管法改正、外国人登録制度の廃止と新たな在留管理制度の導入

2009年	タイの難民キャンプからミャンマー難民を第3国定住制度で受入開始
2010年3月	難民申請後6か月経過後から審査期間において就労を許可
2012年7月9日	2009年改正入管法の施行に伴い外国人登録法の廃止、3か月以上在留する中長期在留者に外国人登録証に代えて在留カードを交付
2014年7月14日	自由権規約委員会第6回日本政府報告書審査、総括所見により難民認定制度の改革、入管収容の改善指摘
2014年12月	第6次出入国管理政策懇談会・難民認定制度に関する専門部会報告書『難民認定制度の見直しの方向性に関する検討結果』公表
2016年4月1日	行政不服審査法に基づき難民審査参与員を同法の審理員とみなすよう改正
2018年12月17日	国連総会が難民に関するグローバルコンパクトを採択
2019年4月1日	入国管理局を出入国管理庁（入管庁）に格上げ、特定技能1号、2号を追加
2019年6月24日	大村入管収容所でハンスト中のナイジェリア人男性が餓死
2019年10月21日	入管法改正に向けて有識者懇談会に「収容と送還に関する専門部会」が発足、第1回会合
2020年7月14日	入管収容専門部会が入管施設の長期収容問題の対応策を提言
2020年9月25日	国連恣意的拘禁に関する作業部会（WGAD）が入管の長期無期限収容に関する意見を公表、長期無期限収容を批判
2021年2月21日	入管難民法改正案を閣議決定、国会に提出
2021年3月6日	名古屋入管において収容中のスリランカ人女性が死亡
2021年3月31日	国連人権理事会の恣意的拘禁特別報告者等が入管法改正案に関する共同書簡を公表
2021年4月9日	UNHCRが入管法改正案に非常に重大な懸念を生じさせる側面があるとの意見を公表
2021年5月18日	衆院法務委員会で採決見送り。修正協議も決裂、廃案へ
2022年9月	通常国会、臨時国会への入管法改正案の再提出を見送り
2022年5月20日	札幌高裁、初のクルド人難民認定判決
2023年2月	閣議了解により通常国会へ入管法改正案の再提出を決定
2023年4月18日	移住者の人権に関する特別報告者、恣意的拘禁作業部会及び宗教又は信条の自由に関する特別報告者が2023年入管法改正案に関する書簡公表
2023年6月9日	入管法改正案、参議院本会議にて可決、成立。6月16日公布
2023年12月1日	入管法改正案の補完的保護対象者の認定を開始
2024年6月	入管法改正案、施行予定

索 引

さ行

執筆者一覧（50音順）

安藤由香里　　第3章、第7章、第10章1

富山大学教養教育院教授

主要著書・論文等：単著『ノン・ルフルマン原則と外国人の退去強制——マクリーン事件「特別の条約」の役割』（信山社、2022年）、共著書『自由の共有と公共政策（グローバリズムと公共政策の責任第三巻）』（大阪大学出版会、2019年）（第6章「難民の国際的保護政策」担当）

小坂田裕子　　第8章、第9章、第10章3

中央大学法科大学院教授

主要著書・論文等：単著『先住民族と国際法——剥奪の歴史から権利の承認へ』（信山社、2017年）、共編著『考えてみよう 先住民族と法』（信山社、2022年）、「欧州人権裁判所による入管収容の合法性審査の発展と限界——自由権規約委員会との比較を通じて」国際法外交雑誌121巻3号（2022年）

北村泰三　　はしがき、第1章、第2章、第4章、第11章、あとがき

中央大学名誉教授

主要著書・論文等：共編著『文化多様性と国際法』（中央大学出版部、2017年）、共編著『ヨーロッパ人権裁判所の判例Ⅰ』（信山社、2008年）、『同Ⅱ』（2019年）

中坂恵美子　　第5章、第6章、第10章2

中央大学文学部教授

主要著書・論文等：単著『難民問題と『連帯』——EUのダブリン・システムと地域保護プログラム』（東信堂、2010年）、「外国人と法」緒方桂子＝豊島明子＝長谷河亜希子編『日本の法〔第2版〕』（日本評論社、2020年）、共編著『人の移動とエスニシティ——越境する他者と共生する社会に向けて』（明石書店、2021年）

■著者

安藤由香里（あんどう・ゆかり）

富山大学教養教育院教授。

小坂田裕子（おさかだ・ゆうこ）

中央大学法科大学院教授。

北村泰三（きたむら・やすぞう）

中央大学名誉教授。

中坂恵美子（なかさか・えみこ）

中央大学文学部教授。

開かれた入管・難民法をめざして──入管法「改正」の問題点

2024年2月25日　第1版第1刷発行

著　者────安藤由香里・小坂田裕子・北村泰三・中坂恵美子
発行所────株式会社　日本評論社
　　　　　　〒170-8474　東京都豊島区南大塚 3 -12-4
　　　　　　電話　03-3987-8621（販売）　03-3987-8592（編集）
　　　　　　FAX　03-3987-8590（販売）　03-3987-8596（編集）
　　　　　　https://www.nippyo.co.jp/　　振替　00100-3-16
印　刷────精文堂印刷
製　本────牧製本印刷
装　丁────図工ファイブ
©2024　Y.Ando, Y.Osakada, Y.Kitamura, E.Nakasaka　　　　検印省略
ISBN978-4-535-52762-1　　　　Printed in Japan
